운전자라면 꼭 알아야 할 것들만 모은 책!
가해자 구분과 보험처리를 한 권의 책으로 해결!

교통사고 피해보상 아는 만큼 더 받는다

230개
사례 그림으로 상세 설명!!

이장선 저

크라운출판사
http://www.crownbook.co.kr

이 책은 다음과 같은 특징으로 구성되어 있습니다.

① 가해자 구분과 형사처벌 기준을 설명했습니다.

② 손해보험협회 '자동차사고 과실비율 인정기준'을 응용했습니다.

　(참고 : 손해보험협회(www.knia.or.kr) 자동차사고 과실비율)

③ 민식이법, 윤창호법, 하준이법 등 최근 이슈사건을 설명했습니다.

④ 교통사고 후 보험접수 및 보상과정을 설명했습니다.

♣ 가해자 구분과 보험처리 시 몇 대 몇 기본과실을 알리는데 목적이 있으므로 개별사건 처리는 교통조사관, 보험사 보상담당자, 손해보험협회 홈페이지, 손해사정사, 변호사 등과 상담하여 결정하는 것이 바람직할 것입니다.

차례

제1장   용어 정의

제2장   보행자 사고

제3장 │ 자동차 사고

제4장 이륜차 사고

제5장 | 자전거 등 사고

제6장 | 자동차 보상기준

제7장 | 중요 교통사고

제1장

용어 정의

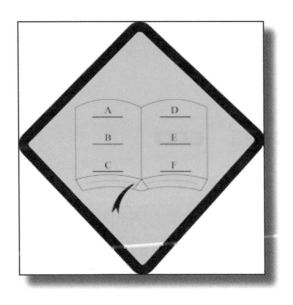

01. 경과실 교통사고 ●●●

◆ 비교적 가벼운 사고를 말한다.

◆ 종합보험에 가입되어 있는 그 자체만으로 형사처벌 되지 않는다.

◆ 추돌, 진로변경, 교차로 사고, 무단횡단, 개문사고 등이 대상이다.

◆ 종합보험에 가입되어 있거나, 또는 합의되면 형사처벌 안 된다.

◆ 피해결과 중상해, 사망이나 뺑소니의 경우에는 형사처벌 대상이다.

◆ 교통사고 벌점은 원인(법규)과 결과(상해, 사망, 도주 등)가 합산된다.

경과실 사고		
사고종류	① 안전거리미확보사고	앞차 추돌
	② 진로변경사고	진로변경 중 직진차 접촉
	③ 교차로통행사고	선진입차 충돌 등
	④ 안전운전의무위반사고	무단횡단자 충돌 등
	⑤ 운전자준수사항위반사고	하차 중 사고, 주차 중 사고
형사처벌	종합보험 가입, 또는 피해자와 합의되면 형사처벌 안 됨 (다만, 피해결과 사망 · 중상해 · 뺑소니 · 무보험상태에서 미합의는 제외)	
행정처분	사고원인 벌점 + 사고결과 벌점 = 처분벌점	
민사책임	책임보험 또는 무보험만 가입되어 있으면 민사책임 있음	

02. 중과실 교통사고 ●●●

◆ 비난 가능성이 큰 교통사고를 말한다.

◆ 교통사고처리특례법 제3조 제2항 단서 1호부터 12호까지가 대상이다.

◆ 도로교통법 위반이 교통사고 발생에 직접원인이 된 것을 말한다.

◆ 인적피해가 발생된 것을 말하고, 물적피해는 적용대상이 아니다.

◆ 종합보험 가입되어 있거나 피해자와 합의되어도 형사처벌 대상이다.

◆ 교통사고 벌점은 원인(법규)과 결과(상해, 사망, 도주 등)가 합산된다.

12대 중과실 사고		
사고종류	① 신호위반사고	신호위반, 지시위반(안전표지)
	② 중앙선침범사고	중앙선침범, 역주행 등
	③ 속도위반사고	규정속도 20km/h초과
	④ 앞지르기사고	앞지르기금지장소, 앞지르기방법 등
	⑤ 철길건널목사고	철길통과방법위반
	⑥ 횡단보도사고	횡단보도 보행자 충돌
	⑦ 무면허운전사고	무면허운전 중 사고
	⑧ 음주운전사고	0.03% 이상 운전 중 사고
	⑨ 보도침범사고	보도통행, 보도침범 중 사고
	⑩ 승객추락사고	승객탑승, 하차 중 사고
	⑪ 어린이보호구역사고	어린이보호구역 13세 미만 어린이
	⑫ 적재물추락사고	자동차 적재물추락 사고
형사처벌	종합보험 가입되었거나 피해자와 합의하여도 형사처벌	
행정처분	사고원인 벌점 + 사고결과 벌점 = 처분벌점	
민사책임	종합보험 가입되면 책임 없음, 책임보험 또는 무보험은 책임 있음 (형사합의는 필요한 경우에 하는 것으로 민사합의와 다름)	

03. 현저한 과실 · 중대한 과실 ●●●

◈ '현저한 과실' 이란 기본과실에 더해 과실의 정도가 큰 과실을 말한다.

◈ '중대한 과실' 이란 현저한 과실보다도 주의의무의 위반 정도가 높고 고의에 비견할 정도로 위험한 운전행위를 말한다.

◈ 현저한 과실과 중대한 과실은 중복하여 적용하지 않는다.

◈ 구체적인 상황에서의 위험성에 관한 요소들 즉, 속도, 도로구조, 차량간 거리, 교통상황 등을 고려하여 사고 발생의 예견 내지 회피 가능한 요소들을 추출하여 현저한 과실은 5~10%, 중대한 과실은 10~20%를 기본비율에 각 합산하는 과정을 거친다.

현저한 과실	◈ 한눈팔기 등 전방주시의무 위반이 현저한 경우
	◈ 음주운전(혈중알코올농도 0.03% 미만)
	◈ 10km/h 이상 20km/h 미만의 제한속도 위반
	◈ 핸들 또는 브레이크 조작의 현저한 부적절
	◈ 차량 유리의 암도가 높은 경우
	◈ 운전 중 휴대전화 사용
	◈ 운전 중 영상표시장치 시청 · 조작
중대한 과실 **(중과실)**	◈ 음주운전(혈중알코올농도 0.03% 이상)
	◈ 무면허운전(자격정지 중 운전이나 종별 무면허운전 포함)
	◈ 졸음운전
	◈ 제한속도 20km/h 초과
	◈ 마약 등 약물운전
	◈ 공동위험행위(도로교통법 제46조)

04. 안전거리확보의무

'안전거리확보의무'란 모든 차의 운전자는 선행차량의 흐름에 주의하여 안전거리를 유지하며 운전할 의무가 있다. 다만, 선행차량이 위험방지나 부득이한 사유없이 급제동하는 경우, 도로의 제한속도, 주변차량의 흐름 및 통행량, 차로의 수, 정지한 차로의 형태 및 도로 구조 등 제반 사정을 선행차량의 가산요소로 고려할 수 있다(대법원 97다41639 판결).

05. 진로변경 · 앞지르기 · 끼어들기 금지

◈ '진로변경 금지'란 백색실선 등 안전표지 등으로 진로변경을 금지한 곳에서의 진로변경

을 말한다. 진로변경이 금지된 곳에서의 진로변경은 과실이 가산되고 도로의 파손이나 공사 등 장애물이 있는 경우에는 가산되지 않는다.

◆ '앞지르기'란 차의 운전자가 앞서가는 다른 차의 옆을 지나서 그 차의 앞으로 나가는 것을 말한다. 앞지르기가 금지된 시기 및 장소에서 앞지르기를 할 수 없으므로 이 경우 과실은 가산된다.

◆ '끼어들기 금지'란 정지 및 서행하고 있는 차의 앞으로 끼어들지 못하므로 이 경우에는 과실이 가산된다.

O6. 선진입 ●●○

'선진입'이란 신호등 없는 교차로에 선진입한 것을 말한다. 선진입한 사실은 분명해야 하고, 순간적으로 선진입한 것은 동시 진입으로 본다. 교차로 진입할 때(일시 정지선이 있는 교차로의 경우에는 그 정지선을 통과할 때) 우선 진입한 차량이 다른 차량보다 통행우선권이 있다 (도교법 제26조 제1항). 진입거리는 차량의 속력에 비례하고 일시정지나 서행의무 이행 여부에 따라 달라질 수 있어 정지선에서 사고지점까지 진입 거리가 많다고 하여 선진입이라고 인정할 수는 없다.

O7. 꼬리물기 ●●○

'꼬리물기'란 교차로 정체가 되어 있음에도 앞차 뒤를 따라 진입하는 것을 말한다. 신호기에 의해 교통정리가 행해지는 교차로에 들어가려는 모든 차의 진로의 앞쪽에 있는 차의 상황에 따라 교차로 내에 정지하게 되어 있어 다른 차의 통행에 방해가 될 우려가 있는 경우에는 그 교차로에 진입해서는 안 된다. 이를 위반할 경우 과실은 가산된다.

O8. 급좌회전 · 급우회전 ●●○

◆ '급좌회전 · 급우회전'은 직행차의 지근거리에서 좌우회전하는 것을 말한다.

◈ 직행차가 통상의 속도로 일시정지선을 넘어 교차로 부근까지 와 있는 때에는 좌우회전차가 좌우회전을 개시한 경우로 본다. 직행차가 교차로에 진입하는 시점에서 좌회전차가 좌회전을 완료하였거나 또는, 그에 가까운 상태를 말하고, 양 차량의 속도를 감안하여 기 좌회전 여부를 판단한다.

◈ '좌우회전 금지위반'은 노면표시 또는 교통표지 등에 의해 좌우회전을 금지하는 장소에서 좌회전하는 경우이다.

09. 소좌회전 · 대좌회전 ◖●○○◗

◈ '소좌회전'은 교차로의 중심 내측에 다가서지 아니하는 좌회전으로서 통상의 좌회전보다 회전반경이 작아 중앙선을 물고 운전하는 경우 등을 말한다.

◈ '대좌회전'은 소좌회전의 반대 경우로 미리 진로 중앙으로 다가서지 아니하는 좌회전을 말하며 통상의 좌회전보다 회전반경이 크므로 후행 차량이 오인할 여지가 많다.

10. 서행 · 일시정지 · 감속 ◖●○○◗

◈ '서행'이란 운전자가 차를 즉시 정지시킬 수 있는 정도의 느린 속도로 진행하는 것을 말한다. 교통정리가 행해지고 있지 않은 교차로 등으로써 도교법이 정하고 있으며, 교차로에 일단 진입한 이후에는 서행의무가 없으므로 진입 당시의 서행여부에 따른다.

◈ '일시정지'란 그 차가 바퀴를 일시적으로 완전히 정지시키는 것을 말한다.

◈ '감속'이란 통상의 속도보다 명확하게 속도를 줄이는 것을 말한다. 대략 제한속도의 1/2 전후를 의미하며, 충돌 직전 급브레이크에 의한 감속은 제외된다.

11. 방향지시등 작동 ◖●○○◗

'방향지시등 작동'은 도교법 시행령 별표2 규정에 따라 좌우회전 · 횡단 · 유턴 또는 같은 방향으로 진행하면서 진로를 바꾸려는 겨우 그 행위를 하려는 지점에서, 좌우회전할 경우에는 그 교차로의 가장자리에 이르기 전 30m(고속도로에서는 100m) 이상의 지점에 이르렀을 때 왼팔과 오른팔을 수평으로 펴서 차체의 밖으로 내밀거나 팔꿈치를 굽혀 수직으로 올리거나 방향지시기 또는 등화를 조작하는 것을 말한다.

12. 차체를 내밀고 대기 ●●●

'차체를 내밀고 대기'란 차가 차도가 아닌 장소에서 차도로 진입하는 것을 말한다. 차체를 차도에 일부 노출시키고 대기를 하다가 진입 중에 사고가 발생하면 과실은 감산된다. 그러나 일부가 아닌 전체에 상당하는 부분이 차도에 대기 및 진입하는 경우에는 적용되지 않는다.

13. 야간·기타 시야장애 ●●●

◈ '야간'은 일몰 후부터 일출 전까지를 말한다(도교법 제37조 제1항 제1호).

◈ '기타 시야장애'란 야간을 제외하고 운전자가 상대차량의 존재를 쉽게 인식할 수 없는 경우를 말하고 과실비율은 약 10%이다.

14. 대형차 ●●●

'대형차'란 상대차량에 비해 상대적으로 대형인 차량을 의미하는 것은 아니고 자동차관리법 시행규칙 별표1에 따르는 대형차를 말한다. 대형차는 사고 시 대형사고로 이어질 가능성이 높아 운전 중 많은 주의의무가 요구됨에 결과 발생에 대하여 많은 책임을 부담한다. 교차로 등을 통과할 때 차지하는 면적이 넓고 시간을 필요로 하는 등 다른 자동차에 대하여 진로 방해의 정도가 크고 위험회피 가능성이 적기 때문에 과실이 가산된다.

대형 승용차	배기량이 2,000cc 이상이거나, 길이 · 너비 · 높이 모두 소형(배기량이 1,600cc 미만이고, 길이 4.7m, 너비 1.7m, 높이 2.0m 이하인 것)을 초과하는 것
대형 승합차	승차정원 36인 이상이거나, 소형(길이 4.7m, 너비 1.7m, 높이 2.0m 이하인 것)을 초과하고, 길이가 9m 이상인 것
대형 화물차	최대적재량이 5톤 이상이거나, 총중량이 10톤 이상인 것
대형 특수차	총 중량이 10톤 이상인 것

15. 간선도로 ●○○

'간선도로'란 차도폭이 20m 이상이거나 또는 왕복 6차로 이상의 도로, 규정속도 80km/h 이상인 도로로서 교통량이 많은 도로를 말한다.

16. 대로 · 소로 ●○○

'대로 · 소로'는 넓은 도로와 좁은 도로를 뜻하고 구분은 다음과 같다.

◈ 구분은 엄격하게 적용된다.

◈ 진행한 도로를 기준으로 한다.

◈ 계측이 아니라 운전자가 일견 분별할 수 있어야 한다.

(대법원 1997. 6. 27. 선고 97다14187 판결)

17. 주택 · 상가 · 학교 ○●○

'주택 · 상가 · 학교'는 보행자의 통행과 횡단이 빈번한 장소이므로 운전자는 보다 많은 주의가 요구되기 때문에 보행자의 과실을 감산된다. 다만, 초등학교는 이미 어린이보호구역으로 지정되어 보행자의 과실을 감산하는 경우에는 적용하지 않는다.

18. 전용차로 ●●●

'전용차로'란 원활한 교통을 확보하기 위해 시장 등이 설치한 도로를 말한다. 차종별 전용차로(버스전용차로와 다인승 전용차로로 구분한다)를 위반하여 차로변경 중 발생한 사고의 경우, 전용차로를 위반한 각각 자동차(이륜자동차 및 원동기장치자전거 포함)에 가산된다. 노선버스 등 선용차로 운행차량이 전용차로를 이탈하여 다른 차로로 차로변경 중 일어난 사고도 동일하게 적용된다. 전용차로의 종류와 통행할 수 있는 차는 버스전용차로, 다인승 전용차로, 자전거전용차로 등이 있다.

19. 보차도 구분없음 ●●●

'보차도 구분없음'은 도교법의 규정에 따른다. 포장된 차도를 따라 백색실선으로 구분된 비포장도로가 이어져 있으면 이는 보·차도의 구분이 있는 것으로 본다. 보·차도가 구분되지 않은 도로에서는 운전자가 통상의 경우보다 보행자의 행동에 더 주의를 기울여야 하므로 보행자의 과실은 감산된다.

20. 어린이·영유아·노인·장애인과 보호구역 ●●●

◇ '어린이'는 만13세 미만인 사람을 말한다(도교법 제2조제23호).

◇ '영유아'는 만6세 미만인 사람을 말한다(도교법 제11조제1호, 영유아보호법 제2조).

◇ '노인'은 만65세 이상인 사람을 말한다(도교법 제11조제5항제4호).

◇ '장애인'은 장애인복지법 제32조 등에 따라 등록된 사람을 말한다.

◇ 사회적으로 보호가 요구되므로 과실이 약 5% 감산된다.

◇ '어린이·영유아·노인·장애인 보호구역'은 도교법 제12조 및 제12조의2에 정해진 것으로 사고 시 보행자의 과실은 약 10% 감산된다.

◇ 경합되면 '어린이·영유아·노인·장애인 보호구역' 감산요소만 적용된다.

21. 집단행동 ●○○

◇ '집단행동'이란 2인 이상의 동시횡단을 의미한다.

◇ 보행자가 다른 1인을 업거나 또는 안은 경우는 제외된다.

◇ 운전자가 보행자의 존재를 인식하기 쉬워 보행자의 과실은 5% 감산된다.

22. 술 취한 상태 ●○○

'술 취한 상태'란 객관적 증거(목격자 진술서, 음주량 측정 등)에 의하여 보행자의 음주사실이 증명된 경우에 보행자의 과실은 가산된다.

23. 보행자 급진입 ●○○

'보행자 급진입'은 보행자가 횡단보도 신호가 가동되자마자 급하게 횡단보도를 진입한 경우 또는 횡단 잔여시간 표시가 설치되어 있는 횡단보도를 횡단할 때 횡단에 필요한 충분한 시간을 확보하지 않은 상태에서 급하게 횡단보도로 진입한 경우를 말한다. 보행자의 과실이 적용되지 않거나 약 5% 적용된다.

24. 정지·후퇴·사행 ●○○

'정지·후퇴·사행'이란 보행자가 횡단 중 갑자기 멈추어 서는 경우(정지), 다시 돌아서서 출발점으로 돌아가거나 뒷걸음질하는 경우(후퇴), 차도를 갈지자로 걸어 가거나 또는 어슬렁거리는 경우(사행) 등을 말한다. 이 경우 보행자의 과실은 가산된다.

25. 횡단보도 규제표지 ●○●

'횡단보도 규제표지'란 횡단금지표시 등의 안전표지 또는 가드레일, 펜스, 차단봉 등에 의하여 차도횡단이 금지된 장소를 말한다. 이곳을 횡단하는 보행자의 과실은 가산된다.

26. 교차로 대각선 횡단 ●○●

'교차로 대각선 횡단'이란 횡단보도가 설치되지 않은 교차로에서 보행자가 차도를 최단거리로 횡단하지 않고 교차로 내부를 대각선 방향으로 또는 비스듬히 횡단하는 것을 말한다. 이 경우 보행자의 과실은 가산된다.

MEMO

제2장

보행자 사고

01. 교차로 전 횡단보도 사고 ⬤⬤⬤

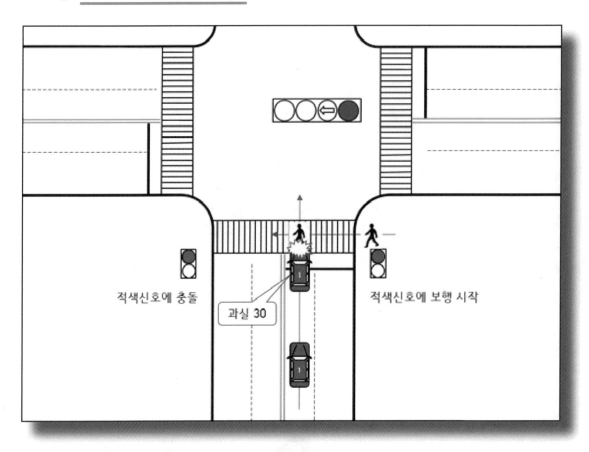

○ 1차량 가해차

1차량은 횡단보도에서 보행자를 충돌한 경우 도로교통법 제48조 제1항 안전운전의무 위반에 따른 경과실 교통사고의 책임을 진다. 녹색신호의 뜻은 직진할 수 있다는 의미가 있으므로 주변의 교통상황을 잘 살피고 안전하게 운전해야 한다. 보행자는 보행신호 적색에 횡단보도를 보행하면 도로교통법 제5조 신호위반에 따른 범칙금이 부과되고, 횡단보도 보행자로서 보호를 받지 못한다.

○ 1차량 기본과실 30%

1차량은 주택·상점·학교(5), 집단횡단(5), 어린이·노인·장애인 또는 보호구역(5~15), 현저한 과실이나 중대한 과실(10~20) 등이 있으면 45%까지 가산된다(보행자 과실이 감산된다). 보행자는 야간·기타 시야장애(5), 간선도로(5), 정지·후퇴·사행(5), 보행자 급진입(5) 등이 있으면 20%까지 가산된다.

[횡단보도 보행자 보호의무]

「도로교통법」

제27조(보행자의 보호)

① 모든 차 또는 노면전차의 운전자는 보행자(제13조의2제6항에 따라 자전거에서 내려서 자전거를 끌고 통행하는 자전거 운전자를 포함한다)가 횡단보도를 통행하고 있을 때에는 보행자의 횡단을 방해하거나 위험을 주지 아니하도록 그 횡단보도 앞(정지선이 설치되어 있는 곳에서는 그 정지선을 말한다)에서 일시정지하여야 한다.

② 모든 차 또는 노면전차의 운전자는 교통정리를 하고 있는 교차로에서 좌회전이나 우회전을 하려는 경우에는 신호기 또는 경찰공무원 등의 신호나 지시에 따라 도로를 횡단하는 보행자의 통행을 방해하여서는 아니된다.

③ 모든 차의 운전자는 교통정리를 하고 있지 아니하는 교차로 또는 그 부근의 도로를 횡단하는 보행자의 통행을 방해하여서는 아니된다.

④ 모든 차의 운전자는 도로에 설치된 안전지대에 보행자가 있는 경우와 차로가 설치되지 아니한 좁은 도로에서 보행자의 옆을 지나는 경우에는 안전한 거리를 두고 서행하여야 한다.

⑤ 모든 차 또는 노면전차의 운전자는 보행자가 제10조 제3항에 따라 횡단보도가 설치되어 있지 아니한 도로를 횡단하고 있을 때에는 안전거리를 두고 일시정지하여 보행자가 안전하게 횡단할 수 있도록 하여야 한다.

「교통사고처리 특례법」

제3조(처벌의 특례)

① 차의 운전자가 교통사고로 인하여 「형법」 제268조의 죄를 범한 경우에는 5년 이하의 금고 또는 2천만 원 이하의 벌금에 처한다.

② 차의 교통으로 제1항의 죄 중 업무상과실치상죄(業務上過失致傷罪) 또는 중과실치상죄(重過失致傷罪)와 「도로교통법」 제151조의 죄를 범한 운전자에 대하여는 피해자의 명시적인 의사에 반하여 공소(公訴)를 제기할 수 없다.

제4조(보험 등에 가입된 경우의 특례)

① 교통사고를 일으킨 차가 「보험업법」 제4조, 제126조, 제127조 및 제128조, 「여객자동차 운수사업법」 제60조, 제61조 또는 「화물자동차 운수사업법」 제51조에 따른 보험 또는 공제에 가입된 경우에는 제3조 제2항 본문에 규정된 죄를 범한 차의 운전자에 대하여 공소를 제기할 수 없다.

도로교통법

제8조(보행자의 통행)

① 보행자는 보도와 차도가 구분된 도로에서는 언제나 보도로 통행하여야 한다. 다만, 차도를 횡단하는 경우, 도로공사 등으로 보도의 통행이 금지된 경우나 그 밖의 부득이한 경우에는 그러하지 아니하다.

② 보행자는 보도와 차도가 구분되지 아니한 도로에서는 차마와 마주보는 방향의 길가장자리 또는 길가장자리구역으로 통행하여야 한다. 다만, 도로의 통행방향이 일방통행인 경우에는 차마를 마주보지 아니하고 통행할 수 있다.

③ 보행자는 보도에서는 우측통행을 원칙으로 한다.

제10조(도로의 횡단)

① 지방경찰청장은 도로를 횡단하는 보행자의 안전을 위하여 행정안전부령으로 정하는 기준에 따라 횡단보도를 설치할 수 있다.

② 보행자는 제1항에 따른 횡단보도, 지하도, 육교나 그 밖의 도로 횡단시설이 설치되어 있는 도로에서는 그곳으로 횡단하여야 한다. 다만, 지하도나 육교 등의 도로 횡단시설을 이용할 수 없는 지체장애인의 경우에는 다른 교통에 방해가 되지 아니하는 방법으로 도로 횡단시설을 이용하지 아니하고 도로를 횡단할 수 있다.

③ 보행자는 제1항에 따른 횡단보도가 설치되어 있지 아니한 도로에서는 가장 짧은 거리로 횡단하여야 한다.

④ 보행자는 차와 노면전차의 바로 앞이나 뒤로 횡단하여서는 아니된다. 다만, 횡단보도를 횡단하거나 신호기 또는 경찰공무원 등의 신호나 지시에 따라 도로를 횡단하는 경우에는 그러하지 아니하다.

⑤ 보행자는 안전표지 등에 의하여 횡단이 금지되어 있는 도로의 부분에서는 그 도로를 횡단하여서는 아니된다.

제48조(안전운전 및 친환경 경제운전의 의무)

① 모든 차 또는 노면전차의 운전자는 차 또는 노면전차의 조향장치와 제동장치, 그 밖의 장치를 정확하게 조직하여야 하며, 도로의 교통상황과 차 또는 노면전차의 구조 및 성

능에 따라 다른 사람에게 위험과 장해를 주는 속도나 방법으로 운전하여서는 아니된다.

교통사고처리 특례법

제3조(처벌의 특례)

① 차의 운전자가 교통사고로 인하여 「형법」 제268조의 죄를 범한 경우에는 5년 이하의 금고 또는 2천만 원 이하의 벌금에 처한다.

② 차의 교통으로 제1항의 죄 중 업무상과실치상죄(業務上過失致傷罪) 또는 중과실치상죄(重過失致傷罪)와 「도로교통법」 제151조의 죄를 범한 운전자에 대하여는 피해자의 명시적인 의사에 반하여 공소(公訴)를 제기할 수 없다.

제4조(보험 등에 가입된 경우의 특례)

① 교통사고를 일으킨 차가 「보험업법」 제4조, 제126조, 제127조 및 제128조, 「여객자동차 운수사업법」 제60조, 제61조 또는 「화물자동차 운수사업법」 제51조에 따른 보험 또는 공제에 가입된 경우에는 제3조 제2항 본문에 규정된 죄를 범한 차의 운전자에 대하여 공소를 제기할 수 없다.

02. 횡단보도, 보행신호 녹색에 사고

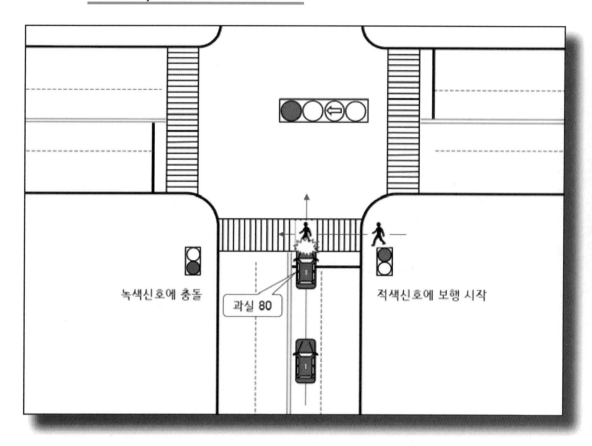

녹색신호에 충돌

과실 80

적색신호에 보행 시작

○ 1차량 가해차

1차량은 적색신호에 횡단보도 보행자를 충돌한 경우 도로교통법 제5조 신호위반에 따른 중과실 교통사고의 책임을 진다. 정지선을 넘어 정지해 있다가 녹색신호에 출발한다거나 신호가 바뀔 것을 대비하여 적색신호에 미리 출발하던 중 발생된 경우도 같다. 보행자는 보행신호가 적색일 때 횡단보도를 보행했으므로 횡단보도 보행자로서 보호를 받지 못한다.

○ 1차량 기본과실 80%

1차량은 주택·상점·학교(5), 집단횡단(5), 어린이·노인·장애인 또는 보호구역(5~15), 현저한 과실이나 중대한 과실(10~20) 등이 있으면 45%까지 가산된다(보행자 과실이 감산된다). 야간·기타 시야장애, 간선도로, 정지·후퇴·사행, 보행자 급진입, 보·차도 구분 없음 등은 과실비율 가감하지 않는다.

03. 보행신호 녹색에 출발, 녹색점멸에 사고

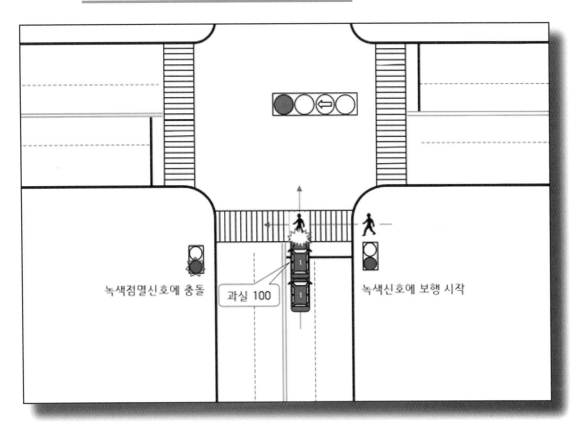

녹색점멸신호에 충돌　　과실 100　　녹색신호에 보행 시작

○ 1차량 가해차

1차량은 적색신호에 횡단보도에서 보행자를 충돌한 경우 도로교통법 제5조 신호위반, 제27조 제1항 횡단보도 보행자보호의무 위반 등 중과실 교통사고의 책임을 진다. 우회전, 차량보조신호 등 적색은 횡단보도 직전에 정지할 것과 우회전의 금지를 지시하는 것이므로 원형등화라 하더라도 신호위반이 적용된다(대판 2017도2730). 보행자는 보행신호가 녹색점멸일 때 횡단보도 보행을 시작했고 보행신호 녹색점멸에 충돌되었더라도 횡단보도 보행자로서 보호를 받는다(대판 2007도9598).

○ 1차량 기본과실 100%

1차량은 야간 또는 주·정차된 차량 사이에서 보행자가 걸어 나오는 등 운전자가 보행자의 횡단을 예상하기 어려운 경우 5% 감산된다(보행자 과실은 5% 가산된다). 야간·기타 시야장애, 간선도로, 정지·후퇴·사행, 주택·상점가·학교, 집단횡단, 보·차도 구분 없음, 어린이·노인·장애인 보호구역, 차의 현저한 과실이나 중대한 과실 등은 과실비율 가감하지 않는다.

04. 보행신호 녹색점멸 출발, 녹색점멸에 사고

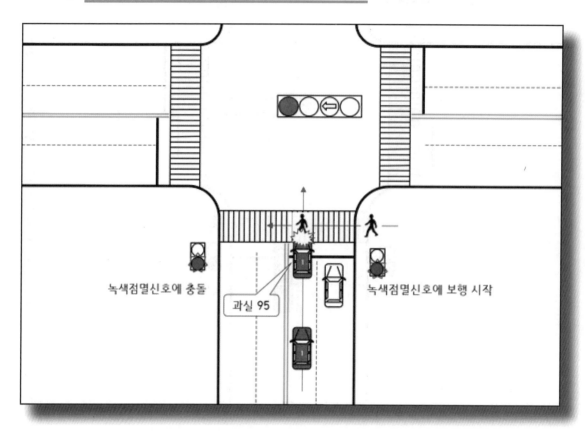

녹색점멸신호에 충돌

과실 95

녹색점멸신호에 보행 시작

○ 1차량 가해차

1차량은 적색신호에 교차로에 진입한 후 횡단보도에서 보행자를 충돌한 경우 도로교통법 제5조 신호위반, 제27조 제1항 횡단보도 보행자보호의무 위반 등 중과실 교통사고의 책임을 진다. 보행자는 보행신호가 녹색점멸일 때 횡단보도 보행을 시작했고 보행신호 녹색점멸에 충돌되었더라도 횡단보도 보행자로 보호를 받는다(대판 2007도9598).

○ 1차량 기본과실 95%

1차량은 주택·상점·학교(5), 집단횡단(5), 보·차도 구분 없음(5), 어린이·노인·장애인 또는 보호구역(5~15), 현저한 과실이나 중대한 과실(10~20) 등이 있으면 50%까지 가산된다(보행자 과실이 감산된다). 보행자는 야간·기타 시야장애(5), 간선도로(5), 정지·후퇴·사행(5), 보행자 급진입(5) 등이 있으면 20%까지 가산된다.

05. 보행신호 녹색점멸 출발, 적색신호에 사고 ●○○

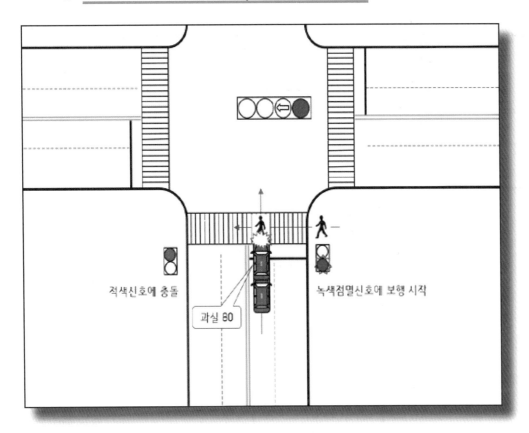

○ 1차량 가해차

1차량은 녹색신호에 교차로에 진입한 후 횡단보도에서 보행자를 충돌한 경우 도로교통법 제48조 제1항 안전운전의무위반에 대한 경과실 교통사고의 책임을 진다. 보행자가 보행신호 녹색에 보행을 시작했어도 적색에 충돌되었으면 차량신호가 녹색인 운전자에게 신호위반이나 횡단보도 사고에 대한 책임을 물을 순 없다. 보행자는 녹색등화 점멸과 적색인 경우 횡단을 시작해서는 안 된다. 횡단보도 보행신호가 적색으로 바뀐 상태에서 충돌된 경우 횡단보도 보행자로 보호를 받을 수 없다.

○ 1차량 기본과실 80%(보행신호 녹색출발 90%)

1차량은 주택 · 상점 · 학교(5), 집단횡단(5), 보·차도 구분 없음(5), 어린이 · 노인 · 장애인 또는 보호구역(5~15), 현저한 과실이나 중대한 과실(10~20) 등이 있으면 50%까지 가산된다(보행자 과실이 감산된다). 보행자는 야간 · 기타 시야장애(5), 간선도로(5), 정지·후퇴·사행(5), 보행자 급진입(5) 등이 있으면 20%까지 가산된다.

06. 보행신호 적색, 우회전 차량에 사고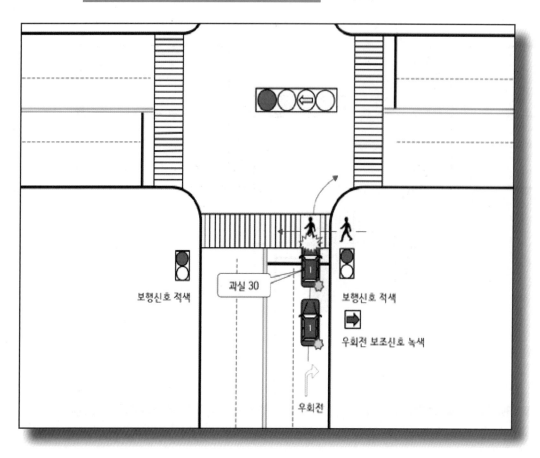

○ 1차량 가해차

1차량은 횡단보도에서 보행자를 충돌한 경우 도로교통법 제48조 제1항 안전운전의무 위반에 따른 경과실 교통사고의 책임을 진다. 교차로 차량신호 적색은 다른 교통에 방해가 없을 때 우회전하도록 규정되어 있다. 보조신호등에 따르게 될 때 신호위반이나 횡단보도 보행자보호의무 위반에 대한 책임은 지지 않는다(대판 88도682, 대판 2011도3970).

○ 1차량 기본과실 30%

1차량은 주택·상점·학교(5), 집단횡단(5), 어린이·노인·장애인 또는 보호구역(5~15), 현저한 과실이나 중대한 과실(10~20) 등 있으면 45%까지 가산된다(보행자 과실이 감산된다). 보행자는 야간·기타 시야장애(5), 간선도로(5), 정지·후퇴·사행(5), 보행자 급진입(5) 등이 있으면 20%까지 가산된다. 보행자 급진입, 보·차도 구분이 없는 곳 등은 과실비율을 가감하지 않는다.

07. 단일로, 보행신호 녹색에 사고

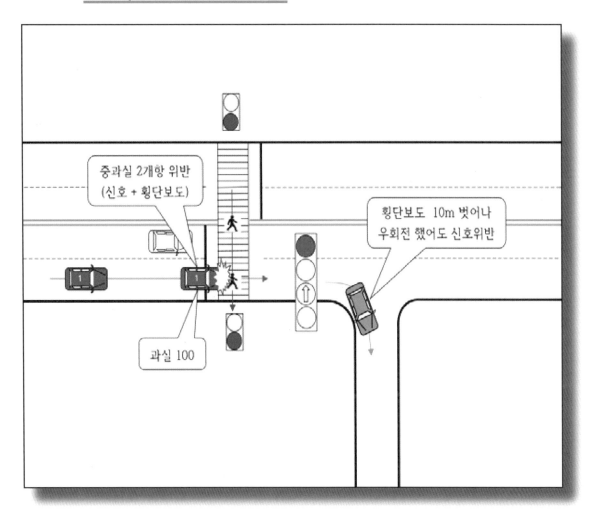

중과실 2개항 위반
(신호 + 횡단보도)

횡단보도 10m 벗어나
우회전 했어도 신호위반

과실 100

○ 1차량 가해차

1차량은 단일로 횡단보도에서 신호위반하고 우회전하다가 보행자를 충돌한 경우 도로교통법 제5조 신호위반, 제27조 제1항 횡단보도 보행자보호의무 위반 등에 따른 중과실 교통사고의 책임을 진다(대판 95도1928). 교차로가 아닌 차량신호등이 설치된 단일로 횡단보도에서는 차량신호가 적색일 때 직진하여 우회전하는 것은 신호위반에 해당된다.

○ 1차량 기본과실 100%

야간 또는 주·정차된 차량 사이에서 보행자가 걸어 나오는 등 운전자가 보행자의 횡단을 예상하기 어려운 경우 보행자 과실이 5% 가산된다.

08. 보행신호 녹색에 후진차량에 충돌된 사고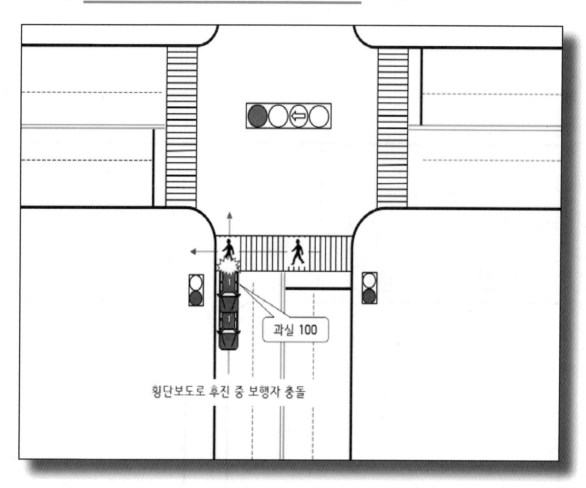

과실 100

횡단보도로 후진 중 보행자 충돌

○ 1차량 가해차

1차량은 횡단보도로 후진하다가 횡단보도 보행신호에 횡단보도를 걷고 있는 보행자를 충돌한 경우 도로교통법 제27조 제1항 횡단보도 보행자보호의무위반에 따른 중과실 교통사고의 책임을 진다. 횡단보도 전에서 일시정지하지 않고 보행자의 보행권을 방해한 책임을 묻는 것이다. 후방의 차량신호가 적색이고, 후진에 따른 역주행이라고 하더라도 신호위반이나 중앙선침범 적용대상은 아니다.

○ 1차량 기본과실 100%

야간 또는 주·정차된 차량 사이에서 보행자가 걸어 나오는 등 운전자가 보행자의 횡단을 예상하기 어려운 경우 보행자 과실이 5% 가산된다.

09. 적색신호 우회전 중 사고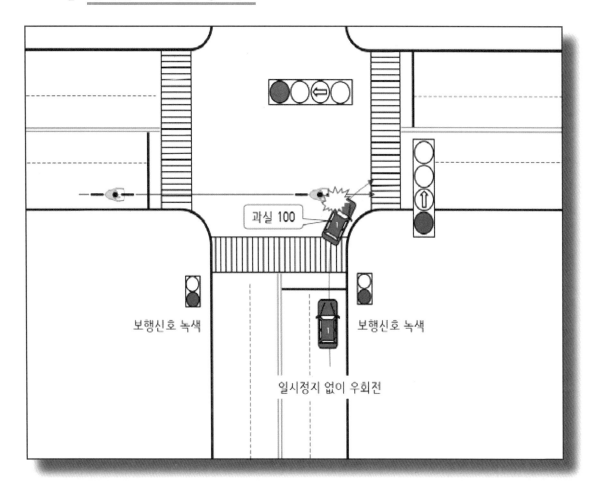

과실 100

보행신호 녹색

보행신호 녹색

일시정지 없이 우회전

○ 1차량 가해차

1차량은 교차로 차량신호 적색이고 횡단보도 보행신호 녹색일 때 일시정지 없이 우회전 중 교차로 좌측에서 우측으로 신호에 따라 진행하는 자전거를 충돌했다. 이 사건 운전자는 도로교통법 제5조 신호위반에 따른 중과실 교통사고가 아닌, 도로교통법 제25조 제1항 교차로 우회전할 때 주의하지 않은 경과실 교통사고에 대한 책임만 있어 종합보험에 가입되어 있으니 형사처벌을 하는 것은 옳지 않다고 주장했다. 대법원은 횡단보도 보행신호가 녹색일 때 횡단보도를 통과하여 우회전하는 것은 도로교통법 제5조 신호위반에 해당되고, 신호위반이 원인이 된 것이므로 교통사고처리 특례법 제3조 제2항 제1호 신호위반에 따른 중과실 교통사고에 해당된다고 판시했다(대판 97도1835, 대판 2009도8222 등).

10. 보행신호 녹색, 횡단보도 부근 사고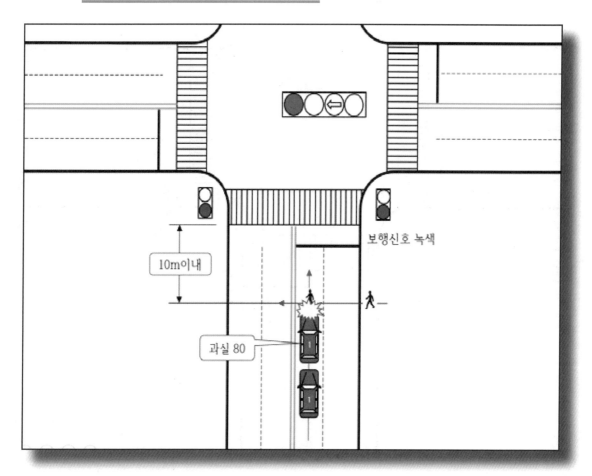

보행신호 녹색

10m이내

과실 80

○ 1차량 가해차

　1차량은 차량신호 적색에 횡단보도 부근에서 보행자를 충돌한 경우 도로교통법 제48조 제1항 안전운전의무위반에 따른 경과실 교통사고의 책임을 진다. 정지선 전에서 발생한 사고는 신호위반을 적용할 수 없다. 형법의 예비음모죄나 미수죄가 없으므로 신호위반을 하려고 했더라도 달라지지 않는다.

○ 1차량 기본과실 80%

　1차량은 주택·상점·학교(5), 집단횡단(5), 보·차도구분없음(5), 어린이·노인·장애인 또는 보호구역(5~15), 현저한 과실이나 중대한 과실(10~20) 등이 있으면 50%까지 가산된다(보행자 과실이 감산된다). 보행자는 보행자 급진입(5), 야간·기타 시야장애(10), 간선도로(10), 정지·후퇴·사행(10), 횡단금지규제(10) 등의 사유가 있으면 45%까지 가산된다.

11. 보행신호 적색, 횡단보도 부근 사고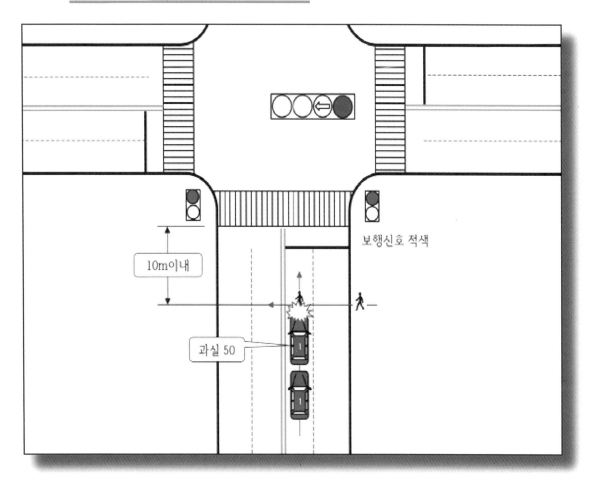

○ 1차량 가해차

1차량은 차량신호 녹색에 횡단보도 부근에서 보행자를 충돌한 경우 도로교통법 제48조 제1항 안전운전의무위반에 따른 경과실 교통사고의 책임을 진다. 전방에 신호등과 횡단보도가 설치되어 있으므로 무단횡단 보행자가 있을 것을 예상하여 안전하게 운전해야 함에도 이를 게을리한 책임을 묻는 것이다.

○ 1차량 기본과실 50%

1차량은 주택·상점·학교(5), 집단횡단(5), 보·차도 구분 없음(5), 어린이·노인·장애인 또는 보호구역(5~15), 현저한 과실이나 중대한 과실(10~20) 등이 있으면 50%까지 가산된다(보행자 과실이 감산된다). 보행자는 보행자 급진입(5), 야간·기타 시야장애(10), 간선도로(10), 정지·후퇴·사행(10), 횡단금지규제(10) 등이 있으면 45%까지 가산된다.

12. 교차로 통과 후 횡단보도 사고 ◖●○○

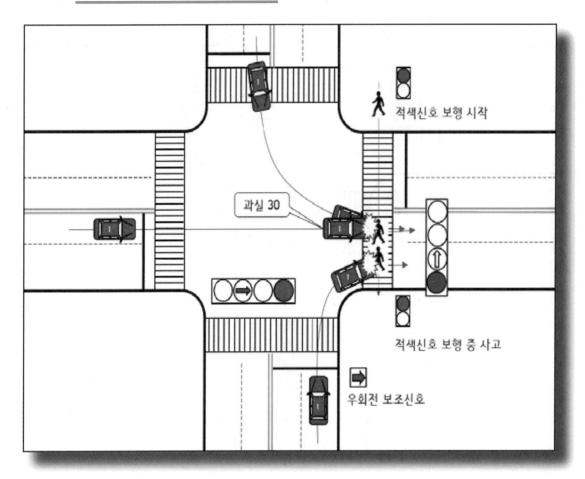

○ 1차량 가해차

1차량은 횡단보도에서 보행자를 충돌한 경우 도로교통법 제48조 제1항 안전운전의무 위반에 따른 경과실 교통사고의 책임을 진다. 차량 신호에 따라 진행하더라도 주변의 교통상황을 잘 살피고 안전하게 운전해야 한다. 보행자는 보행신호 적색에 횡단보도를 보행하면 도로교통법 제5조 신호위반에 따른 범칙금이 부과되고, 횡단보도 보행자로 보호받지 못한다.

○ 1차량 기본과실 30%

1차량은 주택·상점·학교(5), 집단횡단(5), 어린이·노인·장애인 또는 보호구역(5~15), 현저한 과실이나 중대한 과실(10~20) 등 있으면 45%까지 가산된다(보행자 과실이 감산된다). 보행자는 야간·기타 시야장애(5), 간선도로(5), 정지·후퇴·사행(5) 등이 있으면 15%까지 가산된다. 보행자의 급진입과 보·차도 구분이 없는 곳에서의 과실은 적용하지 않는다.

13. 보행신호 적색에 사고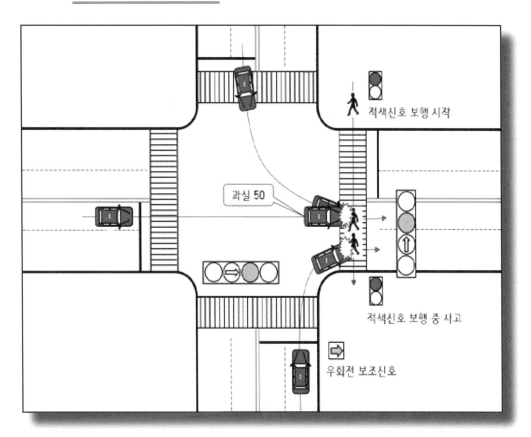

적색신호 보행 시작

과실 50

적색신호 보행 중 사고

우회전 보조신호

○ 1차량 가해차

1차량은 황색신호에 횡단보도 보행자를 충돌한 경우 도로교통법 제5조 신호위반에 따른 중과실 교통사고의 책임을 진다. 황색신호는 정지선 전에 멈춰야 하고 교차로에 진입하여 바뀌었으면 신속히 교차로를 빠져 나가야 한다. 황색신호라고 하여 신호위반을 적용하는 것은 아니다. 황색신호로 바뀌었음을 인식하고 정지선 전에 정지할 수 있었음에도 정지하지 않는 경우를 말한다. 정지선 직전에 황색으로 바뀌는 등 도저히 정지할 수 없는 객관적인 사실이 확인될 경우 신호위반의 책임을 묻지 않는다.

○ 1차량 기본과실 50%

1차량은 주택·상점·학교(5), 어린이·노인·장애인 또는 보호구역(5~15), 현저한 과실이나 중대한 과실(10~20) 등 있으면 45%까지 가산된다(보행자 과실이 감산된다). 보행자는 야간·기타 시야장애(5), 간선도로(5) 등의 상황이 있으면 10%까지 가산된다. 정지·후퇴·사행, 보행자 급진입, 보·차도 구분 없는 곳에서의 사고에 대한 과실은 적용하지 않는다.

14. 보행신호 적색에서 녹색신호 바뀌며 사고

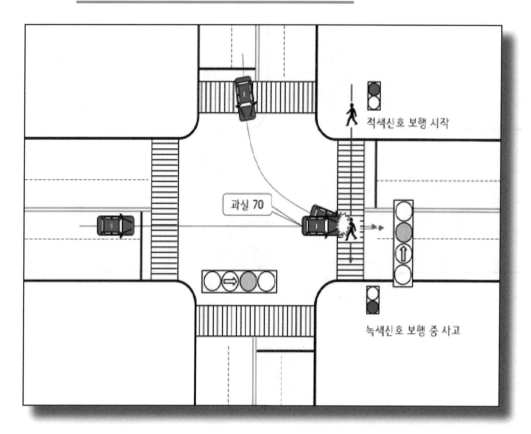

○ 1차량 가해차

1차량은 황색신호에 횡단보도에서 보행자를 충돌한 경우 도로교통법 제5조 신호위반에 따른 중과실 교통사고의 책임을 진다. 황색신호는 정지선 전에 멈춰야 하고 교차로에 진입하여 바뀌었으면 신속히 교차로를 빠져나가야 한다. 즉시 정지할 수 없었던 정당한 사유가 있는 경우 도로교통법 제48조 제1항 안전운전의무 위반에 따른 경과실 교통사고의 책임을 진다. 보행자는 보행신호 적색에 횡단보도를 보행하다가 녹색으로 바뀌었고 보행신호 녹색에 충돌되었어도 횡단보도 보행자로서 보호를 받지 못한다.

○ 1차량 기본과실 70%

1차량은 주택 · 상점 · 학교(5), 어린이 · 노인 · 장애인 또는 보호구역(5~15), 현저한 과실이나 중대한 과실(10~20) 등이 있으면 45%까지 가산된다(보행자는 과실이 감산된다). 보행자는 야간 · 기타 시야장애(5), 간선도로(5) 등의 상황이 있으면 10%까지 가산된다. 정지 · 후퇴 · 사행, 보행지 급진입, 보 · 차도 구분이 없는 곳에서의 사고에 대한 과실은 적용하지 않는다.

15. 보행신호 녹색점멸에 사고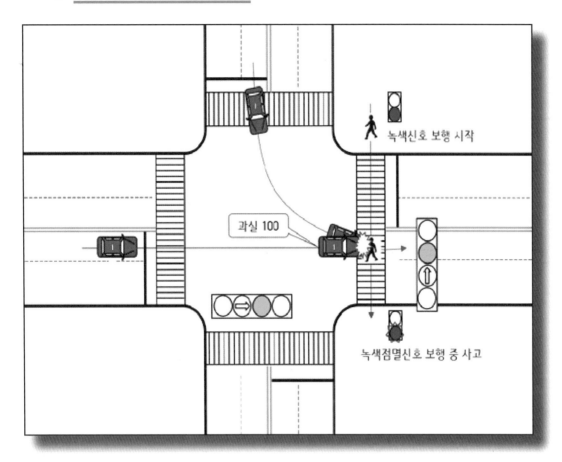

과실 100

녹색신호 보행 시작

녹색점멸신호 보행 중 사고

○ 1차량 가해차

1차량은 황색신호에 횡단보도에서 보행자를 충돌한 경우 도로교통법 제5조 신호위반, 제27조 제1항 횡단보도 보행자보호의무 위반 등 중과실 교통사고의 책임을 진다. 보행자는 보행신호 녹색에 횡단보도 보행을 시작했고 보행신호 녹색점멸에 충돌되었으면 횡단보도 보행자로서 보호를 받는다(대판 2007도9598).

○ 1차량 기본과실 100%

1차량은 주택·상점·학교(5), 집단횡단(5), 어린이·노인·장애인 또는 보호구역(5~15), 현저한 과실이나 중대한 과실(10~20) 등의 조건이 있으면 45%까지 가산된다(보행자 과실이 감산된다). 보행자는 야간·기타 시야장애(5), 간선도로(5), 보행자 급진입(5) 등의 조건이 있으면 15%까지 가산된다. 정지·후퇴·사행, 보·차도 구분 없는 곳에서의 사고에 대한 과실은 적용하지 않는다.

16. 보행신호 녹색점멸에 사고(1) ●●●

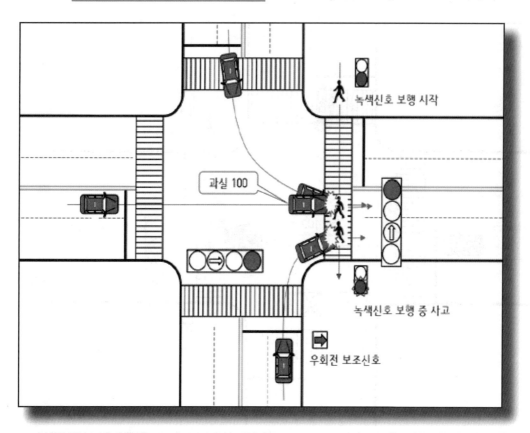

과실 100

녹색신호 보행 시작

녹색신호 보행 중 사고

우회전 보조신호

○ 1차량 가해차

1차량은 적색신호에 횡단보도에서 보행자를 충돌한 경우 도로교통법 제5조 신호위반, 제27조 제1항 횡단보도 보행자보호의무 위반 등 중과실 교통사고의 책임을 진다. 우회전의 경우, 차량보조신호등 적색은 횡단보도 직전에 정지할 것과 우회전의 금지를 지시하는 것이므로 화살표 또는 원형등화라 하더라도 그 보조신호등 하나만으로도 신호위반 적용대상이 된다(대판 2017도2730). 보행자는 보행신호가 녹색점멸일 때 횡단보도 보행을 시작했고 보행신호 녹색점멸에 충돌되었으면 보행자로서 보호를 받는다(대판 2007도9598).

○ 1차량 기본과실 100%

야간 또는 주·정차된 차량 사이에서 보행자가 걸어 나오는 등 운전자가 보행자의 횡단을 예상하기 어려운 경우 보행자 과실 5% 가산된다. 보행자 급진입, 야간·기타 시야장애, 간선도로, 정지·후퇴·사행, 주택·상점가·학교, 집단행동, 어린이·노인·장애인 보호구역, 차의 현저한 과실이나 중대한 과실, 보·차도 구분 없는 곳에서의 사고에 대한 과실은 적용하지 않는다.

17. 보행시작 직후 우회전 차량에 사고 ●●●

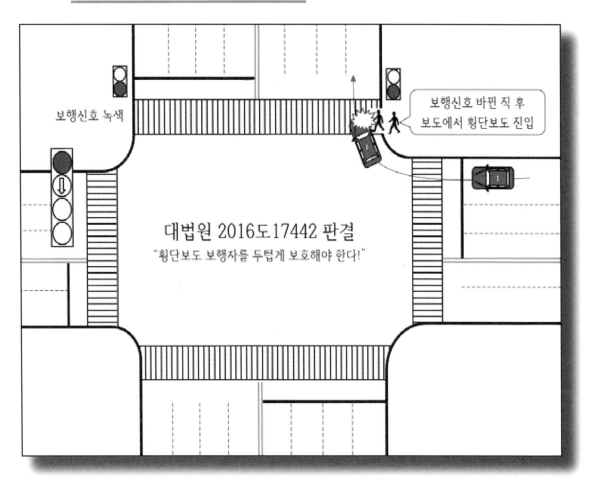

보행신호 녹색

보행신호 바뀐 직 후
보도에서 횡단보도 진입

대법원 2016도17442 판결
"횡단보도 보행자를 두텁게 보호해야 한다!"

○ 1차량 가해차

 2015. 4. 21. 16:30경 승용차 운전자는 신호등과 횡단보도가 설치된 교차로를 시속 약 20km 속도로 우회전하게 되었다. 마침, 횡단보도 보행신호가 들어오자 보도에서 횡단보도로 보행을 시작하는 피해자 정**(5세)를 충격하여 약 12주간의 치료를 요하는 상해를 입게 하였다. 운전자는 횡단보도 진입한 상태에서 피해자가 달려 나왔으므로 무죄이거나 횡단보도 사고가 아닌 경과실 안전운전의무위반 사고로 처리해 줄 것을 요구하였다. 그러나 이 사건 대법원 2017. 3. 15. 선고 2016도17442 판결에서는 입법 취지가 횡단보도 보행자를 두텁게 보호하는데 있으므로 비록 피해자가 보도에 있다가 횡단보도로 진입하는 찰나에 발생되었다고 하더라도 횡단보도 진입 전 일시정지를 하였더라면 사고가 발생하지 않았을 것인데 막연히 우회전을 하게 되어 이 같은 사고가 발생되었다며 도로교통법 제27조 제1항 횡단보도 보행자보호의무 위반에 따른 중과실 교통사고 책임이 있다 하여 유죄를 선고했다.

18. 보행신호 적색에 보행 중 사고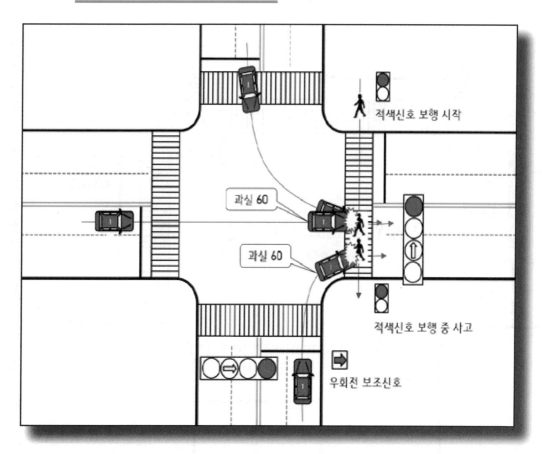

적색신호 보행 시작

과실 60

과실 60

적색신호 보행 중 사고

우회전 보조신호

○ 1차량 가해차

1차량은 적색신호에 횡단보도에서 보행자를 충돌한 경우 도로교통법 제5조 신호위반, 제27조 제1항 횡단보도 보행자보호의무 위반 등 중과실 교통사고의 책임을 진다. 정당한 이유가 있는 경우 도로교통법 제48조 제1항 안전운전의무 위반에 따른 경과실 교통사고의 책임을 진다. 우회전 보조신호등 적색일 때 우회전하면 그 자체만으로도 신호위반의 책임을 진다(대판 2017도2730).

○ 1차량 기본과실 60%

1차량은 주택·상점·학교(5), 간선도로(5), 집단횡단(5), 어린이·노인·장애인 또는 보호구역(5~15), 현저한 과실이나 중대한 과실(10~20) 등 있으면 50%까지 가산된다(보행자 과실이 감산된다). 보행자는 야간·기타 시야장애(5), 간선도로(5) 등이 있으면 10%까지 가산된다. 정지·후퇴·사행, 보행자 급진입 등에 대한 과실은 적용하지 않는다.

19. 보행신호 녹색점멸에 출발, 적색에 사고

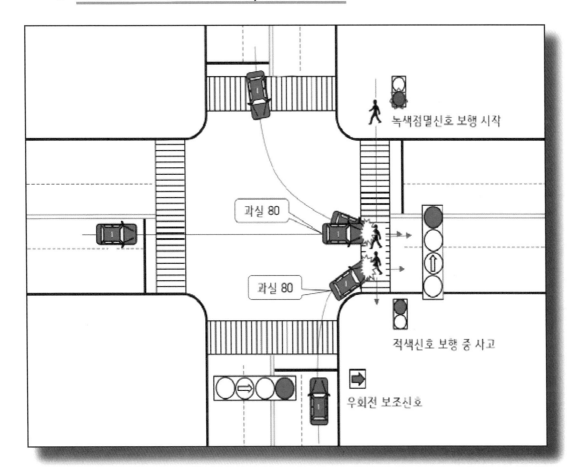

녹색점멸신호 보행 시작

과실 80

과실 80

적색신호 보행 중 사고

우회전 보조신호

○ 1차량 가해차

1차량은 적색신호에 횡단보도 보행자를 충돌한 경우 도로교통법 제5조 신호위반에 따른 중과실 교통사고의 책임을 진다. 보행자는 보행신호가 녹색점멸인 경우 횡단을 시작해서는 아니 되고 횡단을 시작한 경우 신속하게 횡단을 완료하거나 그 횡단을 중지하고 보도로 되돌아와야 한다. 보행신호가 적색으로 바뀌어 차량에 충돌된 경우 횡단보도 보행자로서 보호를 받지 못한다.

○ 1차량 기본과실 80%

1차량은 주택 · 상점 · 학교(5), 집단횡단(5), 보 · 차도 구분 없는 곳(5), 어린이 · 노인 · 장애인 또는 보호구역(5~15), 현저한 과실이나 중대한 과실(10~20) 등 있으면 50%까지 가산된다 (보행자 과실이 감산된다). 보행자는 야간 · 기타 시야장애(5), 간선도로(5), 정지 · 후퇴 · 사행 (5), 보행자 급진입(5) 등이 있으면 20%까지 가산된다.

20. 보행신호 녹색, 횡단보도 부근 사고 ●●●

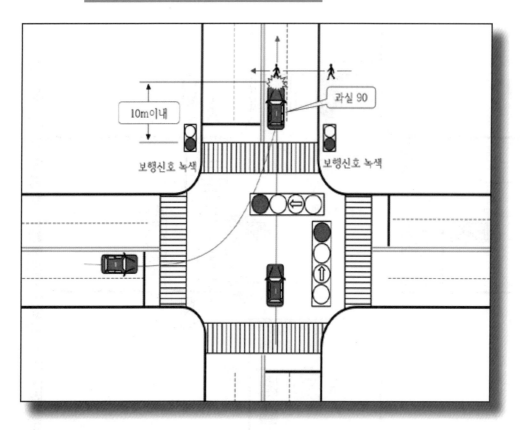

○ 1차량 가해차

　1차량은 적색신호에 횡단보도 부근에서 보행자를 충돌한 경우 도로교통법 제48조 제1항 안전운전의무위반에 따른 경과실 교통사고의 책임을 진다. 횡단보도 부근이란 횡단보도에서 10m 내외의 지점을 말한다. 횡단보도 보행신호가 녹색인 경우, 비록 사고지점이 교차로와 횡단보도를 벗어나 발생되었더라도 도로교통법 제5조 신호위반에 따른 중과실 교통사고의 책임을 질 수도 있다.

○ 1차량 기본과실 90%

　1차량은 주택·상점·학교(5), 집단횡단(5), 보·차도구분없음(5), 어린이·노인·장애인 또는 보호구역(5~15), 현저한 과실이나 중대한 과실(10~20) 등이 있으면 50%까지 가산된다(보행자 과실이 감산된다). 보행자는 야간·기타 시야장애(10), 간선도로(10), 정지·후퇴·사행(10), 보행자 급진입(10) 등이 있으면 40%까지 가산된다. 보행자 급진입에 대한 과실은 적용하지 않는다.

21. 보행신호 녹색, 횡단보도 부근 사고(1)

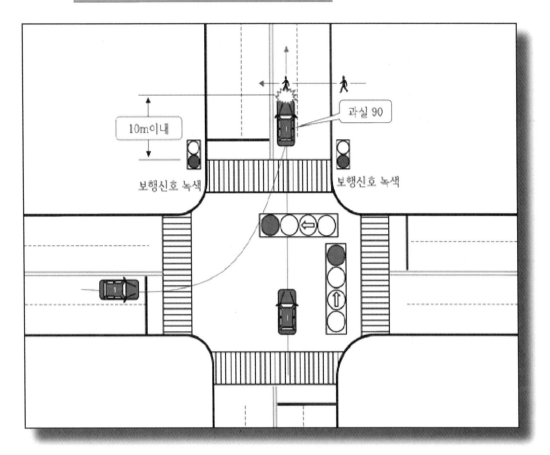

○ 1차량 가해차

1차량은 적색신호에 횡단보도 부근에서 보행자를 충돌한 경우 도로교통법 제48조 제1항 안전운전의무위반에 따른 경과실 교통사고의 책임을 진다. 횡단보도 보행신호가 녹색인 경우, 사고지점이 교차로와 횡단보도를 벗어나 발생되었더라도 도로교통법 제5조 신호위반에 따른 중과실 교통사고의 책임을 질 수도 있다.

○ 1차량 기본과실 90%

1차량은 주택·상점·학교(5), 집단횡단(5), 보·차도구분없음(5), 어린이·노인·장애인 또는 보호구역(5~15), 현저한 과실이나 중대한 과실(10~20) 등이 있으면 50%까지 가산된다(보행자 과실이 감산된다). 보행자는 야간·기타 시야장애(10), 간선도로(10), 정지·후퇴·사행(10), 보행자 급진입(10) 등이 있으면 40%까지 가산된다. 보행자 급진입에 대한 과실은 적용하지 않는다.

22. 보행신호 녹색, 횡단보도 부근 사고(2)

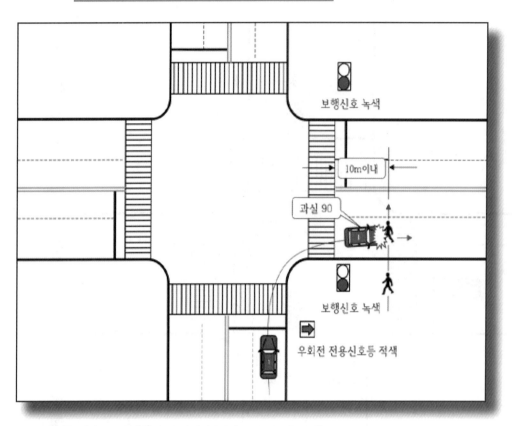

○ 1차량 가해차

1차량은 우회전 보조신호 적색에 우회전 후 횡단보도 부근에서 보행자를 충돌한 경우 도로교통법 제48조 제1항 안전운전의무위반에 따른 경과실 교통사고의 책임을 진다. 교차로와 횡단보도를 벗어나 발생되었더라도 도로교통법 제5조 신호위반에 따른 중과실 교통사고의 책임을 질 수도 있다. 보행자는 횡단보도를 벗어났으므로 도로교통법 제27조 제1항 횡단보도 보행자로서 보호를 받지 못한다.

○ 1차량 기본과실 90%

1차량은 주택·상점·학교(5), 집단횡단(5), 보·차도 구분 없는 곳(5), 어린이·노인·장애인 또는 보호구역(5~15), 현저한 과실이나 중대한 과실(10~20) 등 있으면 50%까지 가산된다(보행자 과실이 감산된다). 보행자는 급진입(5), 야간·기타 시야장애(10) 간선도로(10), 정지·후퇴·사행(10), 횡단금지규제(10) 등이 있으면 45%까지 가산된다. 보행자 급진입에 대한 과실은 적용하지 않는다.

23. 보행신호 적색, 횡단보도 부근 사고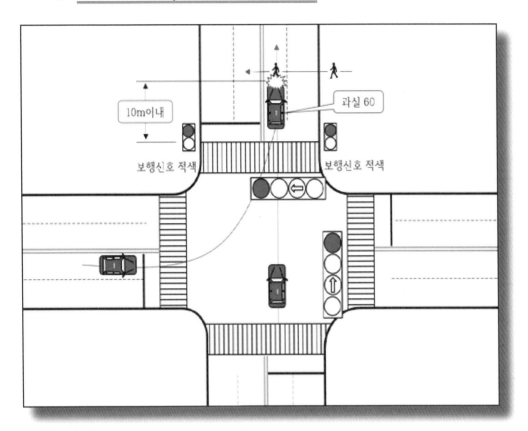

10m이내

보행신호 적색   보행신호 적색

과실 60

○ 1차량 가해차

1차량은 적색신호에 횡단보도 부근에서 보행자를 충돌한 경우 도로교통법 제48조 제1항 안전운전의무위반에 따른 경과실 교통사고의 책임을 진다. 교차로와 횡단보도를 벗어나 발생되었어도 예외적으로 도로교통법 제5조 신호위반에 따른 중과실 교통사고의 책임을 질 수도 있다. 보행자는 횡단보도를 벗어나 보행한 이상 도로교통법 제27조 제1항에 따른 횡단보도 보행자로 보호받지 못하여 무단횡단 사고로 처리된다.

○ 1차량 기본과실 60%

1차량은 주택 · 상점 · 학교(5), 집단횡단(5), 보 · 차도구분없음(5), 어린이 · 노인 · 장애인 또는 보호구역(5~15), 현저한 과실이나 중대한 과실(10~20) 등이 있으면 50%까지 가산된다(보행자 과실이 감산된다). 보행자는 야간 · 기타 시야장애(10), 간선도로(10), 정지 · 후퇴 · 사행(10), 보행자 급진입(10) 등이 있으면 40%까지 가산된다. 보행자 급진입에 대한 과실은 적용하지 않는다.

24. 보행신호 적색, 횡단보도 부근 사고(1)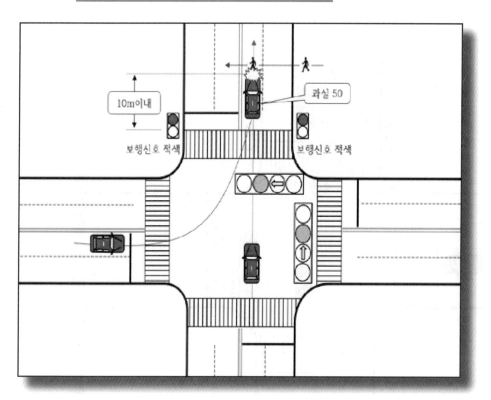

○ 1차량 가해차

1차량은 황색신호에 교차로에 진입한 후 횡단보도 부근에서 보행자를 충돌한 경우 도로교통법 제48조 제1항 안전운전의무위반에 따른 경과실 교통사고의 책임을 진다. 신호의 영향권은 신호등이 지시하는 장소에서만 적용되어야 한다. 교차로를 통과하는 차량이나 횡단보도 보행자 등을 그 대상으로 한다. 교차로 신호위반을 했다고 하더라도 횡단보도 보행신호가 적색이고 횡단보도를 벗어나 보행자를 충돌한 경우 신호위반이 교통사고 발생에 직접원인이 되었다고 보기는 어렵다.

○ 1차량 기본과실 50%

1차량은 주택·상점·학교(5), 집단횡단(5), 보·차도구분없음(5), 어린이·노인·장애인 또는 보호구역(5~15), 현저한 과실이나 중대한 과실(10~20) 등이 있으면 50%까지 가산된다(보행자 과실이 감산된다). 보행자는 야간·기타 시야장애(10), 간선도로(10), 정지·후퇴·사행(10), 보행자 급진입(10) 등이 있으면 40%까지 가산된다. 보행자 급진입에 대한 과실은 적용하지 않는다.

25. 보행신호 적색, 횡단보도 부근 사고(2) ●●●

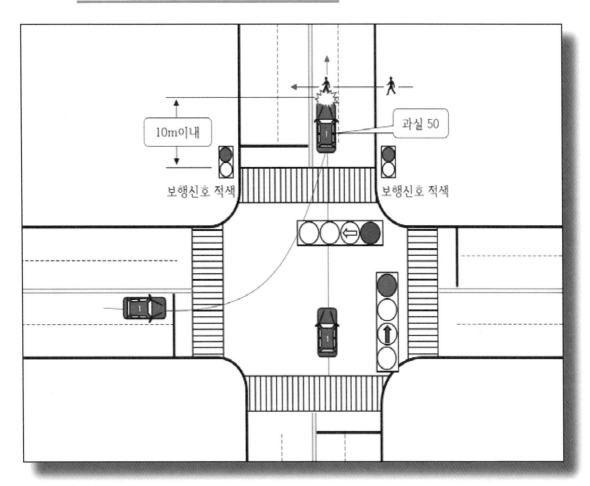

10m이내

보행신호 적색

과실 50

보행신호 적색

○ 1차량 가해차

1차량은 진행신호에 횡단보도 부근에서 보행자를 충돌한 경우 도로교통법 제48조 제1항 안전운전의무위반에 따른 경과실 교통사고의 책임을 진다. 보행자는 횡단보도를 벗어났으므로 도로교통법 제27조 제1항 횡단보도 보행자로서 보호를 받지 못한다.

○ 1차량 기본과실 50%

1차량은 주택·상점·학교(5), 집단횡단(5), 보·차도구분 없는 곳(5), 어린이·노인·장애인 또는 보호구역(5~15), 현저한 과실이나 중대한 과실(10~20) 등이 있으면 50%까지 가산된다(보행자 과실이 감산된다). 보행자는 야간·기타 시야장애(5), 간선도로(5), 정지·후퇴·사행(5) 등이 있으면 20%까지 가산된다. 보행자 급진입에 대한 과실은 적용하지 않는다.

26. 보행신호 적색, 횡단보도 부근 사고(3) ●○○

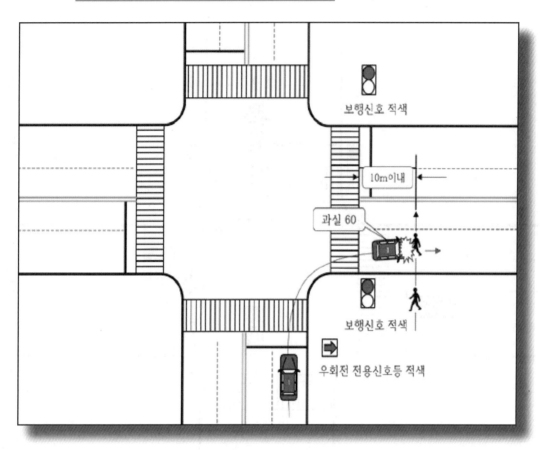

보행신호 적색

10m이내

과실 60

보행신호 적색

우회전 전용신호등 적색

○ 1차량 가해차

1차량은 우회전 전용신호 적색에 우회전 후 횡단보도 부근에서 보행자를 충돌한 경우 도로교통법 제48조 제1항 안전운전의무위반에 따른 경과실 교통사고의 책임을 진다. 보행신호 적색이므로 신호위반 적용은 어렵다. 보행자는 횡단보도를 벗어났으므로 도로교통법 제27조 제1항 횡단보도 보행자로서 보호를 받지 못한다.

○ 1차량 기본과실 60%

1차량은 주택·상점·학교(5), 집단횡단(5), 보·차도 구분 없는 곳(5), 어린이·노인·장애인 또는 보호구역(5~15), 현저한 과실이나 중대한 과실(10~20) 등이 있으면 50%까지 가산된다(보행자 과실이 감산된다). 보행자는 급진입(5), 야간·기타 시야장애(10) 간선도로(10), 정지·후퇴·사행(10), 횡단금지규제(10) 등이 있으면 45%까지 가산된다. 보행자 급진입에 대한 과실은 적용하지 않는다.

27. 보행신호 적색, 횡단보도 부근 사고(4)

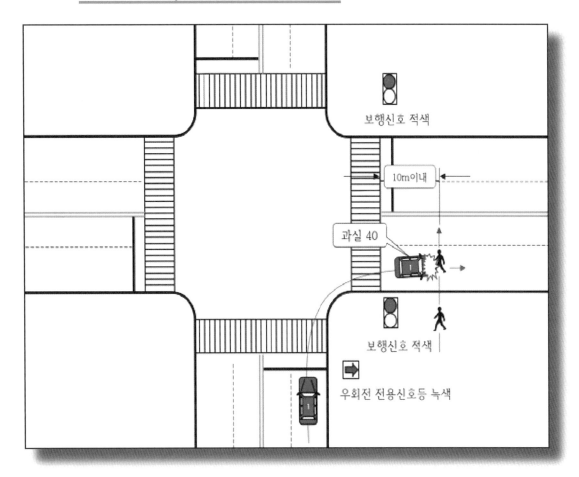

○ 1차량 가해차

1차량은 우회전 전용신호 녹색에 우회전 후 횡단보도 부근에서 보행자를 충돌한 경우 도로교통법 제48조 제1항 안전운전의무위반에 따른 경과실 교통사고의 책임을 진다. 보행자는 횡단보도를 벗어났으므로 도로교통법 제27조 제1항 횡단보도 보행자로서 보호를 받지 못한다. 무단횡단 사고로 처리된다.

○ 1차량 기본과실 40%

1차량은 주택·상점·학교(5), 집단횡단(5), 보·차도 구분 없는 곳(5), 어린이·노인·장애인 또는 보호구역(5~15), 현저한 과실이나 중대한 과실(10~20) 등 있으면 50%까지 가산된다(보행자 과실이 감산된다). 보행자는 급진입(5), 야간·기타 시야장애(10) 간선도로(10), 정지·후퇴·사행(10), 횡단금지규제(10) 등 있으면 45%까지 가산된다.

28. 신호등 없는 횡단보도 사고

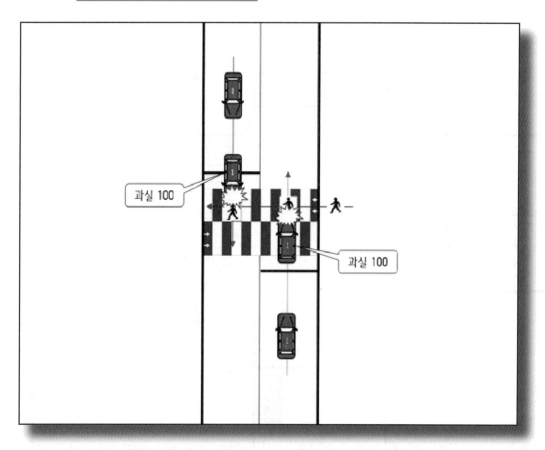

과실 100

과실 100

○ 1차량 가해차

1차량은 횡단보도에서 보행자를 충돌하면 도로교통법 제27조 제1항 횡단보도 보행자보호의무 위반에 따른 중과실 교통사고의 책임을 진다. 보행자가 횡단보도를 통과하고 있거나 통행하려고 할 때 정지선 전에 일시정지하여야 한다. 일시정지란 차의 바퀴를 일시적으로 완전히 정지시키는 것을 말한다. 아파트 단지 내 사설 횡단보도에서의 보행자 사고는 중과실 횡단보도 사고 적용대상이 아니다(대판 2003도1895).

○ 1차량 기본과실 100%

1차량은 주택·상점·학교(5), 집단횡단(5), 보·차도 구분없는 곳(5), 어린이·노인·장애인 또는 보호구역(5~15), 현저한 과실이나 중대한 과실(10~20) 등이 있으면 50%까지 가산된다(보행자 과실이 감산된다). 보행자는 야간·기타 시야장애(15), 간선도로(15), 정지·후퇴·사행(10) 등이 있으면 40%까지 가산된다.

29. 이륜차 횡단보도 사고 ●○○

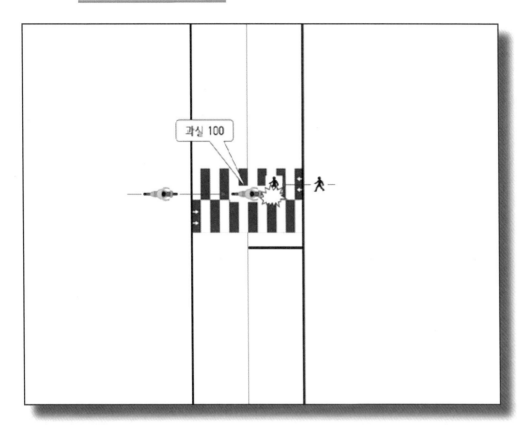

과실 100

○ 1차량 가해차

1차량은 횡단보도에서 보행자를 충돌한 경우 도로교통법 제27조 제1항 횡단보도 보행자보호 의무 위반에 따른 중과실 교통사고의 책임을 진다. 이륜차를 타고 횡단보도를 통행하는 것은 지정차로 통행위반에 더해 횡단보도 보행자보호위반이나 횡단위반 등 적용대상이 된다. 이륜차에서 내려 끌고 횡단보도 통행하면 횡단보도 보행자로 간주된다. 단일로 횡단보도 안에는 중앙선이 있는 것으로 해석된다. 이륜차가 단일로 횡단보도 보행신호가 적색일 때 횡단보도를 통해 횡단하다가 정상신호에 직진하는 차량과 충돌된 경우 이륜차는 도로교통법 제13조 제3항 중앙선 침범의 중과실 교통사고의 책임을 진다(대판 95도512, 대판 2011도12093).

○ 1차량 기본과실 100%

1차량은 주택·상점·학교(5), 어린이·노인·장애인 또는 보호구역(5~15), 현저한 과실이나 중대한 과실(10~20) 등 있으면 40%까지 가산된다(보행자 과실이 감산된다). 보행자는 야간·기타 시야장애(5), 정지·후퇴·사행(5), 대향방향(5) 등이 있으면 15%까지 가산된다.

30. 단일로 횡단보도 부근 사고 ⚫⚫⚫

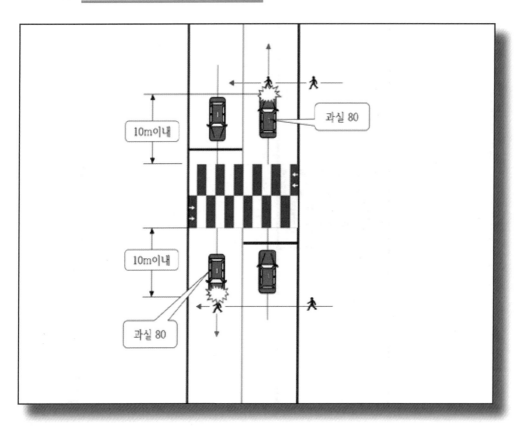

○ 1차량 가해차

1차량은 횡단보도 부근에서 보행자를 충돌한 경우 도로교통법 제48조 제1항 안전운전의무위반에 따른 경과실 교통사고의 책임을 진다. 교차로나 횡단보도 전에 설치된 정지선 일시정지 위반은 신호나 지시위반 대상은 아니다(대판 85도1977). 차량 신호가 녹색이고 보행신호등이 따로 없어도 횡단보도 보행자를 보호해야 한다(대판 2003도529). 지워졌더라도 식별이 가능하면 횡단보도로 본다(대판 90도1116).

○ 1차량 기본과실 80%

1차량은 주택·상점·학교(5), 집단횡단(5), 보·차도 구분없는 곳(5), 정지선 안쪽지점(10), 어린이·노인·장애인 또는 보호구역(5~15), 현저한 과실이나 중대한 과실(10~20) 등이 있으면 60%까지 가산된다(보행자 과실이 감산된다). 보행자는 야간·기타 시야장애(10), 간선도로(10), 정지·후퇴·사행(10), 횡단금지규제(10) 등이 있으면 40%까지 가산된다. 보행자 급진입에 대한 과실은 적용하지 않는다.

31. 차도에서 횡단보도로 보행 중 횡단보도 사고

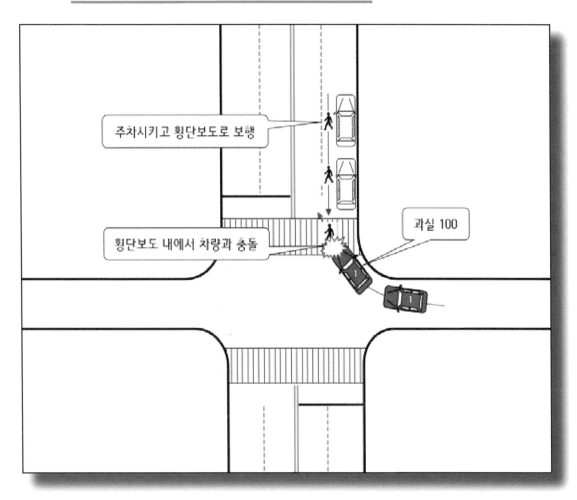

○ 1차량 가해차

1차량은 우회전 중 주차시키고 횡단보도로 걸어오는 보행자를 친 경우 도로교통법 제48조 제1항 안전운전의무위반에 따른 경과실 사고의 책임을 진다. 보행자가 남북방향으로 설치된 횡단보도를 동쪽에서 서쪽으로 지나가던 중 우회전 차량에 의해 충돌한 경우 보행자는 도로를 횡단하는 의사로 횡단보도를 통행하고 있었다고 보기 어려워 차의 운전자는 경과실 사고에 대한 책임을 진다(대판 2008도1899).

○ 1차량 기본과실 100%

야간 또는 주·정차된 차량 사이에서 보행자가 걸어 나오는 등 운전자가 보행자의 횡단을 예상하기 어려운 경우 보행자 과실 5% 가산된다.

32. 정지선과 횡단보도 사이 보행자 사고 ●●●

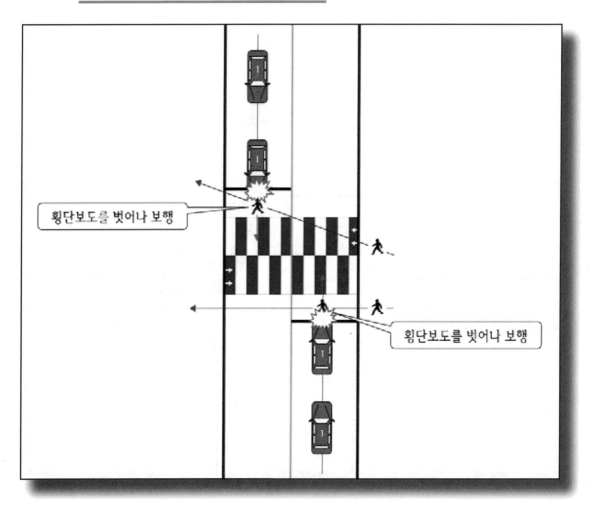

○ 1차량 가해차

1차량은 정지선과 횡단보도 사이의 공간에서 보행자를 충돌한 경우 도로교통법 제48조 제1항 안전운전의무위반에 따른 경과실 교통사고의 책임을 진다. 횡단보도와 정지선 사이의 폭은 일반적으로 3미터이나 보행자의 안전을 위해 도로상황에 따라 길게 확대하고 있다. 횡단보도 보행자는 횡단보도를 통해 보행하는 것을 말하고, 횡단보도란 도로교통법 시행규칙 별표6의 일련번호 532를 말한다. 보행자가 횡단보도를 통행했더라도 같은 결과가 발생될 수 있다 그렇다고 하더라도 횡단보도 보행자가 아닌 이상 중과실 횡단보도 보행자보호의무위반을 적용할 수 없다. 정지선에서 일시정지를 하지 않았더라도 도로교통법 제5조 지시위반은 아니다(대판 86도1868).

33. 횡단보도에 앉아 있던 중 사고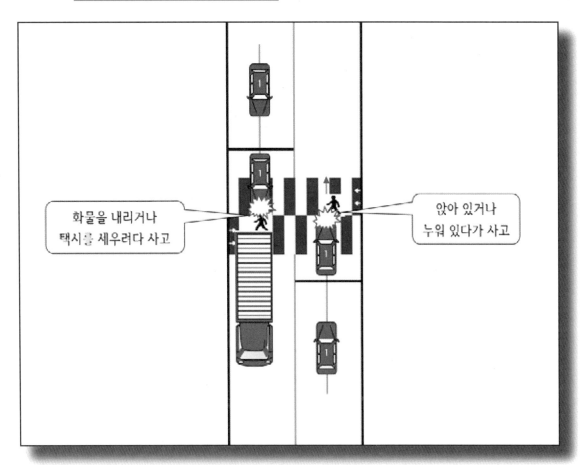

화물을 내리거나
택시를 세우려다 사고

앉아 있거나
누워 있다가 사고

○ 1차량 가해차

　1차량은 횡단보도에 앉아 있거나 누워 있거나 또는 횡단보도에서 물건을 내리는 사람을 충돌한 경우 도로교통법 제48조 제1항 안전운전의무위반에 따른 경과실 교통사고의 책임을 진다. 도로교통법 제27조 제1항에 따른 중과실 횡단보도 사고는 횡단보도에서 발생한 모든 사고를 그 대상으로 하는 것이 아닌 횡단보도 보행자를 보호하는 것에 목적이 있어 보행자가 아닌 경우 횡단보도 사고로 처리되지 않는다(대판 93도1118). 횡단보도를 건너던 중 일시 멈추는 등은 보행자로 보아야 하고, 보도에서 횡단보도로 내려오는 순간이라 하더라도 보행자로 본다.

34. 비보호좌회전 중 횡단보도 사고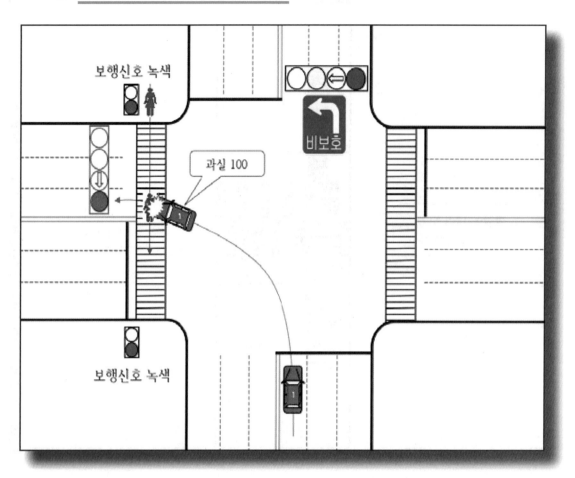

○ 1차량 가해차

1차량은 녹색신호에 비보호좌회전 중 횡단보도 보행자를 충돌한 경우 도로교통법 제27조 제1항 횡단보도 보행자보호의무 위반에 따른 중과실 교통사고의 책임을 진다. 비보호좌회전 표지판(일련번호 329)과 비보호좌회전 노면표시(일련번호 542)는 녹색신호에 반대방향에서 오는 차량에 방해가 되지 아니하도록 좌회전을 조심스럽게 할 수 있다는 뜻이 있다. 차량신호 적색이나 황색에 좌회전하면 신호위반이다. 좌회전 후 나타나는 횡단보도 보행신호가 녹색이라 하더라도 도로교통법 제5조 신호위반은 아니다.

○ 1차량 기본과실 100%

야간 또는 주·정차된 차량 사이에서 보행자가 걸어 나오는 등 운전자가 보행자의 횡단을 예상하기 어려운 경우 보행자 과실 5% 가산된다.

35. 비보호좌회전 중 무단횡단 보행자 사고 ●●●

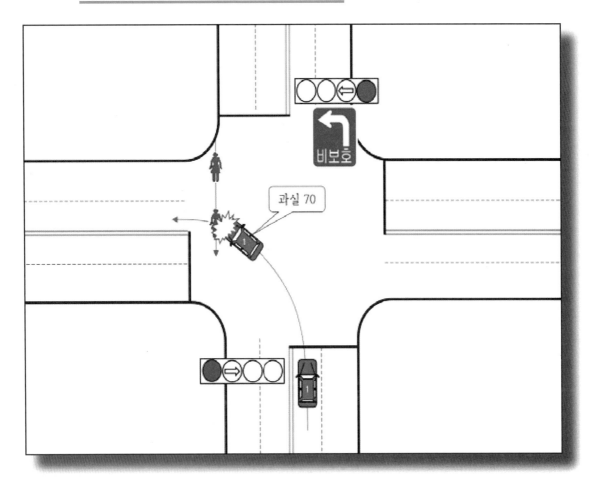

○ 1차량 가해차

　1차량은 녹색신호에 비보호좌회전 중 교차로 부근을 걸어가는 보행자를 충돌한 경우 도로교통법 제48조 제1항 안전운전의무위반에 따른 경과실 교통사고의 책임을 진다. 비보호좌회전은 녹색신호에 반대방향에서 오는 차량에 방해가 없도록 조심스럽게 좌회전해야 하고 이렇게 좌회전 하는 것은 신호위반이 아니다(대판 2011도3970). 비보호표지판이 없으면 신호위반에 대한 책임을 진다(대판 2004도5848). 보행자는 차도와 보도가 구분된 곳에서는 보도를 통행해야 하고, 횡단보도가 있으면 횡단보도로, 보행신호에 따라야 한다.

○ 1차량 기본과실 70%

36. 상시 유턴 중 보행자 사고 ●●●

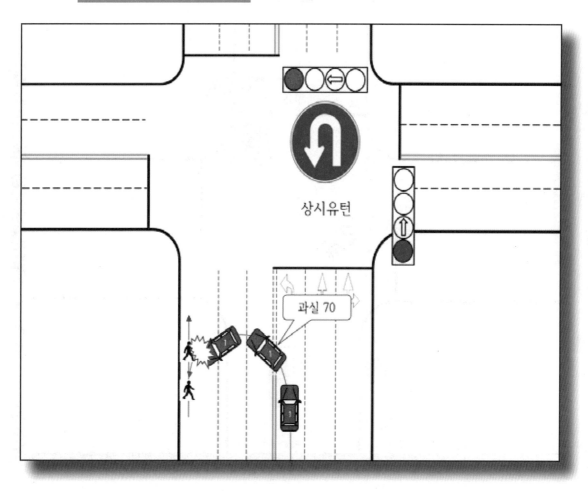

상시유턴

과실 70

○ 1차량 가해차

  1차량은 상시유턴 지점에서 적색신호 유턴 중 보행자를 충돌한 경우 도로교통법 제48조 제1항 안전운전의무 위반에 따른 경과실 교통사고의 책임을 진다. 교통안전표지로 유턴시기를 따로 정하지 않았으면 차량신호와 관계 없이 보행자나 다른 차마의 정상적인 통행을 방해할 우려가 없을 때 보행자는 보도와 차도가 구분되지 않은 도로에서는 차마와 마주보는 방향의 길가장자리 또는 길가장자리구역으로 통행해야 한다(법 제8조 제3항).

○ 1차량 기본과실 70%

37. 교차로 보행자 사고 ●○○

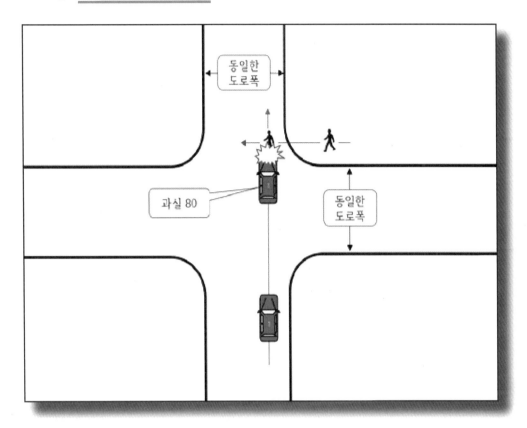

○ 1차량 가해차

1차량은 교차로를 횡단하는 보행자를 충돌한 경우 도로교통법 제48조 제1항 안전운전의무 위반에 따른 경과실 교통사고의 책임을 진다. 운전자는 교통정리를 하고 있지 아니하는 교차로 또는 그 부근의 도로를 횡단하는 보행자의 통행을 방해해서는 안 되고, 보행자가 도로를 횡단하고 있을 때에는 안전거리를 두고 일시정지해야 한다. 보행자는 차도와 보도가 구분된 곳에서는 보도를 통행해야 하고, 횡단시설이 없는 도로에서는 가장 짧은 거리로 안전하게 횡단해야 한다.

○ 1차량 기본과실 80%

1차량은 주택·상점·학교(5), 집단횡단(5), 보·차도 구분 없는 곳(5), 어린이·노인·장애인 또는 보호구역(5~15), 현저한 과실이나 중대한 과실(10~20) 등이 있으면 50%까지 가산된다(보행자 과실이 감산된다). 보행자는 보행자 급진입(5), 야간·기타 시야장애(10), 간선도로(10), 정지·후퇴·사행(10), 대각선횡단(10), 횡단금지규제(10) 등이 있으면 55%까지 가산된다.

38. 교차로 좁은 길 통과 중 보행자 사고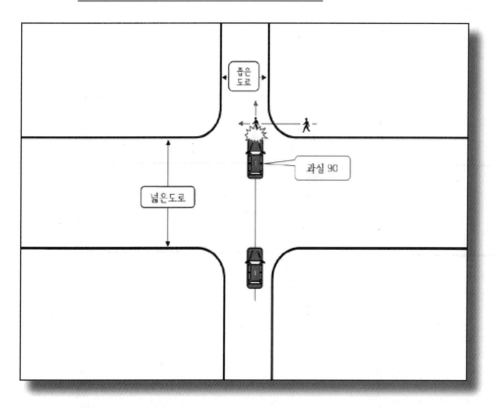

○ 1차량 가해차

　1차량은 교차로 좁은 길을 횡단하는 보행자를 충돌한 경우 도로교통법 제48조 제1항 안전운전의무 위반에 따른 경과실 교통사고의 교통사고 책임을 진다. 운전자는 교통정리를 하고 있지 아니하는 교차로 또는 그 부근의 도로를 횡단하는 보행자의 통행을 방해해서는 안 되고, 보행자가 도로를 횡단하고 있을 때에는 안전거리를 두고 일시정지해야 한다. 보행자는 차도와 보도가 구분된 곳에서는 보도를 통행해야 하고, 횡단보도가 있으면 횡단보도로, 보행신호에 따라야 한다.

○ 1차량 기본과실 90%

　1차량은 주택·상점·학교(5), 집단횡단(5), 보·차도 구분 없는 곳(5), 어린이·노인·장애인 또는 보호구역(5~15), 현저한 과실이나 중대한 과실(10~20) 등이 있으면 50%까지 가산된다(보행자 과실이 감산된다). 보행자는 보행자 급진입(5), 야간·기타 시야장애(10), 간선도로(10), 정지·후퇴·사행(10), 대각선횡단(10), 횡단금지규제(10) 등이 있으면 55%까지 가산된다.

39. 교차로 넓은 길 통과 중 보행자 사고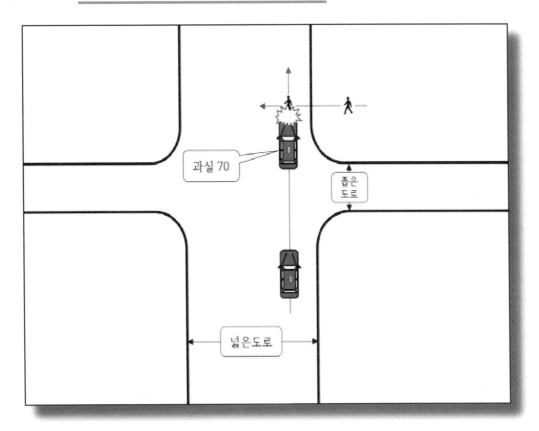

과실 70

좁은
도로

넓은도로

○ 1차량 가해차

1차량은 교차로 넓은 길 횡단하는 보행자를 충돌한 경우 도로교통법 제48조 제1항 안전운전 의무 위반에 따른 경과실 교통사고의 책임을 진다. 운전자는 교통정리를 하고 있지 아니하는 교차로 또는 그 부근의 도로를 횡단하는 보행자의 통행을 방해해서는 안 되고, 보행자가 도로를 횡단하고 있을 때에는 안전거리를 두고 일시정지해야 한다. 보행자는 차도와 보도가 구분된 곳에서는 보도를 통행해야 하고, 횡단보도가 있으면 횡단보도로, 보행신호에 따라야 한다.

○ 1차량 기본과실 70%

1차량은 주택·상점·학교(5), 집단횡단(5), 보·차도 구분 없는 곳(5), 어린이·노인·장애인 또는 보호구역(5~15), 현저한 과실이나 중대한 과실(10~20) 등이 있으면 50%까지 가산된다(보행자 과실이 감산된다). 보행자는 보행자 급진입(5), 야간·기타 시야장애(10), 간선도로(10), 정지·후퇴·사행(10), 대각선횡단(10), 횡단금지규제(10) 등이 있으면 55%까지 가산된다.

40. 보도(인도) 보행자 사고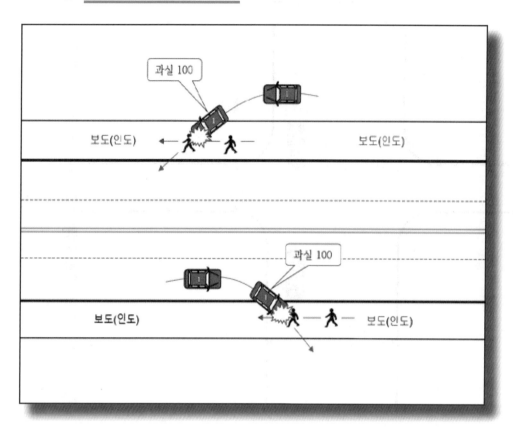

○ 1차량 가해차

1차량은 보도침범하여 보행자를 충돌한 경우 도로교통법 제13조 제1항 보도침범에 따른 중과실 교통사고의 책임을 진다. 차마의 운전자는 보도와 차도가 구분된 도로에서는 차도로 통행해야 한다. 도로 외로 통행할 때에는 보도를 횡단할 수 있는데, 이때는 보도를 횡단하기 직전에 일시정지하여 좌우측을 살핀 후 보행자의 통행에 방해하지 않아야 한다. 이상 기후임에도 과속으로 미끄러지며 보도침범 교통사고를 일으킨 경우 중과실사고로 처리된다(대판 95도1232).

○ 1차량 기본과실 100%

보행자는 차량출입 허용구간에서 발생되었으면 5% 가산된다. 차량 출입 허용구간이란 보도이긴 하나 주유소 출입구나 출입구 등 차량의 통행이 허용된 구간을 말하며, 이 경우에는 보행자도 차량의 동태를 주의하여야 할 의무가 있다. 야간·기타 시야장애, 간선도로, 정지·후퇴·사행, 보행자 급 진입, 주택·상점가·학교, 어린이·노인·장애인보호구역, 차의 현저한 과실이나 중대한 과실, 보·차도 구분 없음 등 과실은 적용하지 않는다.

41. 차도 통행 중인 보행자 사고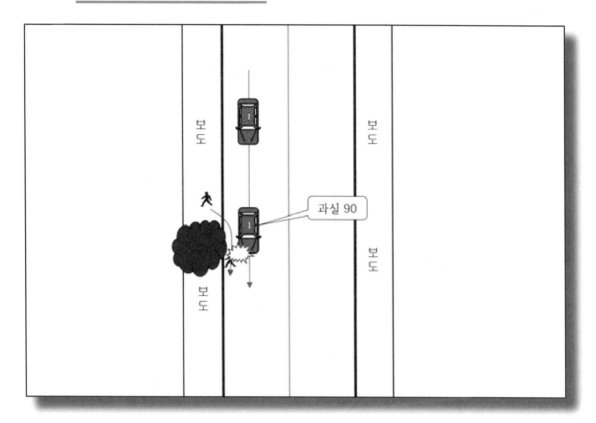

○ **1차량 가해차**

1차량은 보도침범하여 보행자를 충돌한 경우 도로교통법 제13조 제1항 보도침범에 따른 중과실 교통사고의 책임을 진다. 차마의 운전자는 보도와 차도가 구분된 도로에서는 차도로 통행해야 한다. 도로 외로 통행할 때에는 보도를 횡단할 수 있는데, 이때는 보도를 횡단하기 직전에 일시정지하여 좌우측을 살핀 후 보행자의 통행에 방해하지 않아야 한다. 일시정지란 바퀴를 일시적으로 정지시키는 것을 말한다.

○ **1차량 기본과실 90%**

1차량은 주택 · 상점 · 학교(5), 집단보행(5), 어린이 · 노인 · 장애인 또는 보호구역(5~15), 현저한 과실이나 중대한 과실(10~20) 등이 있으면 45%까지 가산된다(보행자 과실이 감산된다). 보행자는 야간 · 기타 시야장애(10), 간선도로(5), 정지 · 후퇴 · 사행(5) 등이 있으면 20%까지 가산된다. 보 · 차도 구분 없음 등 과실은 적용하지 않는다.

42. 안전지대 보행자 사고 ●○○

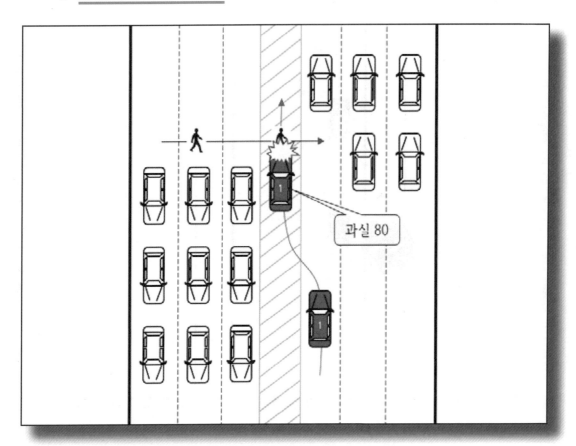

과실 80

○ 1차량 가해차

1차량은 안전지대를 침범하여 진행하다가 도로를 횡단하는 보행자를 충돌한 경우 도로교통법 제5조 지시위반에 따른 중과실 교통사고의 책임을 진다. 차마의 운전자는 안전표지가 설치되어 특별히 진로변경이 금지된 곳에서는 진로를 변경해서는 안 되고 보행자가 횡단보도가 설치되어 있지 않는 도로를 횡단하고 있을 때에는 안전거리를 두고 일시정지하여 보행자가 안전하게 횡단할 수 있도록 해야 한다.

○ 1차량 기본과실 80%

1차량은 주택·상점·학교(5), 집단횡단(5), 보·차도 구분 없음(5), 어린이·노인·장애인 또는 보호구역(5~15), 현저한 과실이나 중대한 과실(10~20) 등이 있으면 50%까지 가산된다(보행자 과실이 감산된다). 보행자는 야간·기타 시야장애(10), 간선도로(10), 정지·후퇴·사행(10), 횡단금지규제(10) 등이 있으면 40%까지 가산된다.

43. 차도 보행자 사고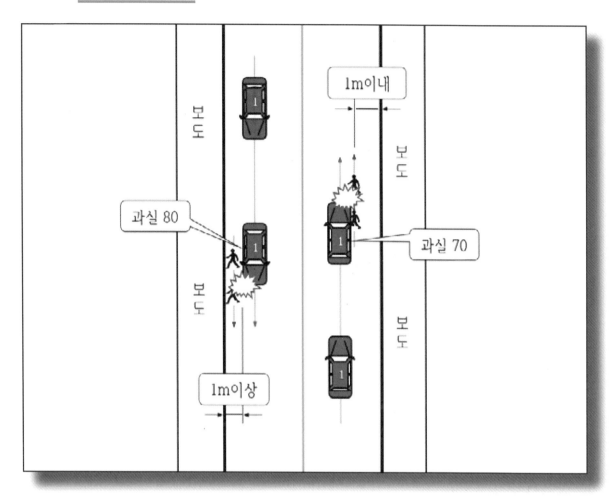

○ 1차량 가해차

1차량은 보도 옆 차도를 걸어가는 보행자를 충돌한 경우 도로교통법 제48조 제1항 안전운전 의무 위반에 따른 경과실 교통사고의 책임을 진다. 보행자는 보도와 차도가 구분된 곳에서는 보도로 통행해야 한다.

○ 1차량 기본과실 1m이내 80%(1m 이상 70%)

1차량은 주택 · 상점 · 학교(5), 집단보행(5), 어린이 · 노인 · 장애인 또는 보호구역(5~15), 현저한 과실이나 중대한 과실(10~20) 등이 있으면 45%까지 가산된다(보행자 과실이 감산된다). 보행자는 야간 · 기타 시야장애(10), 간선도로(10), 정지 · 후퇴 · 사행(10) 등이 있으면 30%까지 가산된다. 보행자 급진입의 과실은 적용하지 않는다.

44. 차도 보행자 사고(1) ●●●

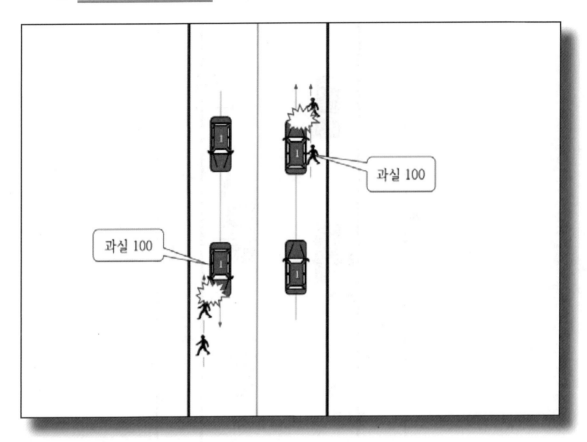

○ 1차량 가해차

 1차량은 보도와 차도가 구분되지 않는 곳 차도를 걸어가는 보행자를 충돌한 경우 도로교통법 제48조 제1항 안전운전의무 위반에 따른 경과실 교통사고의 책임을 진다. 운전자는 보행자와 안전거리 두고 운전해야 한다. 보행자는 길 가장자리로 차와 마주보고 걸어야 하고, 우측통행 해야 한다. 길가장자리란 보행자의 안전을 확보하기 위하여 안전표지 등으로 경계를 표시한 도로의 가장자리 부분을 말한다.

○ 1차량 기본과실 100%

 1차량은 주택·상점·학교(5), 집단보행(5), 어린이·노인·장애인 또는 보호구역(5~15), 현저한 과실이나 중대한 과실(10~20) 등 있으면 45%까지 가산된다(보행자 과실이 감산된다). 보행자는 야간·기타 시야장애(10), 간선도로(10), 정지·후퇴·사행(10) 등이 있으면 30%까지 가산된다. 보행자 급진입의 과실은 적용하지 않는다.

45. 차도 중앙에서 보행자 사고 ●●●

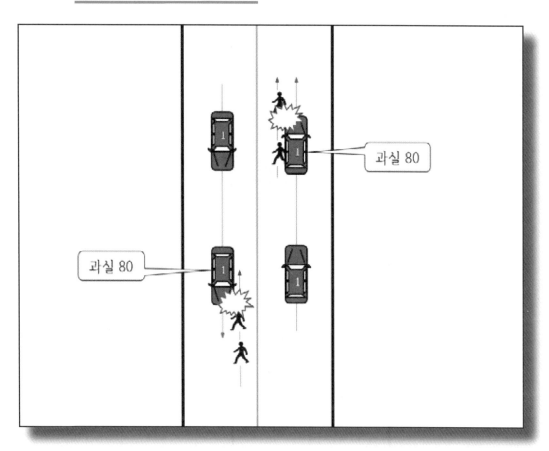

○ 1차량 가해차

1차량은 보도와 차도가 구분되지 않는 곳 차도 중앙쪽을 걸어가는 보행자를 충돌한 경우 도로교통법 제48조 제1항 안전운전의무 위반에 따른 경과실 교통사고의 책임을 진다. 운전자는 보행자와 안전거리 두고 운전해야 한다. 보행자는 길 가장자리로 차와 마주보고 걸어야 하고, 우측통행 해야 한다. 길가장자리란 보행자의 안전을 확보하기 위하여 안전표지 등으로 경계를 표시한 도로의 가장자리 부분을 말한다.

○ 1차량 기본과실 80%

1차량은 주택·상점·학교(5), 집단보행(5), 어린이·노인·장애인 또는 보호구역(5~15), 현저한 과실이나 중대한 과실(10~20) 등 있으면 45%까지 가산된다(보행자 과실이 감산된다). 보행자는 야간·기타 시야장애(10), 간선도로(10), 정지·후퇴·사행(10) 등 있으면 30%까지 가산된다. 보행자 급진입의 과실은 적용하지 않는다.

46. 차도에 누워 있는 사람 사고 ●●●

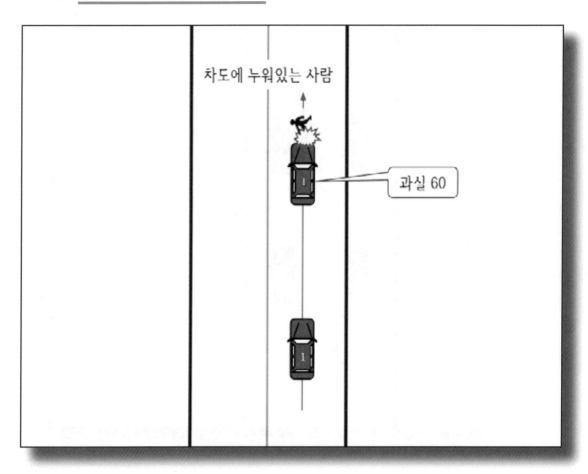

차도에 누워있는 사람

과실 60

○ 1차량 가해차

1차량은 차도에 누워 있는 사람을 충돌한 경우 도로교통법 제48조 제1항 안전운전의무 위반에 따른 경과실 교통사고의 책임을 진다. 운전자는 앞을 잘 보고 안전하게 운전해야 한다. 보행자는 도로에서 눕거나 앉거나 서 있으면 안 된다.

○ 1차량 기본과실 60%(야간에는 40%)

1차량은 주택·상점·학교(10), 주·정차 후 출발(10), 밝은 장소(10), 어린이·노인·장애인 또는 보호구역(5~15), 현저한 과실이나 중대한 과실(10~20) 등이 있으면 65%까지 가산된다(보행자 과실이 감산된다). 보행자는 야간·기타 시야장애(20), 간선도로(10) 등이 있으면 30%까지 가산된다.

47. 횡단하는 보행자 사고

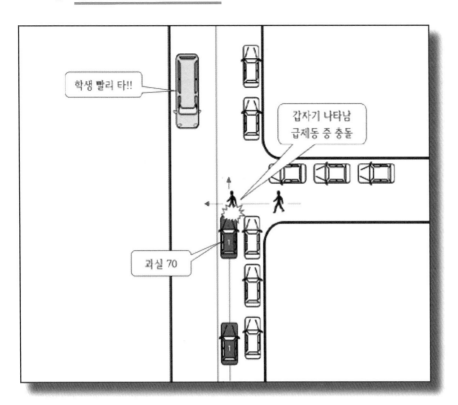

○ 1차량 가해차

1차량은 도로를 횡단하는 보행자를 충돌한 경우 도로교통법 제48조 제1항 안전운전의무 위반에 따른 경과실 교통사고의 책임을 진다. 중앙선을 침범하여 발생된 사고라 하여 모두 다 중앙선 침범 교통사고의 책임을 지지 않는다. 도로가 일방통행이거나 도로의 파손, 도로공사나 그 밖의 장애 등으로 도로의 우측 부분으로 통행할 수 없는 경우에 보행자를 충돌한 경우 경과실 교통사고의 책임을 진다(대판 91도1783).

○ 1차량 기본과실 70%

1차량은 주택·상점·학교(5), 집단횡단(5), 보·차도 구분 없는 곳(5), 어린이·노인·장애인 또는 보호구역(5~15), 현저한 과실이나 중대한 과실(10~20) 등이 있으면 50%까지 가산된다(보행자 과실이 감산된다). 보행자는 급진입(5), 야간·기타 시야장애(10), 간선도로(10), 정지·후퇴·사행(10), 횡단금지규제(10) 등이 있으면 45%까지 가산된다.

48. 육교 부근 보행자 사고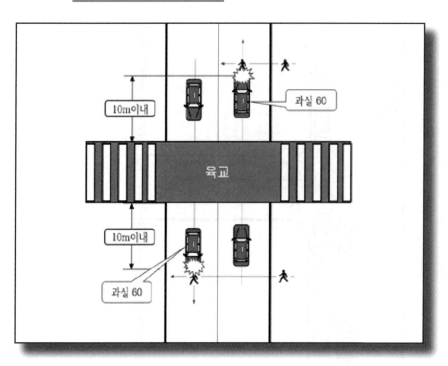

○ 1차량 가해차

1차량은 육교 부근으로 도로를 횡단하는 보행자를 충돌한 경우 도로교통법 제48조 제1항 안전운전의무 위반에 따른 경과실 교통사고의 책임을 진다. 보행자는 육교나 횡단보도, 지하도, 그 밖의 도로 횡단시설이 설치되어 있으면 그곳으로 횡단해야 한다. 지체장애인은 다른 교통에 방해가 되지 아니하는 방법으로 도로 횡단시설을 이용하지 않고 도로를 횡단할 수 있다.

○ 1차량 기본과실 60%

1차량은 주택 · 상점 · 학교(5), 집단횡단(5), 보 · 차도 구분 없음(5), 어린이 · 노인 · 장애인 또는 보호구역(5~15), 현저한 과실이나 중대한 과실(10~20) 등이 있으면 50%까지 가산된다(보행자 과실이 감산된다). 보행자는 야간 · 기타 시야장애(10), 간선도로(10), 정지 · 후퇴 · 사행(10), 횡단금지규제(10) 등이 있으면 40%까지 가산된다. 보행자 급진입의 과실은 적용하지 않는다.

49. 고속도로 보행자 사고 ⚫⚫⚫

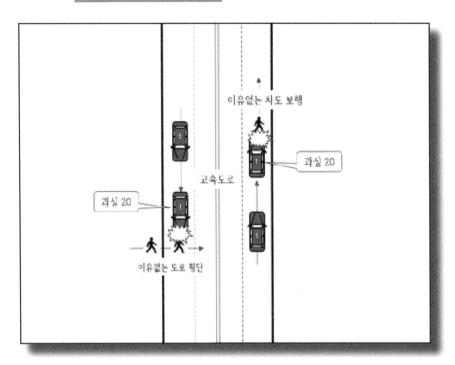

○ 1차량 가해차

1차량은 고속도로에서 보행자를 충돌한 경우 도로교통법 제48조 제1항 안전운전의무 위반에 따른 경과실 교통사고의 책임을 진다. 운전자는 교통상황을 잘 살피고 안전하게 운전해야 한다. 보행자가 고속도로를 보행하는 것을 예상하기는 어려우나 평소 횡단 보행인의 출현이 빈번하고 운전자의 시야가 좋은 직선도로로서 주택이나 상점 등 밀접한 지역에서는 특별히 주의해야 한다. 보행자는 정당한 사유 없이 고속도로나 자동차전용도로를 통행할 경우 30만 원 이하의 벌금이나 구류에 해당하는 형사처벌을 받는다.

○ 1차량 기본과실 20%

1차량은 현저한 과실이나 중대한 과실(10~20) 등이 있으면 20%까지 가산된다(보행자 과실아 감산된다). 보행자는 야간·악천후·기타 시야불량(20), 무단횡단(20) 등이 있으면 40%까지 가산되고, 보행이 용이한 지역(20), 노견에 있는 지역(20) 등에서 발생된 경우 40%까지 감산된다.

50. 고속도로에서 일하는 사람 충돌 사고 ⬤◯◯

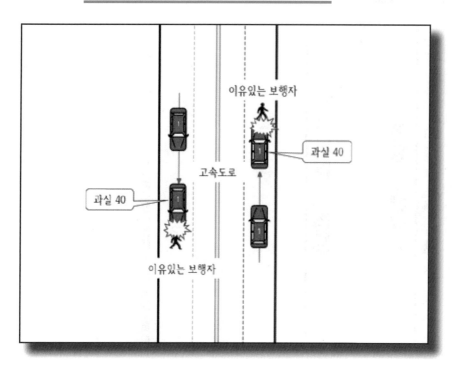

○ 1차량 가해차

1차량은 고속도로에서 보행자를 충돌한 경우 도로교통법 제48조 제1항 안전운전의무 위반에 따른 경과실 교통사고의 책임을 진다. 차의 운전자는 차량의 고장이나 교통사고 등으로 인하여 일시적으로 차에서 내려 있는 사람, 교통단속 근무 중인 경찰관, 공사중이거나 청소중인 인부 등이 있을 수 있어 교통상황을 잘 살피면서 안전하게 운전해야 한다.

○ 1차량 기본과실 40%

1차량은 현저한 과실이나 중대한 과실(10~20) 등이 있으면 20%까지 가산된다(보행자 과실이 감산된다). 보행자는 야간·악천후·기타 시야불량(20), 무단횡단(20) 등이 있으면 40%까지 가산되고, 보행이 용이한 지역(20), 노견에 있는 지역(20), 운전자가 볼 수 있는 안전표지가 설치된 지역(20) 등이 있으면 60%까지 감산된다.

51. 이면도로 보행자 사고 ●◐○

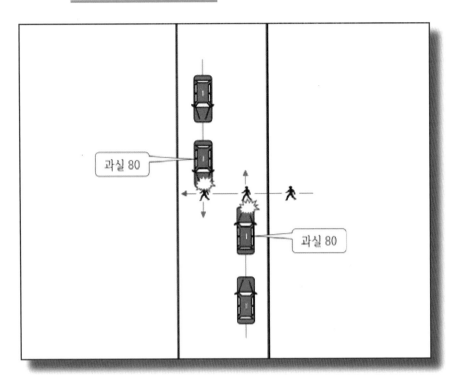

과실 80

과실 80

○ 1차량 가해차

　1차량은 이면도로를 횡단하는 보행자를 충돌한 경우 도로교통법 제48조 제1항 안전운전의무 위반에 따른 경과실 교통사고의 책임을 진다. 보행자는 차도와 보도가 구분된 곳에서는 보도를 통행해야 하고, 횡단보도가 있으면 횡단보도로, 보행신호에 따라야 한다.

○ 1차량 기본과실 80%

　1차량은 주택 · 상점 · 학교(5), 집단횡단(5), 보 · 차도 구분 없는 곳(5), 어린이 · 노인 · 장애인 또는 보호구역(5~15), 현저한 과실이나 중대한 과실(10~20) 등이 있으면 50%까지 가산된다(보행자 과실이 감산된다). 보행자는 보행자 급진입(5), 야간 · 기타 시야장애(10), 간선도로(10), 정지 · 후퇴 · 사행(10), 횡단금지규제(10) 등이 있으면 45%까지 가산된다.

52. 아파트 통로 보행자 사고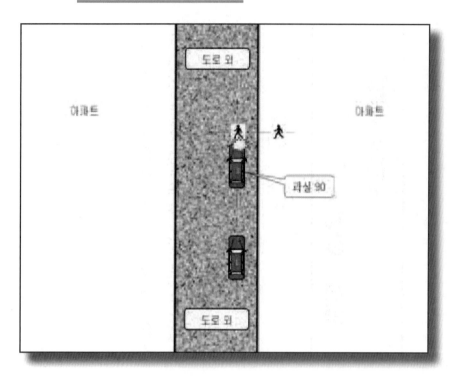

○ 1차량 가해차

1차량은 아파트 통로에서 보행자를 충돌한 경우 도로교통법 제48조 제1항 안전운전의무 위반에 따른 경과실 교통사고의 책임을 진다. 운전자는 교통상황을 잘 살피고 안전하게 운전해야 한다. 도로가 아닌 곳에서는 도로교통법이 적용되지 않지만 교통사고는 도로와 관련이 없고 업무상 과실을 논할 때 도로교통법이 준용된다. 아파트 단지 내 통로는 도로로 보는 경우와 그렇지 않은 경우가 있다. 도로인지 아닌지는 운전면허 행정처분이나 무면허운전에 대한 형사처벌 등을 부과하는 것 외 다른 의미는 없다.

○ 1차량 기본과실 90%

1차량은 집단횡단(5), 보·차도 구분 없는 곳(5), 어린이·노인·장애인 또는 보호구역(5~15), 현저한 과실이나 중대한 과실(10~20) 등이 있으면 45%까지 가산된다(보행자 과실이 감산된다). 보행자는 급진입(5), 야간·기타 시야장애(10), 간선도로(10), 정지·후퇴·사행(10), 횡단금지규제(10), 보행자의 중대한 과실(10) 등이 있으면 55%까지 가산된다.

53. 후진 보행자 사고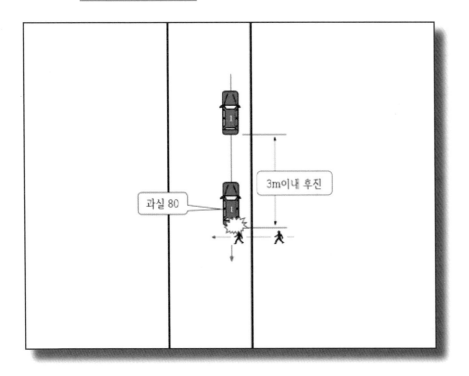

○ 1차량 가해차

1차량은 후진 중 보행자를 충돌한 경우 도로교통법 제48조 제1항 안전운전의무 위반에 따른 경과실 교통사고의 책임을 진다. 운전자는 횡단하는 보행자의 횡단을 방해할 우려가 있는 경우 후진하여서는 안 되고, 횡단보도가 설치되어 있지 아니한 도로를 횡단하고 있을 때에는 안전거리를 두고 일시정지하여 보행자가 안전하게 횡단할 수 있도록 해야 한다. 보행자는 횡단보도가 설치되지 않았으면 가장 짧은거리로 횡단해야 한다.

○ 1차량 기본과실 80%

1차량은 주택·상점·학교(5), 후진개시 전 후방에 있던 경우(10), 어린이·노인·장애인 또는 보호구역(5~15), 현저한 과실이나 중대한 과실(10~20) 등이 있으면 50%까지 가산된다(보행자 과실이 감산된다). 보행자는 보·차도 구분이 있는 곳(5), 야간·기타 시야장애(20), 경음기를 울린 경우(10) 등이 있으면 25%까지 가산된다. 보행자 급진입의 과실은 적용하지 않는다.

54. 길게 후진 보행자 사고 ●●●

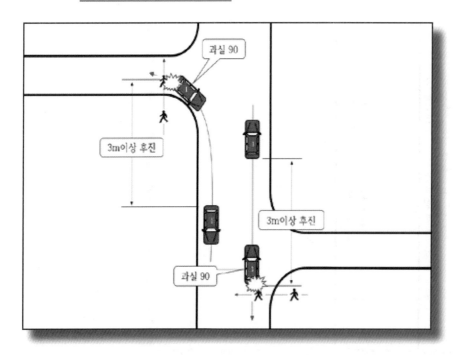

○ 1차량 가해차

1차량은 후진 중 보행자를 충돌한 경우 도로교통법 제48조 제1항 안전운전의무 위반에 따른 경과실 교통사고의 책임을 진다. 차마의 운전자는 보행자나 다른 차마의 정상적인 통행을 방해할 우려가 있는 경우에는 차마를 운전하여 도로를 후진하여서는 아니된다. 중앙선이 설치된 도로에서 후진한 거리가 다소 길다고 하더라도 역주행과 같은 책임은 물을 수는 없다. 그러나 도로교통법 제62조의 규정에 따라 고속도로나 자동차전용도로에서 후진 중에 교통사고가 발생된 경우 중앙선침범과 같은 중과실 교통사고의 책임을 진다.

○ 1차량 기본과실 90%

1차량은 주택 · 상점 · 학교(5), 후진개시 전 후방에 있던 경우(10), 어린이 · 노인 · 장애인 또는 보호구역(5~15), 현저한 과실이나 중대한 과실(10~20) 등이 있으면 50%까지 가산된다(보행자 과실이 감산된다). 보행자는 보 · 차도 구분이 있는 곳(5), 야간 · 기타 시야장애(20), 경음기를 울린 경우(10) 등이 있으면 25%까지 가산된다. 보행자 급진입의 과실은 적용하지 않는다.

제3장

자동차 사고

01. 적색신호 직진 사고

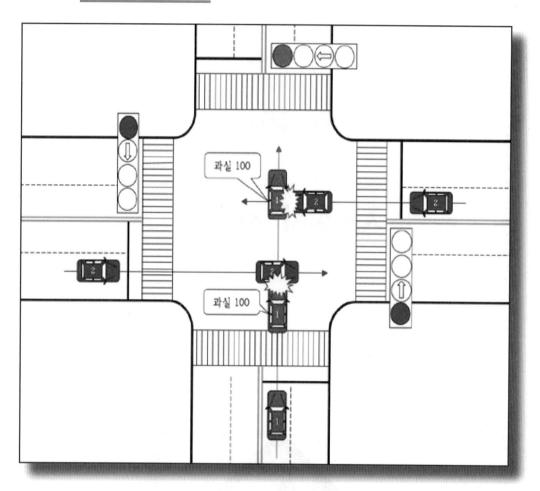

○ 1차량 가해차

1차량은 교차로 적색신호 직진 중 신호에 따라 진행하는 2차량을 충돌한 경우 도로교통법 제5조 신호위반에 따른 중과실 교통사고의 책임을 진다. 신호위반 판단기준은 교차로 진입 전 정지선을 기준으로 하고 신호위반에 대한 고의성만 있으면 족하고 상대방의 신호위반이나 과속 등의 잘못이 있더라도 신호위반의 중과실 책임이 사라지는 것은 아니다. 2차량은 녹색신호가 직진할 수 있다는 뜻이므로 교통상황을 살피며 안전하게 운전해야 한다.

○ 1차량 기본과실 100%

1차량은 중과실 있으면 10% 가산되고 현저한 과실은 가산되지 않는다. 2차량은 현저한 과실이나 중과실(10~20) 있으면 20%까지 가산된다.

도로교통법

제5조(신호 또는 지시에 따를 의무) ① 도로를 통행하는 보행사, 차마 또는 노면전차의 운전자는 교통안전시설이 표시하는 신호 또는 지시와 다음 각 호의 어느 하나에 해당하는 사람이 하는 신호 또는 지시를 따라야 한다.

1. 교통정리를 하는 국가경찰공무원(의무경찰을 포함한다. 이하 같다) 및 제주특별자치도의 자치경찰공무원(이하 "자치경찰공무원"이라 한다)

2. 국가경찰공무원 및 자치경찰공무원(이하 "경찰공무원"이라 한다)을 보조하는 사람으로서 대통령령으로 정하는 사람(이하 "경찰보조자"라 한다)

② 도로를 통행하는 보행자, 차마 또는 노면전차의 운전자는 제1항에 따른 교통안전시설이 표시하는 신호 또는 지시와 교통정리를 하는 국가경찰공무원·자치경찰공무원 또는 경찰보조자(이하 "경찰공무원등"이라 한다)의 신호 또는 지시가 서로 다른 경우에는 경찰공무원등의 신호 또는 지시에 따라야 한다.

교통사고처리특례법

제3조(처벌의 특례) ① 차의 운전자가 교통사고로 인하여 「형법」 제268조의 죄를 범한 경우에는 5년 이하의 금고 또는 2천만원 이하의 벌금에 처한다.

② 차의 교통으로 제1항의 죄 중 업무상과실치상죄(業務上過失致傷罪) 또는 중과실치상죄(重過失致傷罪)와 「도로교통법」 제151조의 죄를 범한 운전자에 대하여는 피해자의 명시적인 의사에 반하여 공소(公訴)를 제기할 수 없다. 다만, 차의 운전자가 제1항의 죄 중 업무상과실치상죄 또는 중과실치상죄를 범하고도 피해자를 구호(救護)하는 등 「도로교통법」 제54조 제1항에 따른 조치를 하지 아니하고 도주하거나 피해자를 사고 장소로부터 옮겨 유기(遺棄)하고 도주한 경우, 같은 죄를 범하고 「도로교통법」 제44조 제2항을 위반하여 음주측정 요구에 따르지 아니한 경우(운전자가 채혈 측정을 요청하거나 동의한 경우는 제외한다)와 다음 각 호의 어느 하나에 해당하는 행위로 인하여 같은 죄를 범한 경우에는 그러하지 아니하다.

1. 「도로교통법」 제5조에 따른 신호기가 표시하는 신호 또는 교통정리를 하는 경찰공무원등의 신호를 위반하거나 통행금지 또는 일시정지를 내용으로 하는 안전표지가 표시하는 지시를 위반하여 운전한 경우

O2. 적색신호 직진 중 맞은편 좌회전 차와 사고 ⬤○○○

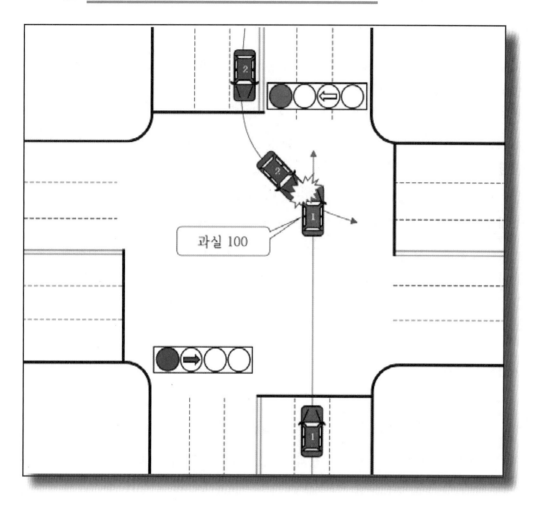

과실 100

○ 1차량 가해차

1차량은 적색신호에 교차로에 진입하다가 좌회전하는 차량과 충돌한 경우 도로교통법 제5조 신호위반에 따른 중과실 교통사고의 책임을 진다. 차량신호 적색의 뜻은 정지선, 횡단보도 및 교차로의 직전에서 정지하여야 한다. 다만, 신호에 따라 진행하는 다른 차마의 교통을 방해하지 않고 우회전할 수 있다.

○ 1차량 기본과실 100%

1 · 2차량은 현저한 과실이나 중과실(10~20) 있으면 20%까지 가산된다. 1차량이 교차로 정체중 진입하거나, 2차량이 이미 좌회전하거나, 서행불이행, 급좌회전, 소좌회전 · 대좌회전, 대형차인 경우에는 과실이 적용되지 않는다.

03. 쌍방 신호위반, 적색신호 직진 중 사고

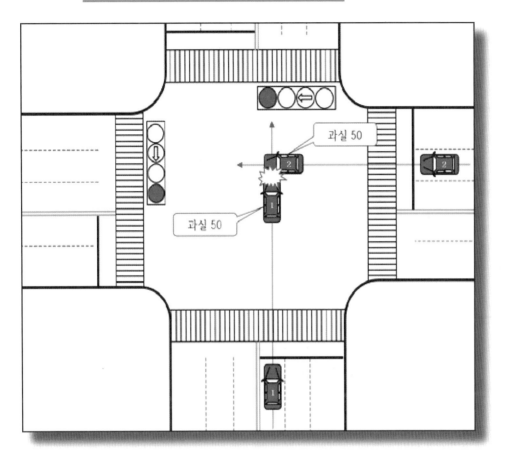

○ 1차량 가해차

1차량은 적색신호에 교차로에 진입하다가 적색신호에 교차로를 통과하는 차량을 충돌한 경우 도로교통법 제5조 신호위반에 따른 중과실 교통사고의 책임을 진다. 2차량 역시 도로교통법 제5조 신호위반에 따른 중과실 교통사고에 대한 책임을 진다. 중과실 책임은 운전자가 신호위반을 하려는 고의나 중과실이 있고, 그 신호위반이 교통사고 발생에 직접원인이 되었으면 족하고 상대차량의 과실은 범죄성립에 필수조건은 아니다(대판 80다761, 대판 2011도17117). 1·2차량 지정은 차량속도, 차량흐름, 충돌부위, 신호체계 등 종합하여 결정된다.

○ 1차량 기본과실 50%

1·2차량은 현저한 과실이나 중과실(10~20) 등 있으면 20%까지 가산되고, 명확한 선진입이면 10% 감산된다.

04. 적색신호 좌회전 피하며 맞은편 직진 차들 피하며 사고

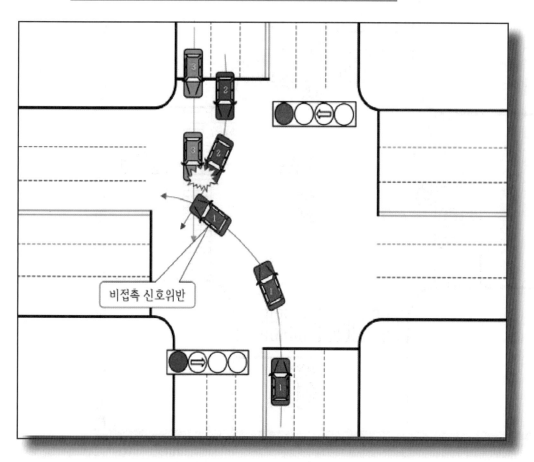

○ 1차량 가해차

1차량은 신호위반 좌회전 중 맞은편 차량들로 하여금 추돌케 한 경우 도로교통법 제5조 신호위반에 따른 중과실 교통사고의 책임을 진다. 중과실 교통사고 책임은 법규위반이 교통사고에 직접원인이 되었으면 족하고 법규위반차가 직접 피해차량을 충돌해야 하는 것은 아니다. 3차량은 앞차와 안전거리를 확보하지 않았거나 제동장치를 명확히 하지 않았다면 도로교통법 제19조 제1항 안전거리미확보 등에 따른 경과실 교통사고에 대한 책임을 질 수 있다. 모든 차의 운전자는 같은 방향으로 가고 있는 앞차의 뒤를 따르는 경우에는 앞차가 갑자기 정지하게 되는 경우 그 앞차와의 충돌을 피할 수 있는 필요한 거리를 확보해야 한다.

○ 1차량 기본과실 80%

1 · 3차량은 현저한 과실이나 중과실(10~20) 등 있으면 20%까지 가산된다.

O5. 적색 직진 : 좌회전 녹색신호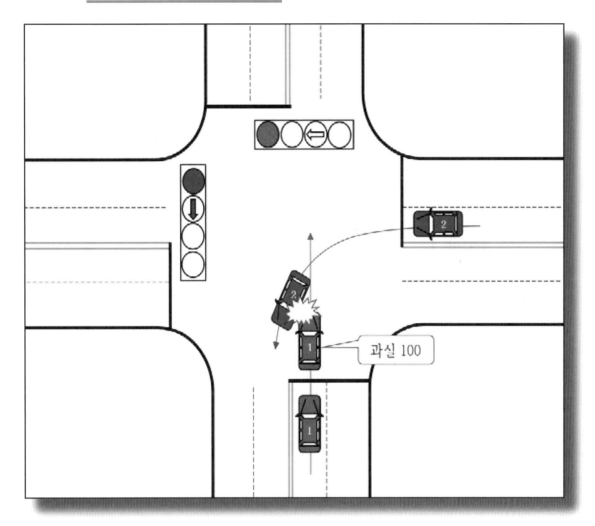

○ 1차량 가해차

1차량은 신호위반하고 교차로 진입하다가 좌회전차와 충돌된 경우 도로교통법 제5조 신호위반에 따른 중과실 교통사고의 책임을 진다.

○ 1차량 기본과실 100%

1차량은 현저한 과실이나 중과실(10~20) 등 있으면 20%까지 가산되고, 2차량은 현저한 과실이나 중과실(5~10) 등 있으면 10%까지 가산된다. 1차량이 교차로 정체중 진입하였거나, 2차량이 기 좌회전, 서행불이행, 급좌회전, 소·대좌회전, 대형차 등은 과실이 적용되지 않는다.

06. 적색 좌회전 : 측면 적색 좌회전 사고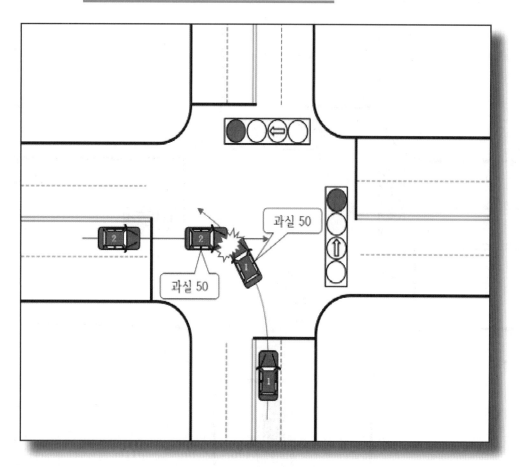

○ 1차량 가해차

1차량은 신호위반하고 교차로 진입하다가 좌회전차와 충돌된 경우 도로교통법 제5조 신호위반에 중과실 교통사고의 책임을 진다. 비보호좌회전표지판 없는 곳에서 녹색신호에 좌회전 하는 것은 신호위반이다(대판 95도3097, 대판 2004도5848, 대판 2014도3238). 2차량도 중과실 신호위반에 따른 중과실 교통사고 책임을 진다. 가해차량 구분은 도로교통법 제26조 교차로에서의 통행방법과 사고 전 속도, 충돌부위, 피해결과 등을 종합하여 결정된다.

○ 1차량 기본과실 50%

1차량은 소좌회전·대좌회전(5), 대형차(5), 서행불이행(10), 급좌회전(10), 현저한 과실이나 중과실(5~10) 등이 있으면 40%까지 가산된다. 2차량은 교차로 정체 중 진입(10), 현저한 과실이나 중과실(10~20) 등이 있으면 30%까지 가산되고 이미 좌회전했으면 10% 감산된다.

07. 적색신호 우회전 사고

과실 100

보행신호 녹색

보행신호 녹색

횡단보도 보조신호(보행신호 녹색)는
우회전 금지로 신호위반 적용대상임

우회전 보조신호 적색

○ 1차량 가해차

1차량은 차량신호 적색에 우회전 중 우측에서 직진하는 차량과 충돌된 경우 도로교통법 제5조 신호위반에 따른 중과실 교통사고의 책임을 진다. 대법원 2009도8222판결에서 우회전할 때는 횡단보도 보행신호가 녹색일 때 횡단보도를 통과하는 것은 신호위반이고 보조신호등이 없더라도 같다면서 신호위반이 맞다며 유죄를 선고했다.

○ 1차량 기본과실 100%

1·2차량은 현저한 과실이나 중과실(10~20) 등이 있으면 20%까지 가산된다.

08. 적색신호 우회전과 좌회전 사고

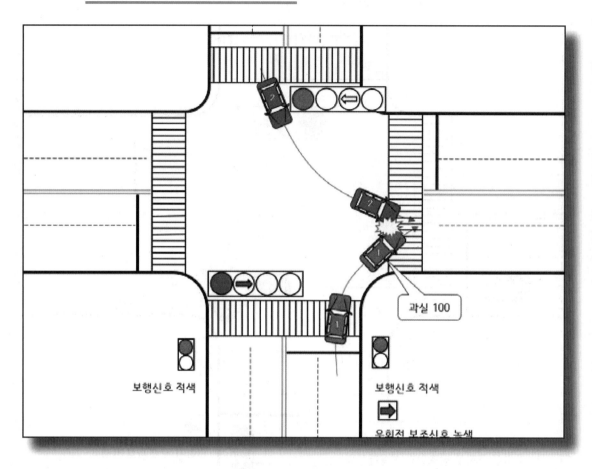

과실 100

보행신호 적색

보행신호 적색

우회전 보조신호 노색

○ 1차량 가해차

1차량은 적색신호 우회전 중 맞은편에서 좌회전 중인 차량과 충돌된 경우 도로교통법 제48조 제1항 안전운전의무 위반이나 제25조 제1항 교차로통행방법 위반에 따른 경과실 교통사고의 책임을 진다. 적색신호 우회전은 신호위반이 아니다(대판 2011도3970, 대판 88도682). 신호등이 설치된 교차로에서는 신호에 따르는 차량이 우선권 있다. 2차량은 좌회전할 때 우회전 차량과 충돌되지 않도록 교통상황을 잘 살피고 안전하게 운전해야 한다.

○ 1차량 기본과실 100%

1차량은 우회전 신호불이행·지연(10), 급우회전(10), 현저한 과실이나 중과실(10~20) 등 있으면 40%까지 가산되고 명확한 선진입이면 10% 감산된다. 2차량은 진로변경 신호불이행·지연(10), 현저한 과실이나 중과실(10~20) 등이 있으면 30%까지 가산된다.

09. 우회전 차 양보하려고 피양하다 사고 ●●●

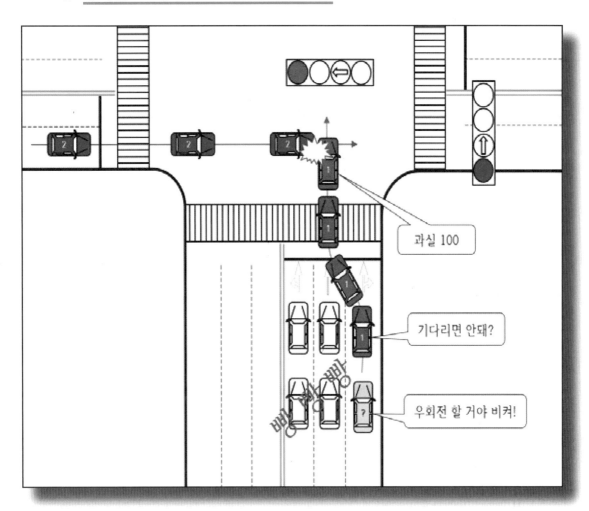

○ 1차량 가해차

1차량은 후행차량에게 양보하고자 정지선을 넘어 좌측으로 이동하던 중 좌측에서 직진하는 차량과 충돌된 경우 도로교통법 제5조 신호위반에 따른 중과실 교통사고의 책임을 진다. 신호 대기 중인 차량 뒤에서 우회전 차량이 경적을 비켜 달라고 한다. 정지선을 침범할 경우 신호위 반 및 횡단보도사고에 대한 형사책임을 받게 되고 뒷차에게 진로를 양보하기 위한 신호위반 등 행위는 정당화되지 않는다.

○ 1차량 기본과실 100%

1·2차량은 현저한 과실이나 중과실(10~20) 등이 있으면 20%까지 가산된다.

10. 황색신호 교차로 사고 ●●●

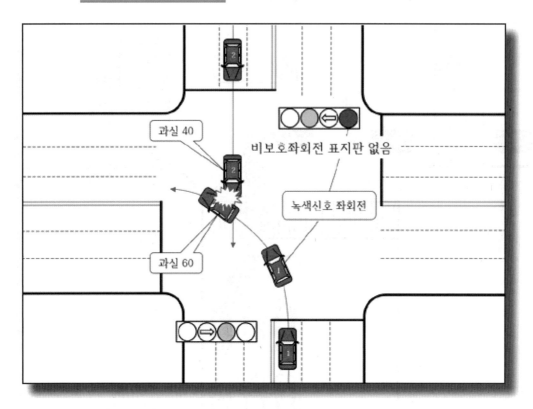

과실 40

비보호좌회전 표지판 없음

녹색신호 좌회전

과실 60

○ 1차량 가해차

1차량은 녹색신호에 좌회전하다가 맞은편에서 황색신호에 직진하는 2차량과 충돌한 경우 도로교통법 제5조 신호위반에 따른 중과실 교통사고의 책임을 진다. 2차량도 같다. 비보호좌회전 표지판이 없이 좌회전할 경우 신호위반이다(대판 2004도5848, 대판 96도3093 등). 물리적으로 정지할 수 없는 상태이고 황색신호가 교통사고 발생에 직접원인이 되지 않았으면 신호위반의 책임을 묻지 않는다. 1·2차량 지정은 도로교통법 제26조 통행순위 규정과 속도, 차량흐름, 충돌부위, 신호체계 등을 종합하여 결정된다.

○ 1차량 기본과실 60%

1차량은 소좌회전·대좌회전(5), 대형차(5), 서행불이행(10), 현저한 과실이나 중과실(5~10) 등 있으면 30%까지 가산되고 이미 좌회전 한 경우이면 10% 감산된다. 2차량은 교차로 정체 중 진입(10), 현저한 과실이나 중과실(10~20) 등이 있으면 30%까지 가산된다.

11. 적색신호와 황색신호(끝 신호) 직진 중 사고

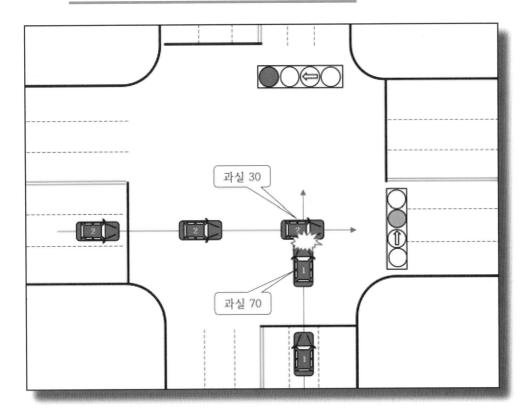

○ 1차량 가해차

1차량은 적색신호에 교차로에 진입하다가 황색신호에 교차로를 통과하는 차량을 충돌한 경우 도로교통법 제5조 신호위반에 따른 중과실 교통사고의 책임을 진다. 중과실 책임은 운전자가 신호위반을 하려는 고의나 중과실이 있고, 그 신호위반이 교통사고 발생에 직접원인이 되었으면 족하고 상대차량의 과실은 범죄성립에 필수조건은 아니다. 2차량 역시 도로교통법 제5조 신호위반에 따른 중과실 교통사고의 책임을 진다. 정상적으로 진행하다가 순식간에 바뀌는 신호에 대해 물리적으로 정지할 수 없으면 신호위반의 책임을 묻기는 어렵다.

○ 1차량 기본과실 70%

1차량은 현저한 과실이나 중과실(10~20) 등 있으면 20%까지 가산된다. 2차량은 적신호 직전에 진입(10), 현저한 과실이나 중과실(10~20) 등이 있으면 30%까지 가산된다.

12. 쌍방 황색신호 좌회전과 직진 사고

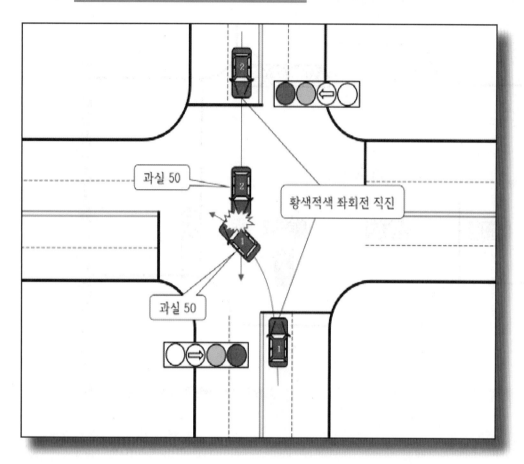

과실 50

황색적색 좌회전 직진

과실 50

○ 1차량 가해차

1차량은 황색신호에 좌회전하다가 맞은편에서 황색신호에 직진하는 차량과 충돌한 경우 도로교통법 제5조 신호위반에 따른 중과실 교통사고의 책임을 진다. 2차량도 중과실 신호위반에 대한 책임을 진다. 녹색에서 황색으로 바뀌어 물리적으로 정지할 수 없는 상태에서 황색신호가 교통사고 발생에 직접원인이 되지 않았으면 신호위반 책임을지지 않는다. 1ㆍ2차량 지정은 도로교통법 제26조 통행순위 규정과 속도, 차량흐름, 충돌부위, 신호체계 등을 종합하여 결정된다.

○ 1차량 기본과실 50%

1차량은 소좌회전ㆍ대좌회전(5), 대형차(5), 서행불이행(10), 현저한 과실이나 중과실(5~10) 등 있으면 30%까지 가산되고, 이미 좌회전 한 경우이면 10% 감산된다. 2차량은 교차로 정체 중 진입(10), 현저한 과실이나 중과실(10~20) 등이 있으면 30%까지 가산된다.

13. 적색 좌회전(쌍방 신호위반) : 황색 직진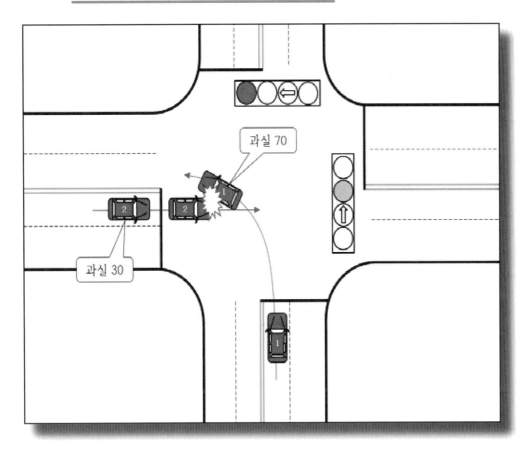

○ 1차량 가해차

1차량은 적색신호에 교차로 진입 중 우측에서 신호가 바뀌어 황색신호에 교차로를 진입하는 차량과 충돌된 경우 도로교통법 제5조 신호위반에 따른 중과실 교통사고의 책임을 진다. 2차량은 정당한 사유 없이 정지선 직전 황색으로 바뀌었음에도 정지하지 않고 교차로에 진입하였으면 도로교통법 제5조 신호위반에 따른 중과실 교통사고의 책임을 진다. 1·2차량 구분은 도로교통법 제26조 교차로에서의 통행방법과 사고 전 속도, 충돌부위, 피해결과 등을 종합하여 결정된다.

○ 1차량 기본과실 70%

1차량은 소좌회전·대좌회전(5), 대형차(5), 서행불이행(10), 급좌회전(10), 현저한 과실이나 중과실(5~10) 등 있으면 40%까지 가산된다. 2차량은 교차로 정체 중 진입(10), 현저한 과실이나 중과실(10~20) 등이 있으면 30%까지 가산된다.

14. 황색 좌회전 : 측면 적색(쌍방 신호위반)

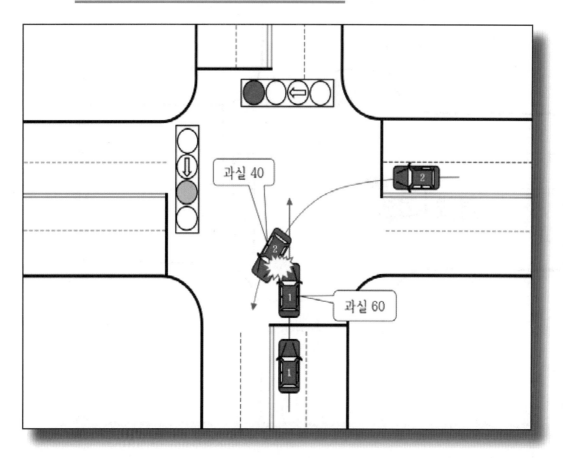

과실 40

과실 60

○ 1차량 가해차

1차량은 적색신호에 직진 중 맞은편에서 신호가 바뀌어 황색신호에 좌회전 중인 2차량과 충돌된 경우 도로교통법 제5조 신호위반에 따른 중과실 교통사고의 책임을 진다. 2차량은 정당한 사유 없이 정지선 직전 황색으로 바뀌었음에도 정지하지 않고 교차로에 진입하였으면 도로교통법 제5조 신호위반에 따른 중과실 교통사고의 책임을 진다. 1·2차량 구분은 도로교통법 제26조 교차로에서의 통행방법과 사고 전 속도, 충돌부위, 피해결과 등을 종합하여 결정된다.

○ 1차량 기본과실 60%

1차량은 교차로 정체 중 진입(10), 현저한 과실이나 중과실(10~20) 등 있으면 30%까지 가산된다. 2차량은 소좌회전·대좌회전(5), 대형차(5), 서행불이행(10), 급좌회전(10), 현저한 과실이나 중과실(5~10) 등이 있으면 40%까지 가산되고, 이미 좌회전 중이었다면 10% 감산된다.

15. 노면표시 없는 교차로 진입 사고 ⬛⚪⚪

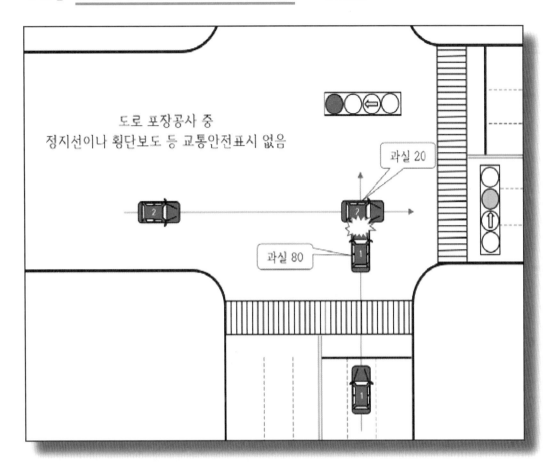

○ 1차량 가해차

1차량은 적색신호에 교차로 진입 중 황색신호 차량과 충돌될 경우 도로교통법 제5조 신호위반에 따른 중과실 교통사고에 대한 책임을 진다. 2차량은 황색신호로 바뀌었음에 정지선 전 정지할 수 있었음에도 교차로에 진입한 경우 도로교통법 제5조 신호위반에 따른 중과실 교통사고의 책임을 진다. 대법원 2018도14262 판결, 대법원 2006도3657 판결에서는 교차로 진입 전 횡단보도나 정지선이 설치되지 않았더라도 교차로에 통과한 이상 신호위반에 해당되고, 그로 인해 교통사고가 발생된 경우 중과실 신호위반에 해당된다고 유죄를 선고했다.

○ 1차량 기본과실 80%

1차량은 적신호 직전 진입(10), 현저한 과실이나 중과실(10~20) 등 있으면 30%까지 가산된다. 2차량은 현저한 과실이나 중과실(10~20)이 있으면 20%까지 가산된다.

16. 꼬리물기 교차로 사고 🚦

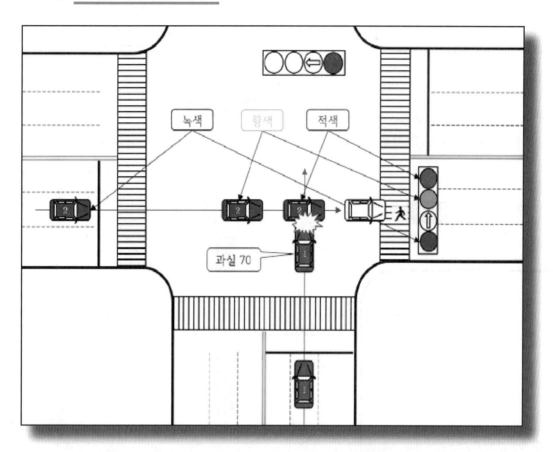

○ 1차량 가해차

1차량은 신호대기 후 녹색신호에 출발하던 중 녹색에 교차로에 진입해서 차량 정체로 서행하거나 멈춰 있는 2차량을 충돌한 경우 도로교통법 제48조 제1항 안전운전의무위반에 따른 경과실 교통사고의 책임을 진다. 녹색신호에 출발할 때는 교차로를 벗어나지 못한 차량이 있는지 잘살펴야 하고 양보하며 안전하게 운전해야 한다(대판 95다29369). 2차량은 녹색신호라 하더라도 교차로가 정체되어 다른 차에 방해가 될 우려가 있으면 교차로에 진입하면 안 된다. 교통상황을 살피지 않고 막연히 운전함에 있어 도로교통법 제48조 제1항 안전운전의무위반에 따른 경과실 교통사고 책임을 질 수도 있다.

○ 1차량 기본과실 70%

1차량은 교차로 현저한 과실이나 중과실(10~20) 등 있으면 20%까지 가산된다. 2차량은 교차로 정체 중 꼬리물기(30), 현저한 과실이나 중과실(10~20) 등이 있으면 50%까지 가산된다.

17. 꼬리물기 황색신호 교차로 진입 후 정체 중 사고

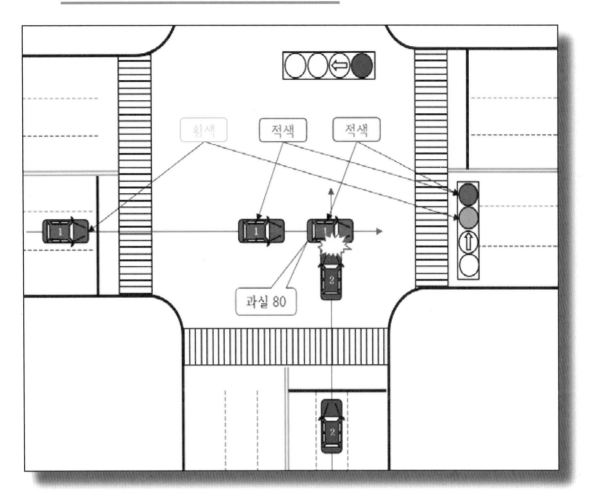

○ 1차량 가해차

1차량은 황색신호에 교차로에 진입하다가 신호에 따르는 차량을 충돌한 경우 도로교통법 제5조 신호위반에 따른 중과실 교통사고의 책임을 진다. 황색신호로 바뀌었고 정지선 전에 멈출 수 있었음에도 교차로에 진입한 경우 신호위반의 책임을 지게 된다. 2차량은 진행신호에서 정지신호로, 정지신호에서 진행신호로 바뀌는 즈음에 신호를 위반하여 교차로를 통과하는 차량이 예상되므로 비록 신호를 준수했더라도 그러한 차량들의 동태를 잘 살피며 안전하게 운전해야 한다(대판 95다29369, 대판 93다57520).

○ 1차량 기본과실 80%

1·2량은 현저한 과실이나 중과실(10~20) 등이 있으면 20%까지 가산된다.

18. 꼬리물기 좌회전과 직진 사고 ●●●

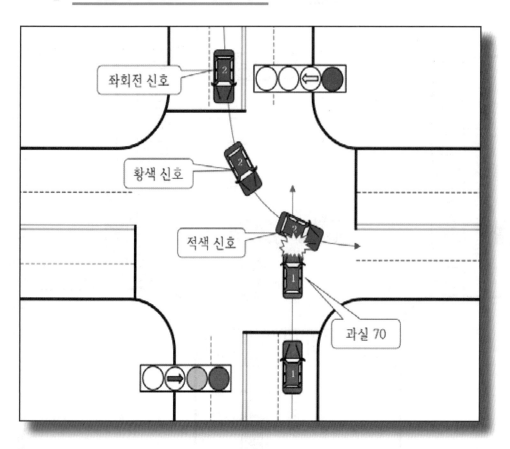

○ 1차량 가해차

1차량은 신호대기 후 녹색신호에 출발하던 중 녹색에 교차로에 진입해서 차량 정체로 서행하거나 멈춰 있는 2차량을 충돌한 경우 도로교통법 제48조 제1항 안전운전의무위반에 따른 경과실 교통사고의 책임을 진다. 녹색신호에 출발할 때는 교차로를 벗어나지 못한 차량이 있는지 잘 살펴야 하고 양보하며 안전하게 운전해야 한다(대판 95다29369). 2차량은 녹색신호라 하더라도 교차로가 정체되어 다른 차에 방해가 될 우려가 있으면 교차로에 진입하면 안 된다. 교통상황을 살피지 않고 막연히 운전함에 있어 도로교통법 제48조 제1항 안전운전의무위반에 따른 경과실 교통사고의 책임을 질 수도 있다.

○ 1차량 기본과실 70%

1차량은 교차로 현저한 과실이나 중과실(10~20) 등이 있으면 20%까지 가산된다. 2차량은 교차로 정체 중 꼬리물기(30), 현저한 과실이나 중과실(10~20) 등이 있으면 50%까지 가산된다.

19. 꼬리물기 황색신호 좌회전과 직진 사고 ●●●

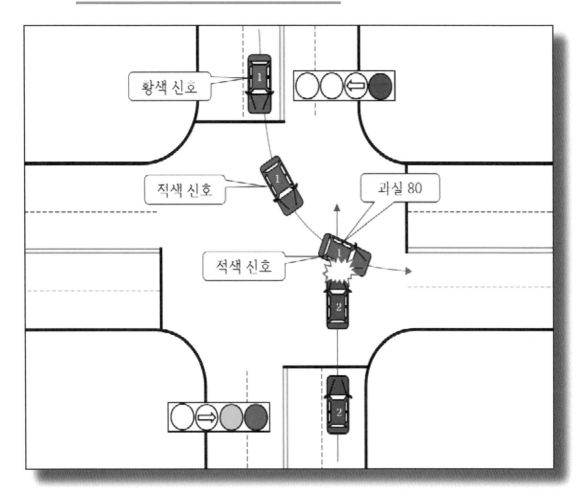

○ 1차량 가해차

1차량은 황색신호에 교차로에 진입하다가 신호에 따르는 차량을 충돌한 경우 도로교통법 제5조 신호위반에 따른 중과실 교통사고의 책임을 진다. 황색신호로 바뀌었고 정지선 전에 멈출 수 있었음에도 교차로에 진입한 경우 신호위반의 책임을 지게 된다. 2차량은 진행신호에서 정지신호로, 정지신호에서 진행신호로 바뀌는 즈음에 신호를 위반하여 교차로를 통과하는 차량이 예상되므로 비록 신호를 준수했더라도 그러한 차량들의 동태를 잘 살피며 안전하게 운전해야 한다(대판 95다29369, 대판 93다57520).

○ 1차량 기본과실 80%

1・2량은 현저한 과실이나 중과실(10~20) 등이 있으면 20%까지 가산된다.

20. 교차로 꼬리물기 사고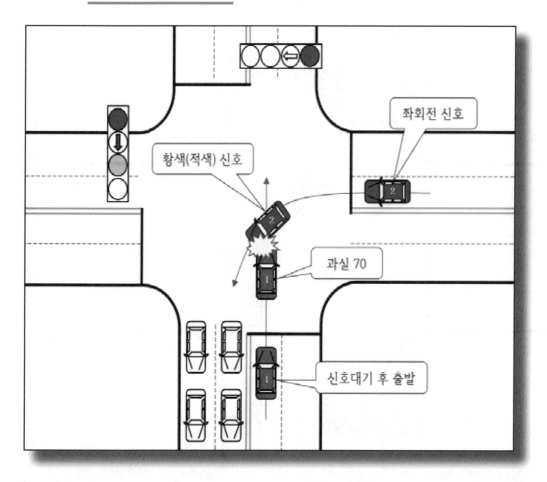

○ 1차량 가해차

　1차량은 녹색신호에 출발하던 중 우측 좌회전 차를 충돌된 경우 도로교통법 제48조 제1항 안전운전의무 위반에 따른 경과실 교통사고의 책임을 진다. 녹색신호는 '직진할 수 있다'의 뜻이 있으므로 교차로에 진입할 때 교통상황을 잘 살피며 안전하게 출발해야 한다. 황색신호로 바뀌어 정지선 전 정지할 수 있음에도 좌회전 하면 신호위반이다. 2차량은 좌회전 신호에 교차로에 진입한 이상 신호위반에 대한 책임은 묻지 않으나 교차로 정체된 상태임에도 무리하게 진입한 경우 꼬리물기에 따른 가해자로서 책임을 질 수 있다.

○ 1차량 기본과실 70%

　1차량은 현저한 과실이나 중과실(10~20) 등이 있으면 20%까지 가산된다. 2차량은 교차로 정체 중 꼬리물기(30), 현저한 과실이나 중과실(10~20) 등이 있으면 50%까지 가산된다.

21. 교차로 벗어나지 못한 경우(측면 황색 좌회전 대 녹색직진)

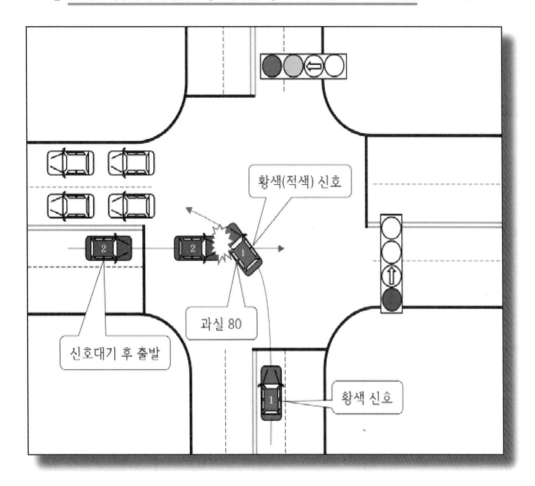

황색(적색) 신호

과실 80

신호대기 후 출발

황색 신호

○ 1차량 가해차

1차량은 황색신호에 교차로 진입하다 좌측 직진 차량과 충돌된 경우 도로교통법 제5조 신호위반에 따른 중과실 교통사고의 책임을 진다. 녹색신호는 '직진할 수 있다'의 뜻이 있으므로 교차로에 진입할 때 교통상황을 잘 살피며 안전하게 출발해야 한다. 황색신호로 바뀌어 정지선 전 정지할 수 있음에도 좌회전 하면 신호위반이다.

○ 1차량 기본과실 80%

1·2차량은 현저한 과실이나 중과실(10~20) 등이 있으면 20%까지 가산된다.

22. 신호위반 비접촉 사고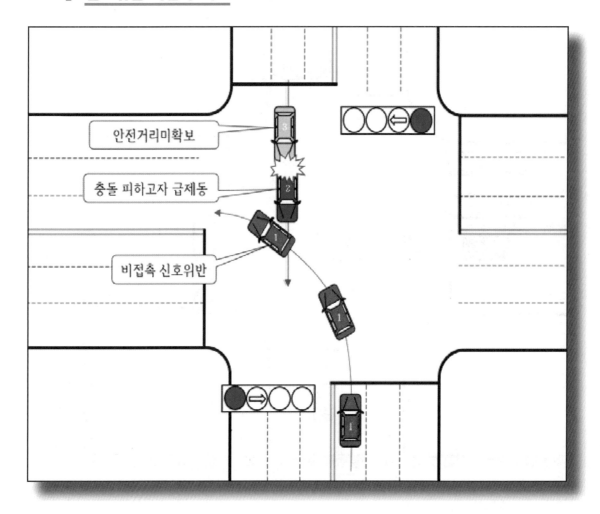

○ 1차량 가해차

　1차량은 녹색신호에 신호위반하여 좌회전 중 맞은편에서 직진하는 차량들이 충돌을 피하고자 급제동 중에 추돌사고가 발생되었다면 도로교통법 제5조 신호위반에 따른 중과실 교통사고의 책임을 진다. 추돌한 3차량은 2차량이 신호위반한 차가 있을 것을 예상하여 미리 안전거리를 확보하여야 할 정도의 의무를 부여한 것은 아니다(대판 96다23590, 대판 97다41639). 앞차가 갑자기 정지하게 되는 경우 그 앞차와의 충돌을 피할 수 있는 필요한 거리를 확보하여야 할 업무상주의의무가 있어 도로교통법 제19조 제1항 안전거리미확보에 따른 경과실 교통사고의 책임을 질 수 있다.

23. 한 쪽만 신호등 있는 교차로 사고 ●●●

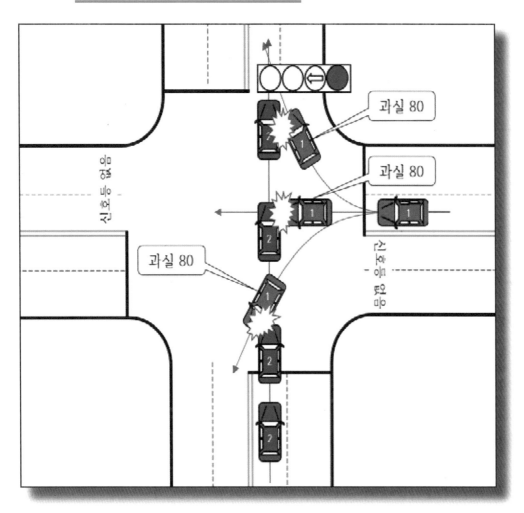

○ 1차량 가해차

1차량은 신호등 없는 교차로에서 신호에 따라 진행하는 차량과 충돌된 경우 도로교통법 제48조 제1항 안전운전의무위반에 따른 경과실 교통사고의 책임을 진다. 진행방면 교차로에 차량신호 없으면 직진이나 좌우회전이 허용되고, 신호위반에 따른 중과실 교통사고의 책임은 지지 않는다(대판 2001다56980, 대판 2002다38776).

○ 1차량 기본과실 80%

1차량은 대형차(5), 소회전·대회전(5), 현저한 과실이나 중과실(10~20) 등이 있으면 30%까지 가산된다. 2차량은 대형차(5), 현저한 과실이나 중과실(10~20)이 있으면 25%까지 가산된다.

24. 황색 직진차량 : 골목 진입차(한 쪽만 신호등)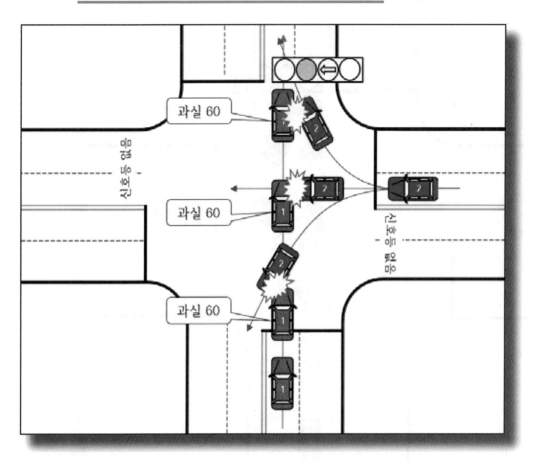

○ 1차량 가해차

1차량은 황색신호에 우측에서 진행하는 차량과 충돌된 경우 도로교통법 제5조 신호위반에 따른 중과실 교통사고의 책임을 진다. 녹색신호에서 교차로 진입 직전 황색으로 바뀌었고 물리적으로 정지할 수 없는 상태이고, 황색신호가 교통사고 발생에 직접원인이 되지 않은 경우 신호위반에 대한 책임을 묻지 않을 수 있다. 2차량은 진행방면 전방에 신호등이 없으므로 신호위반에 대한 책임을 지지 않으나 교차로의 교통상황을 잘 살피고 안전하게 운전해야 한다.

○ 1차량 기본과실 60%

1차량은 대형차(5), 현저한 과실이나 중과실(10~20) 등이 있으면 25%까지 가산된다. 2차량은 대형차(5), 소회전·대회전(5), 현저한 과실이나 중과실(10~20) 등이 있으면 30%까지 가산되고, 명확한 선진입은 10% 감산된다.

25. 적색 직진 대 신호등 없는 곳 진행차 사고

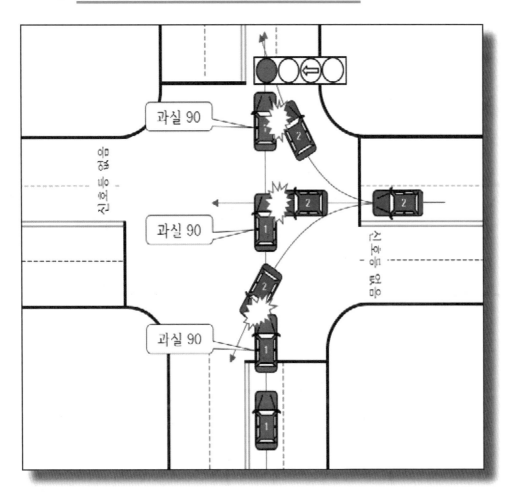

○ 1차량 가해차

1차량은 적색신호에 우측에서 진행하는 차량과 충돌된 경우 도로교통법 제5조 신호위반에 따른 중과실 교통사고의 책임을 진다. 상대차량이 신호에 따르는 차량이 아니라고 하여 신호위반의 책임이 사라지는 것은 아니다. 2차량은 진행방면 전방에 신호등이 없으므로 신호위반에 대한 책임을 지지 않으나 교차로의 교통상황을 잘 살피고 안전하게 운전해야 한다.

○ 1차량 기본과실 90%

1차량은 대형차(5), 현저한 과실이나 중과실(10~20) 등이 있으면 25%까지 가산된다. 2차량은 대형차(5), 소회전·대회전(5), 현저한 과실이나 중과실(10~20) 등이 있으면 30%까지 가산되고, 명확한 선진입은 10% 감산된다.

26. 한 쪽만 신호등 있는(넓은도로) 교차로 사고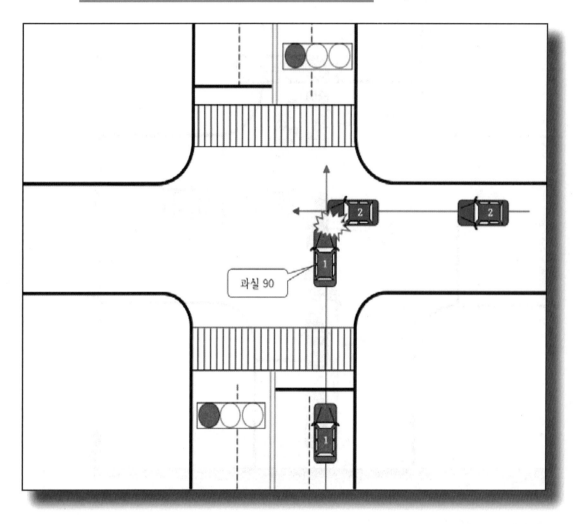

과실 90

○ 1차량 가해차

1차량은 적색신호에 우측에서 진행하는 차량과 충돌된 경우 도로교통법 제5조 신호위반에 따른 중과실 교통사고의 책임을 진다. 상대차량이 신호에 따르는 차량이 아니라고 하여 신호위반의 책임이 사라지는 것은 아니다. 2차량은 진행방면 전방에 신호등이 없으므로 신호위반에 대한책임을 지지 않으나 교차로의 교통상황을 잘 살피고 안전하게 운전해야 한다.

○ 1차량 기본과실 90%

1차량은 현저한 과실이나 중과실(10~20) 등 있으면 20%까지 가산된다. 2차량은 적신호 직전에 진입(10), 현저한 과실이나 중과실(10~20) 등이 있으면 30%까지 가산된다.

27. 한 쪽만 신호등 있는(넓은도로) 교차로 사고(1) ●●○○

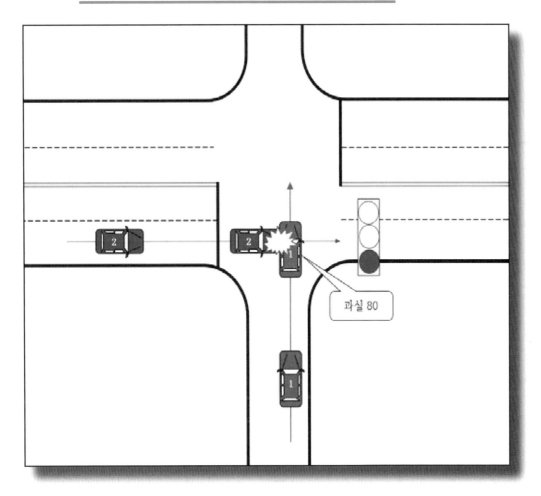

과실 80

○ 1차량 가해차

1차량은 신호등 없는 교차로를 직진하던 중 신호에 따라 직진하는 2차량과 충돌된 경우 도로교통법 제48조 제1항 안전운전의무위반에 따른 경과실 교통사고의 책임을 진다. 진행방면 전방에 차량 신호등이 없으면 신호위반에 따를 의무와 권한이 없다. 신호등 없는 교차로에서의 통행우선순위에 더해 신호에 따르는 차량에게 진로를 양보해야 한다. 2차량은 녹색신호라 하더라도 우측에서 진행하는 차가 있으므로 교통상황에 맞게 안전하게 운전해야 한다.

○ 1차량 기본과실 80%

1차량은 현저한 과실이나 중과실(10~20) 등이 있으면 20%까지 가산된다. 2차량은 적신호 직전에 진입(10), 현저한 과실이나 중과실(10~20) 등이 있으면 30%까지 가산된다.

28. 비보호좌회전표지판 없는 교차로 사고 ●●●

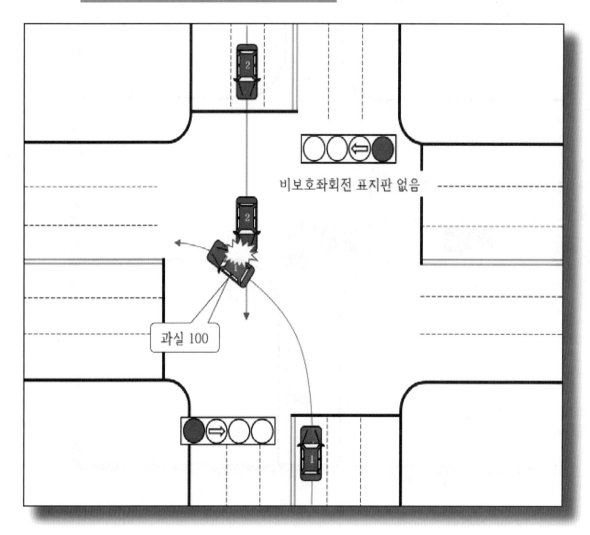

비보호좌회전 표지판 없음

과실 100

○ 1차량 가해차

1차량은 녹색신호에 교차로에서 좌회전하다가 좌회전하는 차량과 충돌한 경우 도로교통법 제5조 신호위반에 따른 중과실 교통사고의 책임을 진다. 비보호좌회전 표지판이 없이 좌회전할 경우 신호위반이다(대판 2004도5848, 대판 96도3093 등).

○ 1차량 기본과실 100%

1 · 2차량은 현저한 과실이나 중과실(10~20)이 있으면 20%까지 가산된다.

29. 우회전과 좌회전 교차로 사고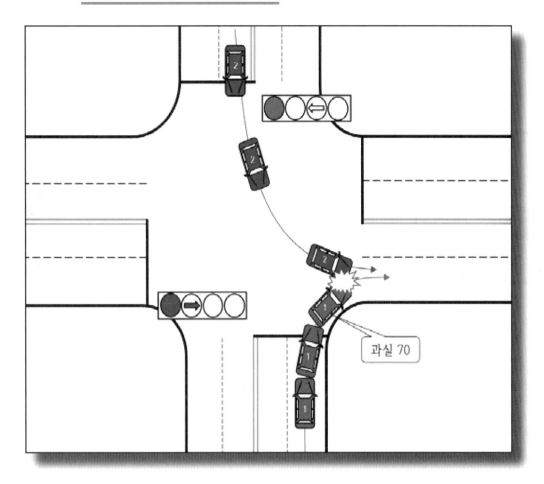

과실 70

○ 1차량 가해차

1차량은 적색신호 우회전 중 맞은편에서 좌회전 중인 차량과 충돌된 경우 도로교통법 제48조 제1항 안전운전의무위반이나 제25조 제1항 교차로통행방법 위반에 따른 경과실 교통사고의 책임을 진다. 신호등이 설치된 교차로에서는 신호에 따르는 차량이 우선권 있다. 2차량은 우측 가장자리로 서행하며 우회전 해야 하고, 적색신호 우회전은 신호위반이 아니다(대판 2011도3970, 대판 88도682).

○ 1차량 기본과실 70%

1차량은 우회전 신호불이행·지연(10), 급우회전(10), 현저한 과실이나 중과실(10~20) 등이 있으면 40%까지 가산되고 명확한 선진입이면 10% 감산된다. 2차량은 진로변경 신호불이행·지연(10), 현저한 과실이나 중과실(10~20) 등이 있으면 30%까지 가산된다.

3O. 교차로 진로변경 사고 ●●○

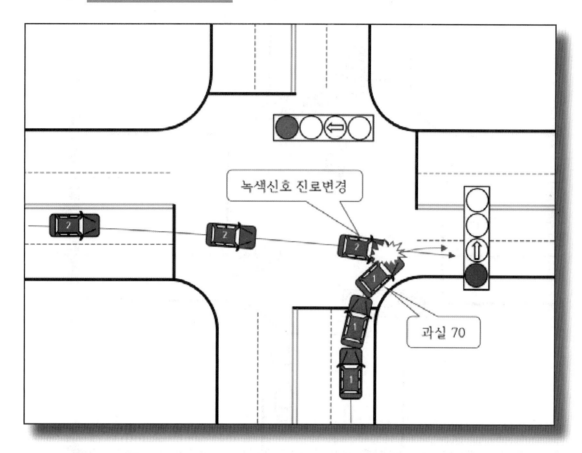

녹색신호 진로변경

과실 70

○ 1차량 가해차

1차량은 적색신호 우회전 중 좌측 직진 중인 차량과 충돌된 경우 도로교통법 제48조 제1항 안전운전의무위반에 따른 경과실 교통사고의 책임을 진다. 적색신호 우회전은 신호위반이 아니다(대판 2011도3970, 대판 88도682). 신호등이 설치된 교차로에서는 신호에 따르는 차량이 우선권 있다. 2차량은 교차로 내 진로변경이 금지되어 있지 않으나(대판 2015도3107), 직진할 때 우회전 차량과 충돌되지 않도록 교통상황을 잘 살피고 안전하게 운전해야 한다. 교차로 우회도로를 이용하지 않을 경우 교차로통행방법위반이다(대판 2011도9821).

○ 1차량 기본과실 70%

1차량은 우회전 신호불이행·지연(10), 급우회전(10), 현저한 과실이나 중과실(10~20) 등이 있으면 40%까지 가산되고 명확한 선진입이면 10% 감산된다. 2차량은 진로변경 신호불이행·지연(10), 현저한 과실이나 중과실(10~20) 등이 있으면 30%까지 가산된다.

31. 교차로에서 진로변경한 것 중과실 아니다!

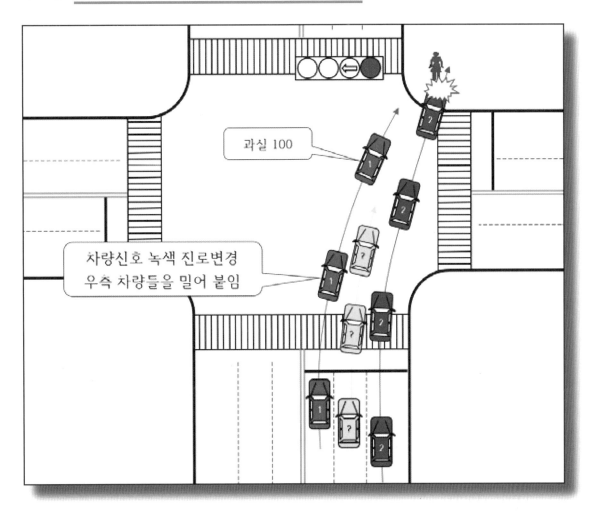

○ 1차량 가해차

　2013. 5. 7. 07:10경 서울 강남구에 있는 신호등이 설치된 교차로에서 1차로로 진행하다 2차로로 진로변경 중 2차량과 3차량이 피하면서 3차량이 보도에 침범하며 보행자를 치어 머리를 크게 다치게 했다. 항소심 법원은 은 교차로에서 진로변경한 것은 도로교통법 제5조 지시위반에 해당된다면서 700만원 벌금을 선고했다. 대법원은 도교법에 교차로에서의 추월금지 규정은 있지만 진로변경 금지규정은 없고 교차로 진입 직전의 백색실선을 교차로에서의 진로변경을 금지하는 내용의 안전표지와 동일하게 볼 수 없다며 도교법 제5조에 따른 통행금지를 내용으로 하는 안전표지를 위반하여 운전한 경우에 해당되지 않는다고 보았다(2015. 11. 12. 선고 2015도3107 판결). 이 판결은 백색실선을 침범하여 인적피해 교통사고가 발생된 경우 중과실 적용 대상임을 간접적으로 시사하였다는데 의미가 있다.

32. 교차로 앞지르기 사고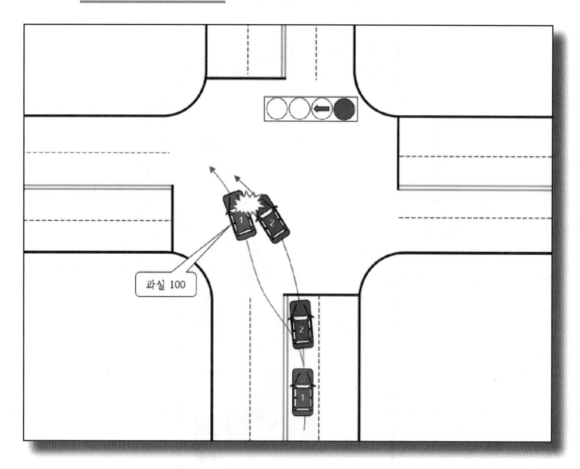

과실 100

○ 1차량 가해차

1차량은 교차로에서 좌회전 신호에 앞차를 앞지르기하다가 2차량과 충돌하면 도로교통법 제 22조 제3항 앞지르기 금지장소에서의 앞지르기에 따른 중과실 교통사고의 책임을 진다. 앞지르기란 앞차 옆을 지나 그 차 앞으로 가는 것을 말하고, 교차로는 앞지르기가 금지되어 있다. 교차로 진입 전에 앞지르기를 시작했고 교차로에서 사고가 발생된 경우에도 앞지르기 금지장소에서의 앞지르기 사고에 대한 책임을 진다.

○ 1차량 기본과실 100%

1차량은 현저한 과실이나 중과실(10~20) 등이 있으면 20%까지 가산되고, 추월이 허용된 장소이면 20% 감산된다. 2차량은 진로변경신호 지연(5), 진로변경신호 불이행(10), 미리 중앙선에 다가서지 않고(10), 현저한 과실이나 중대한 과실(10~20) 등이 있으면 45%까지 가산된다.

33. 점멸신호 교차로 사고 🚦

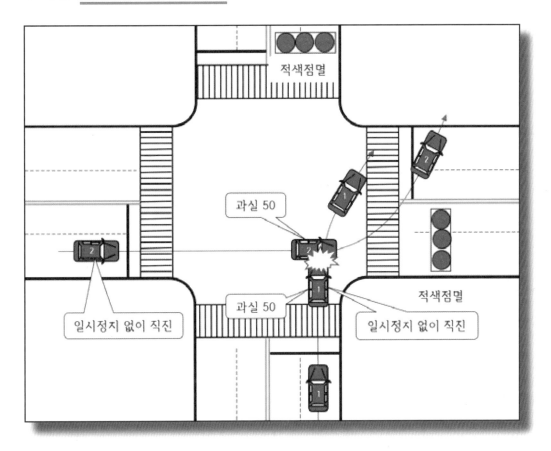

○ 1차량 가해차

1차량은 적색점멸신호에 일시정지 없이 교차로에 진입하다가 적색점멸신호에 교차로를 통과하는 차량을 충돌한 경우 도로교통법 제5조 신호위반에 따른 중과실 교통사고의 책임을 진다. 2차량도 도로교통법 제5조 신호위반에 따른 중과실 교통사고에 대한 책임을 진다. 적색점멸은 정지선이나 횡단보도가 있을 때 그 직전에 일시정지한 후 다른 교통에 방해가 없을 때 주의하면서 진행해야 한다. '일시정지'란 바퀴가 완전히 멈추는 것을 말한다. 일시정지 위반이 사고발생에 직접원인이 되지 않았으면 신호위반 중과실 책임을 묻지 않고, 도로교통법 제26조 교차로통행 우선순위 위반에 따른 경과실 교통사고에 대한 책임을 진다.

○ 1차량 기본과실 50%

1·2차량은 현저한 과실이나 중과실(10~20) 등이 있으면 20%까지 가산되고, 명확한 선진입이면 10% 감산된다.

34. 황색점멸 교차로 직진 중 사고

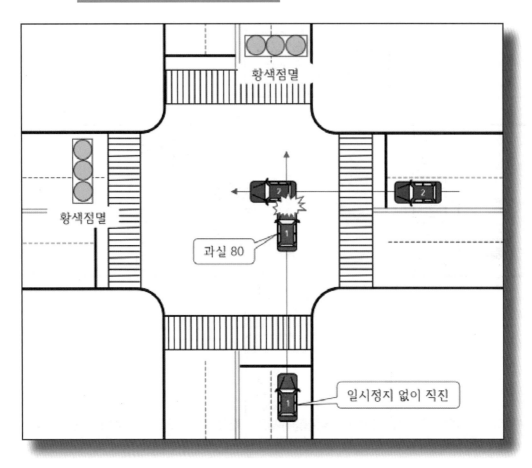

황색점멸

황색점멸

과실 80

일시정지 없이 직진

○ 1차량 가해차

1차량은 황색점멸신호에 교차로에 진입하다가 황색점멸신호에 교차로를 통과하는 차량을 충돌한 경우 도로교통법 제48조 제1항 안전운전의무위반 등 경과실 교통사고의 책임을 진다. 2차량도 1차량과 같은 책임을 진다. 황색점멸은 신호 교차로에서 사고는 신호위반 적용되지 않는다. 황색점멸 신호는 서행할 것을 뜻하고 서행이란 즉시 정지시킬 수 있는 느린 속도를 말한다. 1·2차량 지정은 도로교통법 제26조 교차로 통행우선순위 규정과 차량속도, 차량흐름, 충돌부위, 신호체계 등을 종합하여 결정된다.

○ 1차량 기본과실 80%

1·2차량은 현저한 과실이나 중과실(10~20) 등이 있으면 20%까지 가산되고, 명확한 선진입이면 10% 감산된다.

35. 교차로 적색점멸 : 황색점멸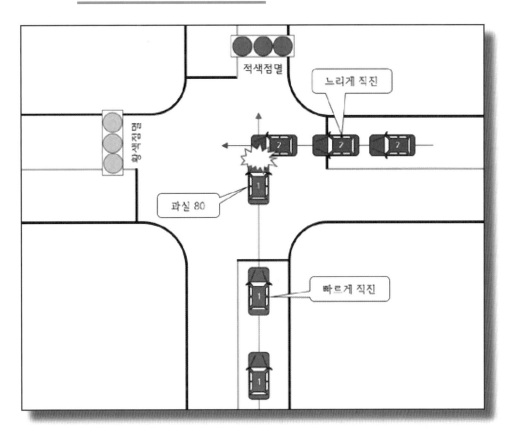

○ 1차량 가해차

　1차량은 적색점멸신호에 교차로에 진입하다가 황색점멸신호에 교차로를 통과하는 차량을 충돌한 경우 도로교통법 제5조 신호위반에 따른 중과실 교통사고의 책임을 진다. 적색점멸은 정지선이나 횡단보도가 있을 때 그 직전에 일시정지한 후 다른 교통에 방해가 없을 때 주의하면서 진행해야 한다. '일시정지'란 바퀴가 완전히 멈추는 것을 말한다. 일시정지 위반이 사고발생에 직접원인이 되지 않았으면 신호위반 중과실 책임을 묻지 않고, 도로교통법 제26조 교차로통행 우선순위 위반에 따른 경과실 교통사고에 대한 책임을 진다. 1·2차량 지정은 통행우선순위 규정과 차량속도, 차량흐름, 충돌부위, 신호체계 등을 종합하여 결정된다.

○ 1차량 기본과실 80%

　1·2차량은 현저한 과실이나 중과실(10~20) 등이 있으면 20%까지 가산되고, 명확한 선진입이면 10% 감산된다.

36. 적색점멸 : 황색점멸 ●●●

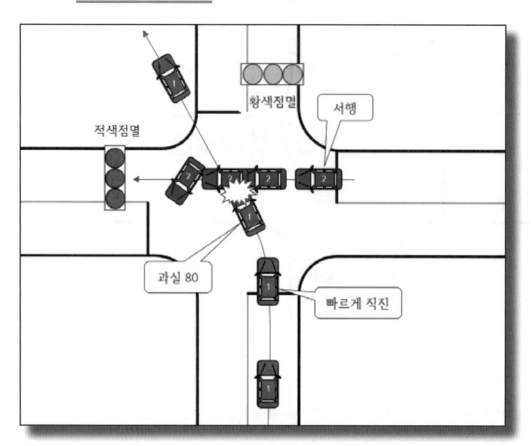

○ 1차량 가해차

　1차량은 황색점멸신호에 서행하지 않고 적색점멸신호에 교차로를 서행으로 통과하는 차량을 충돌한 경우 도로교통법 제48조 제1항 안전운전의무위반 등 경과실 교통사고의 책임을 진다. 황색점멸은 신호 교차로에서 사고는 신호위반 적용되지 않는다. 황색점멸 신호는 서행할 것을 뜻하고, 서행이란 즉시 정지시킬 수 있는 느린 속도를 말한다. 적색점멸이라고 하여 모두 가해자가 된다거나 신호위반에 따른 중과실 교통사고의 책임을 묻는 것은 아니다. 1·2차량 지정은 통행우선순위 규정과 차량속도, 차량흐름, 충돌부위, 신호체계 등을 종합하여 결정된다.

○ 1차량 기본과실 80%

　1·2차량은 현저한 과실이나 중과실(10~20) 등이 있으면 20%까지 가산되고, 명확한 선진입이면 10% 감산된다. 서울고등법원 2007나110109 판결에서는 황색점멸 진행차 80%, 적색점멸 진행차 20% 판결하였다.

37. 비보호좌회전 유턴 사고 🚥

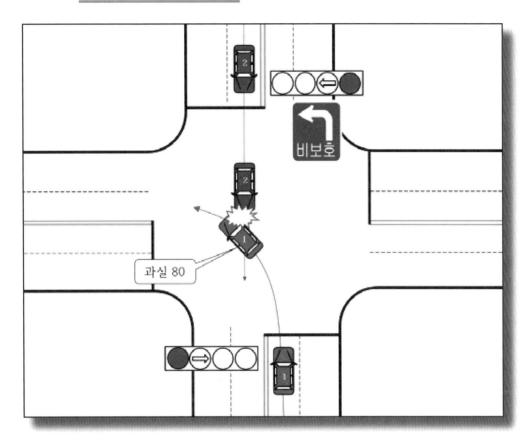

과실 80

○ 1차량 가해차

1차량은 녹색신호 비보호좌회전 중 맞은편 직진차량과 충돌한 경우 도로교통법 제48조 제1항 안전운전의무위반에 따른 경과실 교통사고의 책임을 진다. 비보호 좌회전은 녹색신호에 반대방향에서 오는 차량에 방해가 없을 때 조심스럽게 좌회전해야 하고, 녹색신호에 좌회전 하는 것은 신호위반은 아니다(대판 2011도3970). 2차량은 도로교통법 제48조 제1항에서 교통상황에 따라 안전하게 운전하도록 규정하고 있으니 비보호좌회전 차량이 있는지 잘 살피고 안전하게 운전해야 한다.

○ 1차량 기본과실 80%

1차량은 현저한 과실이나 중과실(10~20) 등 있으면 20%까지 가산되고, 명확한 선진입(20)이나 이미 좌회전한(10) 상태라면 60%까지 감산된다. 2차량은 현저한 과실이나 중과실(10~20) 등이 있으면 20%까지 가산되고, 명확한 선진입 있으면 20% 감산된다.

도로교통법

제18조(횡단 등의 금지)

① 차마의 운전자는 보행자나 다른 차마의 정상적인 통행을 방해할 우려가 있는 경우에는 차마를 운전하여 도로를 횡단하거나 유턴 또는 후진하여서는 아니 된다.

③ 차마의 운전자는 길가의 건물이나 주차장 등에서 도로에 들어갈 때에는 일단 정지한 후에 안전한지 확인하면서 서행하여야 한다.

제48조(안전운전 및 친환경 경제운전의 의무) ① 모든 차 또는 노면전차의 운전자는 차 또는 노면전차의 조향장치와 제동장치, 그 밖의 장치를 정확하게 조작하여야 하며, 도로의 교통상황과 차 또는 노면전차의 구조 및 성능에 따라 다른 사람에게 위험과 장해를 주는 속도나 방법으로 운전하여서는 아니 된다.

교통사고처리 특례법

제3조(처벌의 특례)

① 차의 운전자가 교통사고로 인하여 「형법」 제268조의 죄를 범한 경우에는 5년 이하의 금고 또는 2천만원 이하의 벌금에 처한다.

② 차의 교통으로 제1항의 죄 중 업무상과실치상죄(業務上過失致傷罪) 또는 중과실치상죄(重過失致傷罪)와 「도로교통법」 제151조의 죄를 범한 운전자에 대하여는 피해자의 명시적인 의사에 반하여 공소(公訴)를 제기할 수 없다.

〔횡단 및 안전운전의무위반〕

38. 녹색 좌회전 : 녹색 직진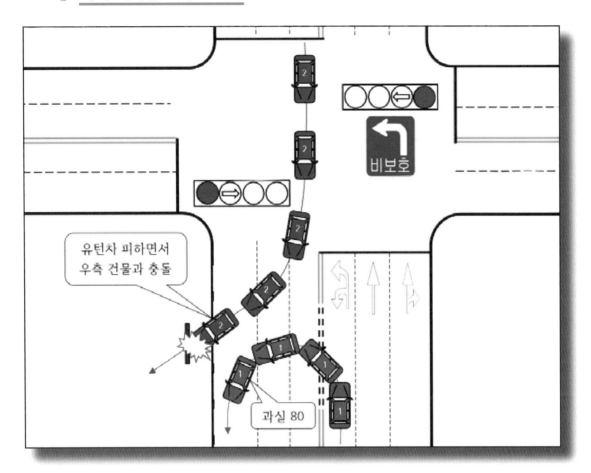

유턴차 피하면서
우측 건물과 충돌

비보호

과실 80

○ 1차량 가해차

1차량은 녹색신호 비보호좌회전 중 맞은편 직진차량과 충돌된 경우 도로교통법 제18조 제1항 유턴위반 등에 따른 경과실 교통사고의 책임을 진다. 교통사고 책임은 법규위반이 교통사고에 직접원인이 되었으면 족하고 법규위반 차와 직접 충돌해야 하는 것은 아니다. 직진차량 과속하였더라도 달라지지 않는다(대판 98도1854, 대판 89도1774). 2차량은 과속이나 과잉피난 등이 확인된 경우 가해자로서 사고책임을 질 수도 있다.

○ 1차량 기본과실 80%

1차량은 신호불이행·지연(10), 현저한 과실이나 중과실(10~20) 등이 있으면 30%까지 가산되고, 유턴 종료 직후 사고가 발생되면 10% 감산된다. 2차량은 신호위반(80), 현저한 과실이나 중과실(10~20) 등이 있으면 100%까지 가산된다.

39. 적색 좌회전 : 녹색 직진 ●●●○

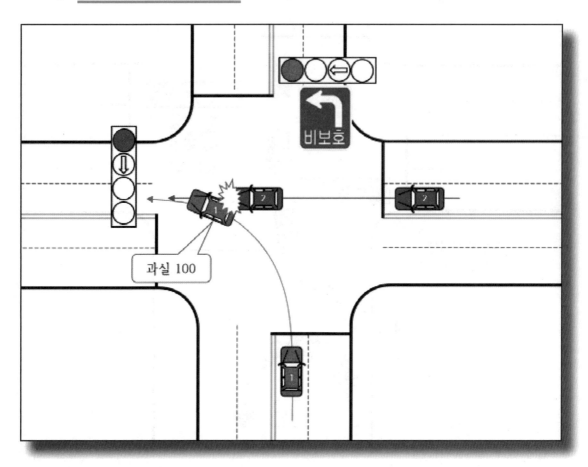

○ 1차량 가해차

1차량은 적색신호 비보호좌회전 중 맞은편 직진차량과 충돌한 경우 도로교통법 제5조 신호위반에 따른 중과실 교통사고의 책임을 진다. 비보호 좌회전은 녹색신호에 반대방향에서 오는 차량에 방해가 없을 때 조심스럽게 좌회전해야 하고, 녹색신호에 좌회전 할 때는 신호위반 아니다(대판 2011도3970). 2차량은 도로교통법 제48조 제1항에서 교통상황에 따라 안전하게 운전하도록 규정하고 있으니 비보호좌회전 차량이 있는지 잘 살피고 안전하게 운전해야 한다.

○ 1차량 기본과실 100%

1차량은 현저한 과실이나 중과실(10~20) 등이 있으면 20%까지 가산된다. 2차량은 중과실 있으면 20% 가산된다.

40. 녹색 좌회전 : 녹색 우회전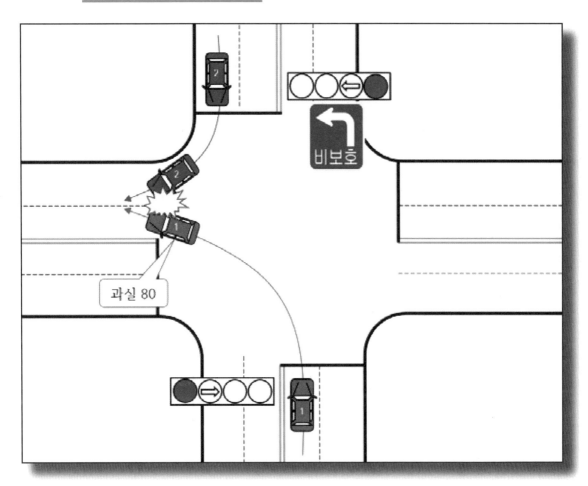

○ 1차량 가해차

1차량은 녹색신호 비보호좌회전 중 맞은편 우회전 차량과 충돌한 경우 도로교통법 제48조 제 1항 안전운전의무위반에 따른 경과실 교통사고의 책임을 진다. 비보호 좌회전은 녹색신호에 반 대방향에서 오는 차량에 방해가 없을 때 조심스럽게 좌회전해야 하고, 녹색신호에 좌회전은 신 호위반 아니다(대판 2011도3970). 교차로에서 좌회전 하는 차는 그 교차로에서 직진하거나 우 회전 하려는 다른 차가 있을 때에는 진로를 양보해야 한다. 2차량은 교통상황에 따라 안전하 게 운전하도록 규정하고 있어 비보호좌회전 차량이 있는지 잘 살피고 안전하게 운전해야 한다.

○ 1차량 기본과실 80%

1·2차량은 현저한 과실이나 중과실(10~20) 등이 있으면 20%까지 가산된다.

41. 녹색 유턴 : 녹색 직진

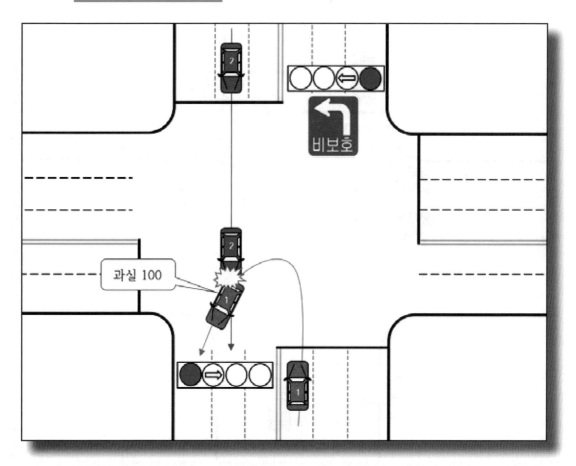

과실 100

비보호

○ 1차량 가해차

　1차량은 비보호좌회전 교차로에서 녹색신호에 유턴 중 직진차량과 충돌된 경우 도로교통법 제18조 제1항 회전위반이나 도로교통법 제48조 제1항 안전운전의무위반에 따른 경과실 교통사고의 책임을 진다. 좌회전과 유턴의 형식이 유사하고 유턴을 금지한 안전시설이 없는 경우 허용된 것으로 본다는 것이 일반적인 해석이다. 그러나 교통안전시설물 중 비보호좌회전과 비보호유턴은 다르고 유턴이 사고발생에 직접원인이 된 경우에는 도로교통법 제5조 신호위반에 따른 중과실 교통사고의 책임을 질 수 있다. 2차량은 교통상황에 따라 안전하게 운전하도록 규정하고 있어 비보호좌회전 차량이 있는지 잘 살피고 안전하게 운전해야 한다.

○ 1차량 기본과실 100%

　1·2차량은 현저한 과실이나 중과실(10~20) 등이 있으면 20%까지 가산된다.

42. 녹색 유턴 : 녹색 직진(1)

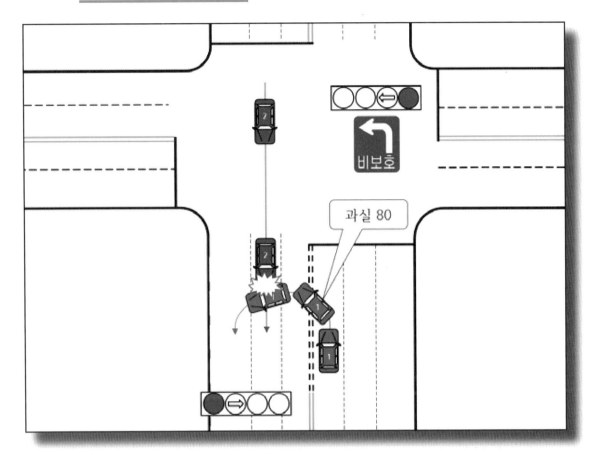

○ 1차량 가해차

1차량은 유턴지점에서 녹색신호에 유턴 중 맞은편 우회전 차량과 충돌한 경우 도로교통법 제 18조 제1항 유턴위반에 따른 경과실 교통사고의 책임을 진다. 유턴시기가 따로 정해지지 않았 다면 교차로 신호와 관계 없이 다른 차마의 정상적인 통행을 방해할 우려가 없을 때 상시 유턴 할 수 있다. 2차량은 유턴지점을 진행하고 있음에 전방주시를 명확히 하고 제동장치와 조향장 치 등을 정확히 조작하는 등 안전하게 운전해야 한다.

○ 1차량 기본과실 80%

1차량은 신호불이행·지연(10), 현저한 과실이나 중과실(10~20) 등이 있으면 30%까지 가산 되고, 유턴 종료 직후 사고가 발생되면 10% 감산된다. 2차량은 신호위반(80), 현저한 과실이나 중과실(10~20) 등이 있으면 100%까지 가산된다.

43. 녹색 유턴 : 녹색 직진(2)

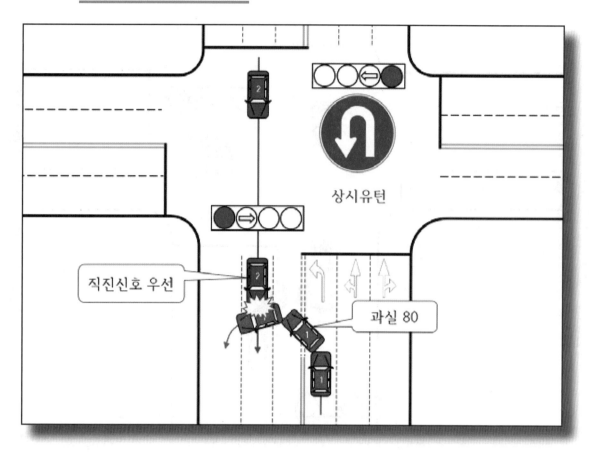

○ 1차량 가해차

　1차량은 녹색신호와 유턴표지판이 설치된 교차로, 유턴지점에서 유턴 중 맞은편에서 녹색신호 직진차량과 충돌된 경우 도로교통법 제18조 제1항 유턴위반에 따른 경과실 교통사고의 책임을 진다. 유턴시기가 따로 정해지지 않았다면 교차로 신호와 관계 없이 다른 차마의 정상적인 통행을 방해할 우려가 없을 때 상시 유턴할 수 있다. 2차량은 유턴지점을 진행하고 있음에 전방주시를 명확히 하고 제동장치와 조향장치 등을 정확히 조작하는 등 안전하게 운전해야 한다.

○ 1차량 기본과실 80%

　1차량은 신호불이행·지연(10), 현저한 과실이나 중과실(10~20) 등 있으면 30%까지 가산되고, 회전 종료 직후 사고가 발생되면 10% 감산된다. 2차량은 신호위반(80), 현저한 과실이나 중과실(10~20) 등이 있으면 100%까지 가산된다.

44. 녹색 유턴 : 녹색 직진(3)

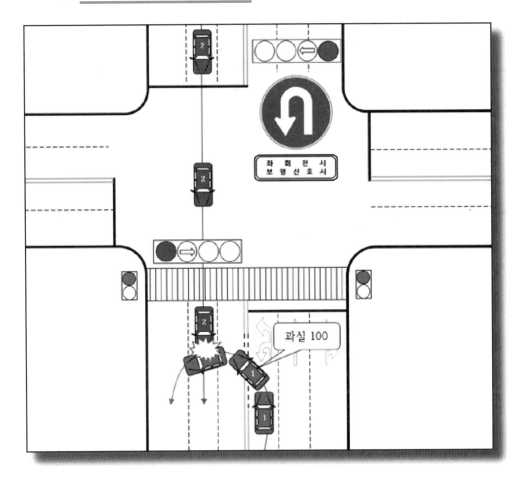

○ 1차량 가해차

1차량은 유턴시기를 위반하고 유턴 중 직진차량과 충돌된 경우 도로교통법 제5조 신호위반에 따른 중과실 교통사고의 책임을 진다. 유턴시기를 위반하였다고 하여 신호위반을 적용하는 것은 적절치 않다고 보아 도로교통법 제18조 유턴위반에 따른 경과실 교통사고의 책임을 묻는 경우도 있다. 유턴규정 있고, 유턴표지판 등 있으므로 유턴시기를 따로 두어 신호위반에 대한 책임을 묻는 것은 적절치 않다. 유천시기를 알리는 보조표지 철거가 옳다.

○ 1차량 기본과실 100%

1차량은 현저한 과실이나 중과실(10~20) 등이 있으면 20%까지 가산된다. 2차량은 신호불이행 · 지연(10), 현저한 과실이나 중과실(10~20) 등이 있으면 30%까지 가산되고, 회전 종료 직후 사고가 발생되었으면 10% 감산된다.

45. 좌회전 유턴 : 적색 직진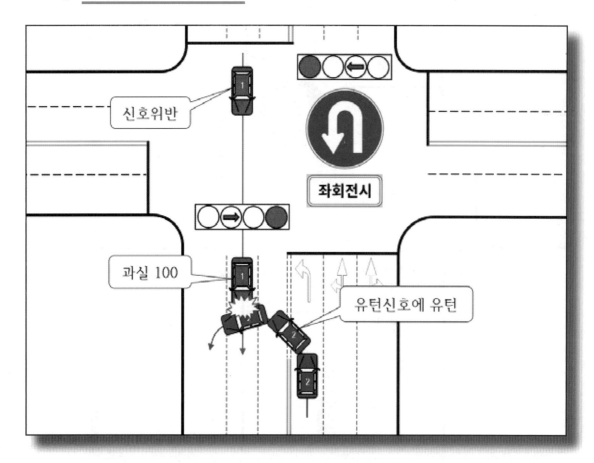

○ 1차량 가해차

1차량은 교차로 차량신호 적색에 신호위반하고 직진 중 유턴차량과 충돌되면 도로교통법 제5조 신호위반에 따른 중과실 교통사고의 책임을 진다. 차량신호 적색에는 정지선 전에 멈춰야 한다. 2차량은 유턴신호 시기가 없으면 신호와 관계 없이 맞은편 차량이 없으면 유턴할 수 있다. 유턴시기에 유턴하더라도 교차로에서 늦게 진행해 오는 차량이 있을 수 있고 우회전하는 차량도 있을 수 있어 교통상황을 살피며 안전하게 운전해야 한다.

○ 1차량 기본과실 100%

1차량은 현저한 과실이나 중과실(10~20) 등 있으면 20%까지 가산된다. 2차량은 신호불이행·지연(10), 현저한 과실이나 중과실(10~20) 등이 있으면 30%까지 가산되고, 회전 종료 직후 사고가 발생되었으면 10% 감산된다.

46. 적색 유턴 : 녹색 우회전 ⚫⚫⚫

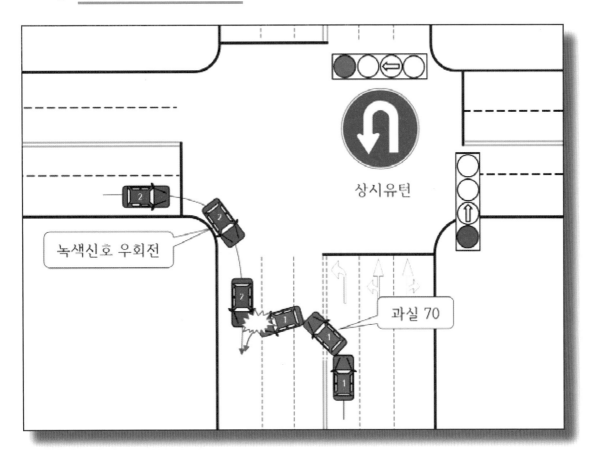

신호등: 🔴⚪⬅⚪

⟳ 상시유턴

녹색신호 우회전

과실 70

○ 1차량 가해차

1차량은 상시 유턴지점에서 적색신호 유턴 중 우회전 차량과 충돌된 경우 도로교통법 제18조 유턴위반에 따른 경과실 교통사고의 책임을 진다. 유턴시기가 따로 정해지지 않았다면 교차로 신호와 관계 없이 다른 차마의 정상적인 통행을 방해할 우려가 없을 때 상시 유턴할 수 있다(대판 2004도29934). 2차량은 우회전하여 유턴지점을 진행하고 있음에 전방과 측방주시를 명확히 하고 제동장치와 조향장치 등을 정확히 조작하는 등 안전하게 운전해야 한다.

○ 1차량 기본과실 70%

1차량은 신호불이행·지연(10), 현저한 과실이나 중과실(10~20) 등이 있으면 30%까지 가산된다. 2차량은 신호불이행·지연(10), 급우회전(10), 대우회전(20), 현저한 과실이나 중과실(10~20) 등이 있으면 60%까지 가산된다.

47. 적색 우회전 : 좌회전 유턴 ●●○

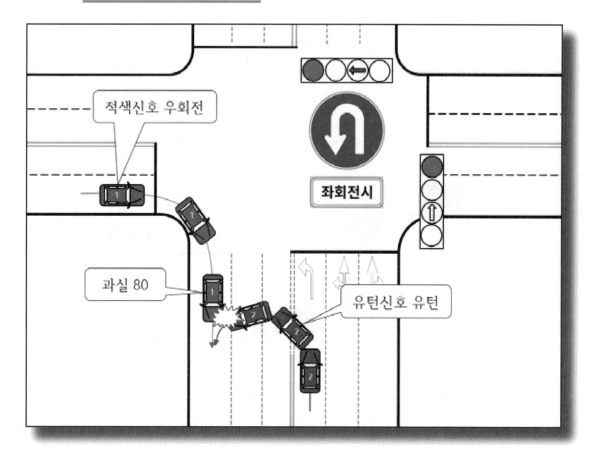

○ 1차량 가해차

1차량은 적색신호 우회전 중 유턴차량과 충돌된 경우 도로교통법 제48조 제1항 위반에 따른 경과실 교통사고의 책임을 진다. 적색신호 우회전은 적법하다(대판 2011도3970, 대판 88도682). 우회전 보조신호 등이 있고 이를 위반했다면 도로교통법 제5조 신호위반에 따른 중과실 교통사고의 책임을 질 수도 있다. 2차량은 전방 유턴신호에 따라 유턴하게 됨에 우선권 있다고 볼 수 있으나 맞은편으로 진행하게 됨에 전방과 측방주시를 명확히 하고 제동장치와 조향장치 등을 정확히 조작하는 등 안전하게 운전해야 한다.

○ 1차량 기본과실 80%

1차량은 신호불이행·지연(10), 급우회전(10), 대우회전(20), 현저한 과실이나 중과실(10~20) 등이 있으면 60%까지 가산된다. 2차량은 신호불이행·지연(10), 현저한 과실이나 중과실(10~20) 등이 있으면 30%까지 가산된다.

48. 신호등 없는 곳 유턴

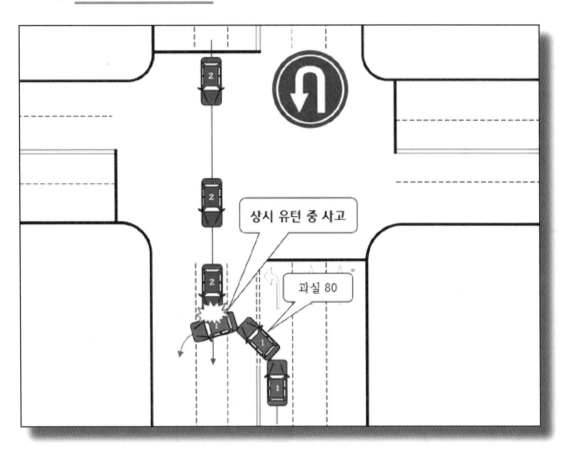

상시 유턴 중 사고

과실 80

○ 1차량 가해차

1차량은 신호등 없는 교차로 유턴지점에서 유턴 중 맞은편 직진차량과 충돌된 경우 도로교통법 제18조 제1항 유턴위반에 따른 경과실 교통사고의 책임을 진다. 유턴시기가 따로 정해지지 않았다면 다른 차마의 정상적인 통행을 방해할 우려가 없을 때 상시 유턴할 수 있다. 상시유턴하는 차량은 직진이나 우회전 차량에게 진로를 양보해야 한다. 2차량은 유턴지점을 진행하고 있음에 전방주시를 명확히 하고 제동장치와 조향장치 등을 정확히 조작하는 등 안전하게 운전해야 한다.

○ 1차량 기본과실 80%

1차량은 신호불이행·지연(10), 현저한 과실이나 중과실(10~20) 등이 있으면 30%까지 가산되고, 회전 종료 직후 사고가 발생되면 10% 감산된다. 2차량은 현저한 과실이나 중과실(10~20) 등이 있으면 20%까지 가산된다.

49. 신호등 없는 교차로 유턴 지점 사고

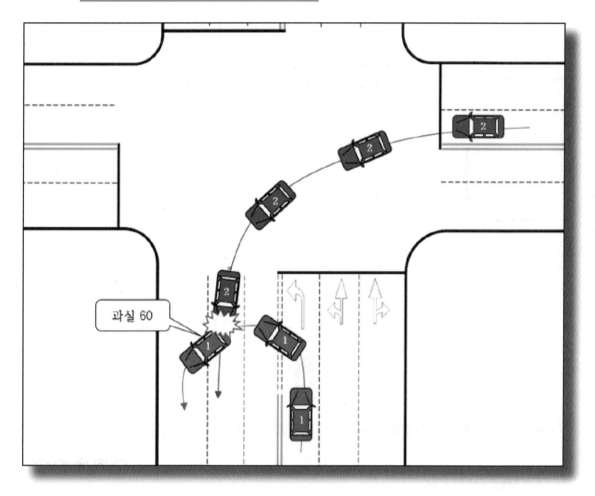

○ 1차량 가해차

1차량은 신호등 없는 교차로에서 유턴 중 우측에서 좌회전 중인 2차량을 충돌한 경우 도로교통법 제18조 제1항 유턴방법 위반에 따른 경과실 교통사고의 책임을 진다. 유턴과 좌회전 사고는 과실이 대등하나 선진입과 우측차에게 우선권을 두는 것이 옳고 차량의 속도, 충돌 부위, 교통흐름 등을 종합하여 결정된다.

○ 1차량 기본과실 60%

1차량은 현저한 과실이나 중과실(10~20) 등이 있으면 20%까지 가산된다. 2차량은 대형차(5), 좌회전 방법위반이나 좌회전 금지 위반(10~20), 현저한 과실이나 중대한 과실(10~20) 등이 있으면 45%까지 가산된다.

50. 동시 유턴 중 사고 ⬤⬤⬤

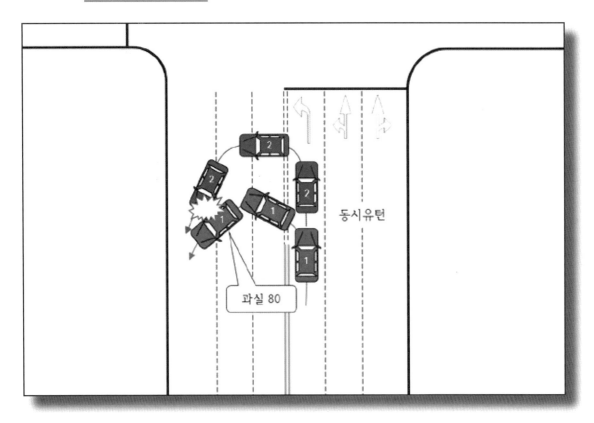

○ 1차량 가해차

1차량은 유턴 허용구간에서 선행 2차량과 동시 유턴 중 충돌된 경우 도로교통법 제18조 제1항 유턴위반에 따른 경과실 교통사고의 책임을 진다. 후행차량은 반드시 선행차량의 궤적을 따라 유턴할 의무는 없으나 선행차량의 뒤를 따르고 있었으므로 교통사고 예방을 위해 더욱 노력해야 한다. 2차량은 유턴구간이 길어 후행차가 유턴할 수 있고 우회전 차량이 있을 수 있어 교통상황을 잘 살피며 안전하게 유턴해야 한다.

○ 1차량 기본과실 80%

1차량은 유턴구역에서 벗어난 유턴(10), 현저한 과실이나 중과실(10~20) 등이 있으면 30%까지 가산되고, 회전 종료 직후 사고가 발생되었으면 10% 감산된다. 2차량은 유턴구역에서 벗어난 유턴(10), 현저한 과실이나 중과실(10~20) 등이 있으면 30%까지 가산된다.

51. 급 유턴 중 사고 ●●●

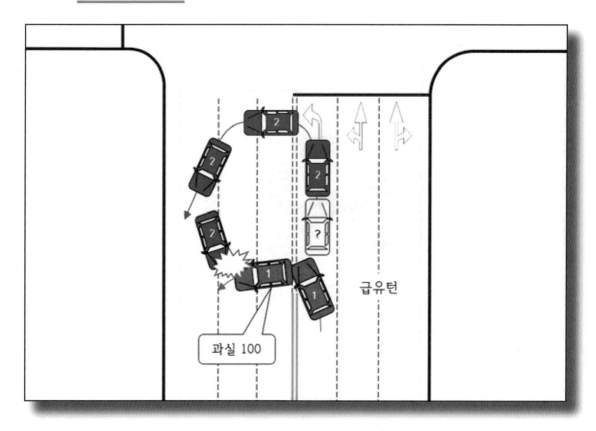

과실 100

급유턴

○ 1차량 가해차

1차량은 유턴 허용구간에서 선행 2차량과 동시 유턴 중 충돌된 경우 도로교통법 제18조 제1항 유턴위반에 따른 경과실 교통사고의 책임을 진다. 후행차량은 반드시 선행차량의 궤적을 따라 유턴할 의무는 없으나 선행차량의 뒤를 따르고 있었으므로 교통사고 예방을 위해 더욱 노력해야 한다. 2차량은 선행차량으로서는 후행차의 갑작스런 유턴은 회피하기 어려우나 유턴구간이 길어 후행차가 유턴할 수 있고 우회전 차량이 있을 수 있어 교통상황을 잘 살피며 안전하게 유턴해야 한다.

○ 1차량 기본과실 100%

1차량은 유턴구역에서 벗어난 유턴(10), 현저한 과실이나 중과실(10~20) 등이 있으면 30%까지 가산되고, 회전 종료 직후 사고가 발생되었으면 10% 감산된다. 2차량은 유턴구역에서 벗어난 유턴(10), 현저한 과실이나 중과실(10~20) 등이 있으면 30%까지 가산된다.

52. 신호위반 영향권 사고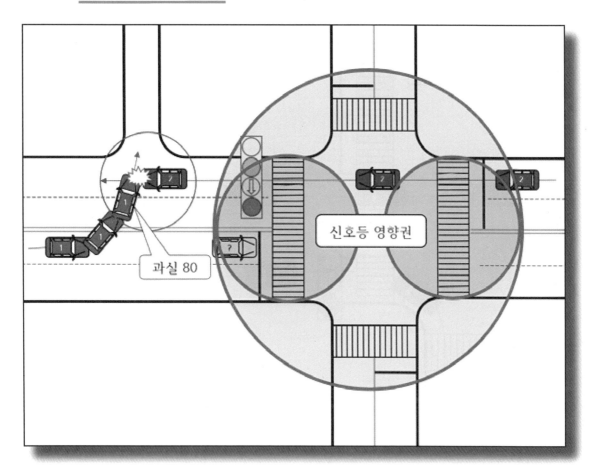

○ 1차량 가해차

　1차량은 중앙선을 침범하여 좌회전 중 맞은편 교차로에서 신호위반하고 직진하는 2차량과 충돌된 경우 도로교통법 제13조 제3항 위반에 따른 중앙선침범에 따른 중과실 교통사고의 책임을 진다. 신호위반이 사고에 직접 원인이 되었는지는 도로환경이나 사고 전 속도, 충돌부위 등 종합적으로 판단하여 결정하게 되나, 횡단보도를 중심으로 원을 그려 그 속에 포함되는 곳을 신호등 영향권으로 보는 견해도 있다. 2차량도 교차로를 벗어났어도 도로교통법 제5조 신호위반에 따른 중과실 교통사고의 책임을 질 수 있다.

○ 1차량 기본과실 80%

　1 · 2차량은 현저한 과실이나 중과실(10~20) 등이 있으면 20%까지 가산된다.

53. 우회전 후 진로변경 중 직진 차와 사고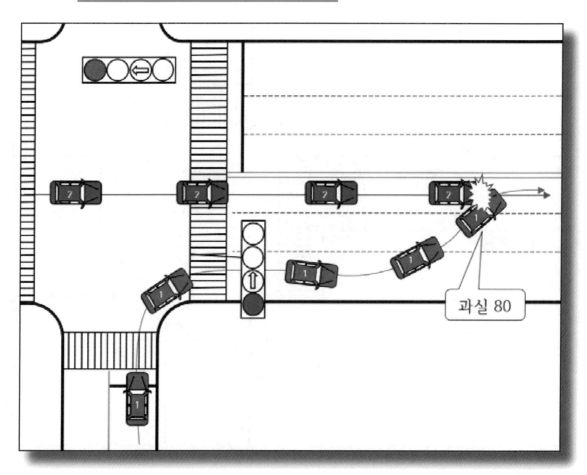

과실 80

○ 1차량 가해차

1차량은 적색신호에 우회전 후 1차로로 진로변경 중 신호에 따라 직진하는 차량과 충돌된 경우 도로교통법 제19조 제3항 위반에 따른 진로변경방법 위반에 따른 경과실 교통사고의 책임을 진다. 적색신호 우회전 중에 발생된 것이 아닌 우회전 후 차로가 형성된 곳에서 발생되어 신호와 관련이 없다. 2차량은 신호위반하고 직진한 경우라면 신호위반이 사고발생에 직접원인이 되었다면 가해차량이 되고 신호위반에 따른 중과실 교통사고에 대한 책임도 질 수 있다.

○ 1차량 기본과실 80%

1 · 2차량은 현저한 과실이나 중과실(10~20) 등이 있으면 20%까지 가산된다.

54. 신호위반과 과속차량 사고

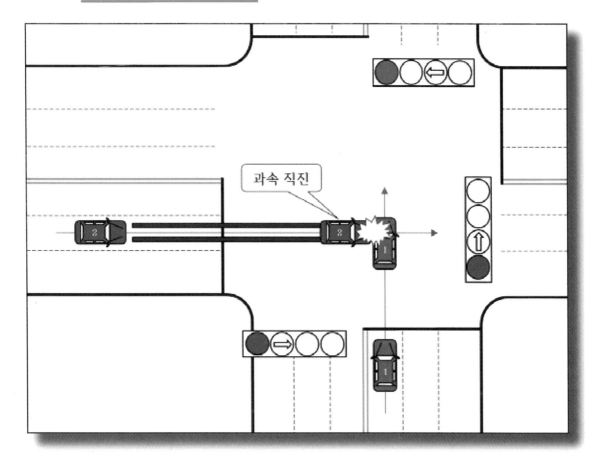

과속 직진

○ 1차량 가해차

1차량은 신호에 따라 진행하는 차량이 과속했더라도 도로교통법 제5조 신호위반에 따른 중과실 교통사고의 책임을 진다. 신호등이 설치된 곳에서 과속으로 진행할 잘못이 있더라도 그러한 잘못과 교통사고의 발생사이에 상당한 인과관계가 있다고 볼 수는 없다(대판 89도1774, 대판 98도1854 등). 일반적으로 과속차량에 대해서는 범칙금만 발부하고 형사입건을 하지 않으니 과속이 사고에 직접원인이 되었고 결과발생에 기여한 바가 있다면 도로교통법 제17조 제3항 속도위반에 따른 중과실 교통사고의 책임을 질 수도 있다.

55. 좌회전 차로에서 직진 사고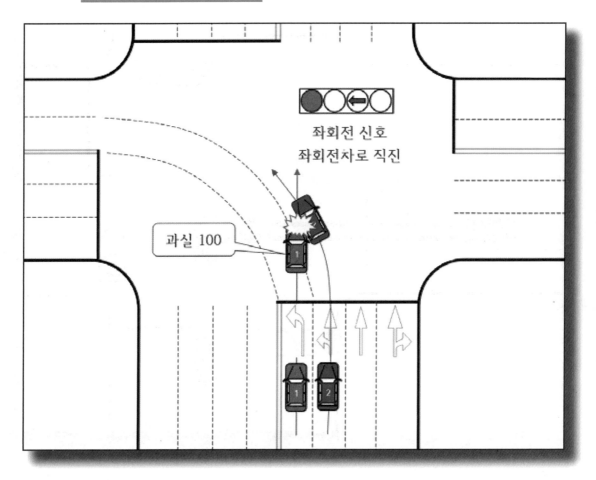

○ 1차량 가해차

1차량은 좌회전 차로에서 직진하다 우측에서 좌회전하는 차량과 충돌된 경우 도로교통법 제48조 제1항 안전운전의무위반에 따른 경과실 교통사고에 대한 책임을 진다. 그러나 최근 법원 판결로 보아 방향을 알리는 방향을 알리는 노면화살표 자체만으로 교통안전표지를 위반하였다고 보아(직진금지 화살표 노면표시가 없더라도) 도로교통법 제5조 지시위반에 따른 중과실 교통사고의 책임을 질 수도 있다.

○ 1차량 기본과실 100%

1차량은 현저한 과실이나 중과실(10~20) 등이 있으면 20%까지 가산된다. 2차량은 진로변경 신호불이행·지연(10), 현저한 과실이나 중과실(10~20) 등이 있으면 30%까지 가산된다.

도로교통법 제5조(신호 또는 지시에 따를 의무)

① 도로를 통행하는 보행자, 차마 또는 노면전차의 운전자는 교통안전시설이 표시하는 신호 또는 지시와 다음 각 호의 어느 하나에 해당하는 사람이 하는 신호 또는 지시를 따라야 한다.

교통사고처리특례법

제3조(처벌의 특례)

① 차의 운전자가 교통사고로 인하여 「형법」 제268조의 죄를 범한 경우에는 5년 이하의 금고 또는 2천만원 이하의 벌금에 처한다.

② 차의 교통으로 제1항의 죄 중 업무상과실치상죄(業務上過失致傷罪) 또는 중과실치상죄(重過失致傷罪)와 「도로교통법」 제151조의 죄를 범한 운전자에 대하여는 피해자의 명시적인 의사에 반하여 공소(公訴)를 제기할 수 없다. 다만, 차의 운전자가 제1항의 죄 중 업무상과실치상죄 또는 중과실치상죄를 범하고도 피해자를 구호(救護)하는 등 「도로교통법」 제54조 제1항에 따른 조치를 하지 아니하고 도주하거나 피해자를 사고 장소로부터 옮겨 유기(遺棄)하고 도주한 경우, 같은 죄를 범하고 「도로교통법」 제44조 제2항을 위반하여 음주측정 요구에 따르지 아니한 경우(운전자가 채혈 측정을 요청하거나 동의한 경우는 제외한다)와 다음 각 호의 어느 하나에 해당하는 행위로 인하여 같은 죄를 범한 경우에는 그러하지 아니하다.

1. 「도로교통법」 제5조에 따른 신호기가 표시하는 신호 또는 교통정리를 하는 경찰공무원등의 신호를 위반하거나 통행금지 또는 일시정지를 내용으로 하는 안전표지가 표시하는 지시를 위반하여 운전한 경우

제4조(보험 등에 가입된 경우의 특례)

① 교통사고를 일으킨 차가 「보험업법」 제4조,제126조,제127조 및 제128조, 「여객자동차 운수사업법」 제60조 ,제61조 또는 「화물자동차 운수사업법」 제51조에 따른 보험 또는 공제에 가입된 경우에는 제3조 제2항 본문에 규정된 죄를 범한 차의 운전자에 대하여 공소를 제기할 수 없다.

〔신호 및 지시에 따를 의무〕

56. 좌회전 차로에서 직진 중 사고 ●●●

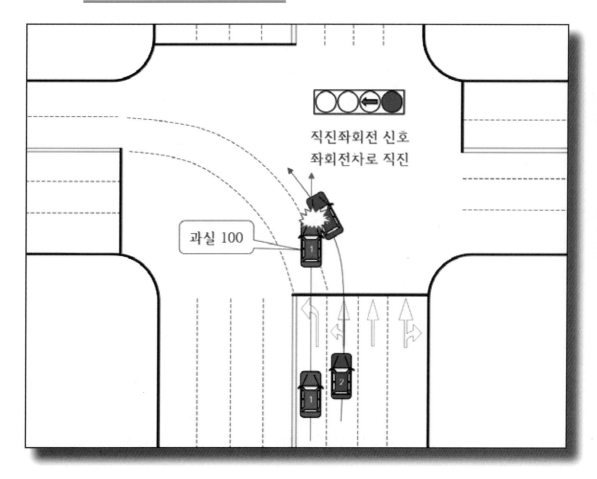

직진좌회전 신호
좌회전차로 직진

과실 100

○ 1차량 가해차

1차량은 좌회전 차로에서 직진하다 우측에서 좌회전하는 차량과 충돌된 경우 도로교통법 제48조 제1항 안전운전의무위반에 따른 경과실 교통사고의 책임을 진다. 그러나 노면의 좌회전화살표(일련번호 537)에서 직진하는 것을 금지를 뜻하는 교통안전시설로 보아 도로교통법 제5조 지시위반을 적용하여 중과실 교통사고의 책임을 질 수도 있다.

○ 1차량 기본과실 100%

1차량은 현저한 과실이나 중과실(10~20) 등 있으면 20%까지 가산된다. 2차량은 진로변경 신호불이행 · 지연(10), 현저한 과실이나 중과실(10~20) 등이 있으면 30%까지 가산된다.

57. 노면표지 화살표 위반을 중과실로 본 판례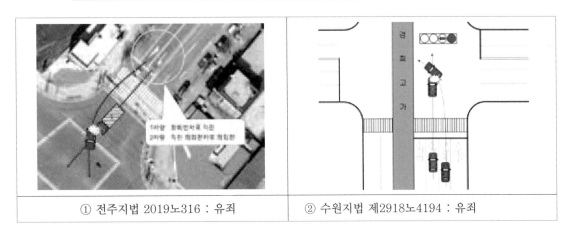

① 전주지법 2019노316 : 유죄	② 수원지법 제2918노4194 : 유죄

① 전주지방법원 2019. 5. 22. 선고 2019노316 판결 : 안전표지위반 유죄

2018. 7. 31. 23:05경 전북 군산시 공항로 소룡사거리 부근에서 발생한 교통사고에 있어 좌회전 화살표 차로에서 직진하던 중 우측에서 좌회전하는 차량을 충돌한 것에 대해 도로교통법 제5조 지시위반에 따른 중과실 교통사고가 맞다며 유죄를 선고했다.

② 수원지방법원 2019. 10. 4. 선고 2019노4194 판결 : 안전표지위반 유죄

2019. 3. 14. 16:40경 수원시 영통구 망포역 부근에서 발생한 교통사고에 있어 좌회전 화살표 차로에서 직진하던 중 우측 진행차와 충돌한 것에 대해 도로교통법 제5조 지시위반에 따른 중과실 교통사고가 맞다며 유죄를 선고했다.

도로교통법 제5조 제1항은 도로를 통행하는 보행자, 차마의 운전자는 교통안전시설이 표시하는 신호 또는 지시에 따라야 한다고 규정하고 있나. 일련번호 537(좌회전 화살표), 일련번호 538(직진좌회전 화살표)의 뜻을 진행방향을 알리는 교통안전시설물이다. 각 차로의 노면에 직진이나 좌회전 화살표가 설치되어 있다면 자동차와 충돌을 방지하는 등 자동차의 안전한 운해와 원활한 교통을 확보하기 위하여 좌회전과 직진만을 행하도록 하는 내용의 안전표지라고 보는 것이 합리적이다.

58. 직진차로에서 좌회전 중 사고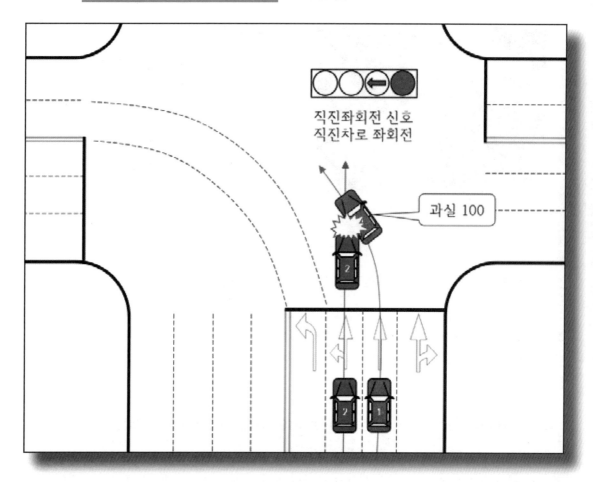

○ 1차량 가해차

1차량은 직진차로에서 좌회전 하다가 직진하는 차량과 충돌된 경우 도로교통법 제48조 제1항 안전운전의무위반 등에 따른 경과실 교통사고의 책임을 진다. 그러나 노면의 좌회전 화살표(일련번호 537)에서 직진하는 것을 금지를 뜻하는 교통안전시설로 보아 도로교통법 제5조 지시위반을 적용하여 중과실 교통사고의 책임을 질 수도 있다.

○ 1차량 기본과실 100%

1차량은 현저한 과실이나 중과실(10~20) 등이 있으면 20%까지 가산된다. 2차량은 1차량의 좌회전을 명확히 인식한 경우(20), 현저한 과실이나 중과실(10~20) 등이 있으면 40%까지 가산된다.

59. 직진차로에서 우회전 중 사고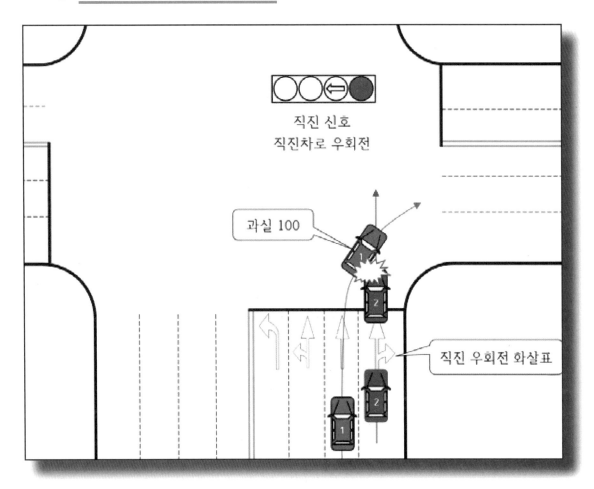

○ 1차량 가해차

1차량은 직진신호에 직진차로에서 우회전 중 직진차량과 충돌된 경우 도로교통법 제48조 제1항 안전운전의무위반 등에 따른 경과실 교통사고의 책임을 진다. 우측 가장자리로 서행하며 우회전 해야 한다. 그러나 노면의 좌회전 화살표(일련번호 537)에서 직진하는 것을 금지를 뜻하는 교통안전시설로 보아 도로교통법 제5조 지시위반을 적용하여 중과실 교통사고의 책임을 질 수도 있다.

○ 1차량 기본과실 100%

1차량은 현저한 과실이나 중과실(10~20) 등이 있으면 20%까지 가산된다. 2차량은 진로양보의무위반(10), 앞지르기 방해금지(20) 현저한 과실이나 중과실(10~20) 등이 있으면 50%까지 가산된다.

60. 우회전 차로에서 직진 중 사고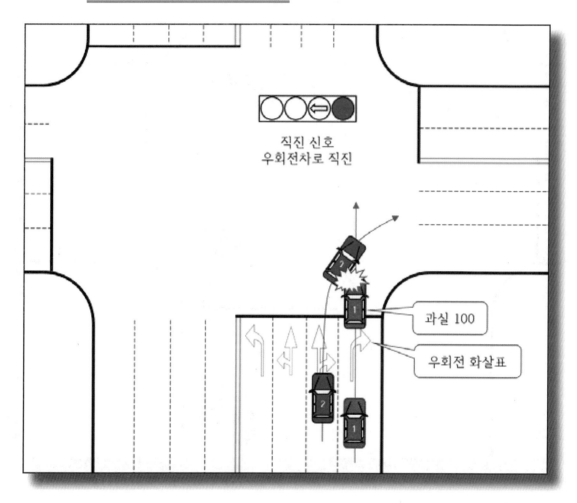

직진 신호
우회전차로 직진

과실 100

우회전 화살표

○ 1차량 가해차

1차량은 직진신호에 직진차로에서 우회전 중 직진차량과 충돌된 경우 도로교통법 제48조 제1항 안전운전의무위반 등에 따른 경과실 교통사고의 책임을 진다. 우측 가장자리로 서행하며 우회전 해야 한다. 그러나 노면의 좌회전 화살표(일련번호 537)에서 직진하는 것을 금지를 뜻하는 교통안전시설로 보아 도로교통법 제5조 지시위반을 적용하여 중과실 교통사고의 책임을 질 수도 있다.

○ 1차량 기본과실 100%

1차량은 현저한 과실이나 중과실(10~20) 등이 있으면 20%까지 가산된다. 2차량은 진로변경 신호불이행·지연(10), 현저한 과실이나 중과실(10~20) 등이 있으면 30%까지 가산된다.

61. 신호등 있는 교차로 내 진로변경

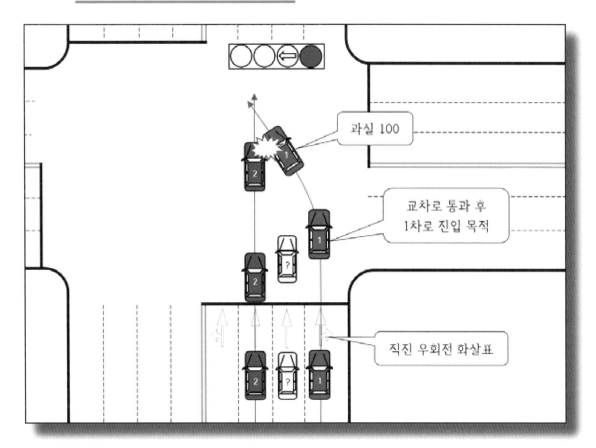

○ 1차량 가해차

1차량은 직진 우회전차로에서 좌회전 중 직진차와 충돌된 경우 도로교통법 제48조 제1항 안전운전의무위반에 따른 경과실 교통사고의 책임을 진다. 그러나 노면의 좌회전 화살표(일련번호 537)에서 직진하는 것을 금지를 뜻하는 교통안전시설로 보아 도로교통법 제5조 지시위반을 적용하여 중과실 교통사고의 책임을 질 수도 있다.

○ 1차량 기본과실 100%

1차량은 현저한 과실이나 중과실(10~20) 등이 있으면 20%까지 가산된다. 2차량은 1차량의 좌회전을 명확히 인식한 경우(20), 현저한 과실이나 중과실(10~20) 등이 있으면 40%까지 가산된다.

62. 안전지대 침범 중 사고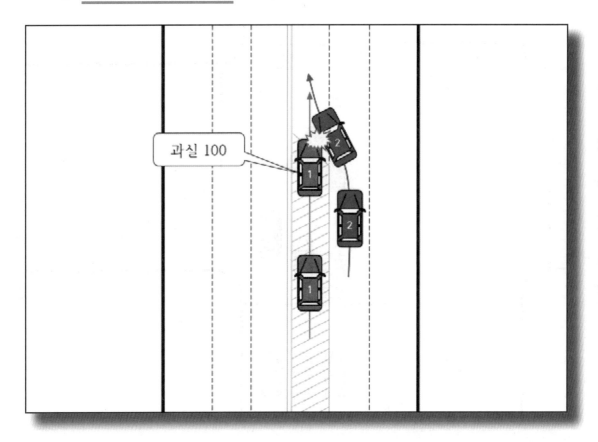

○ **1차량 가해차**

1차량은 안전지대를 침범하여 직진 중 정상적으로 진로변경 중인 2차량을 충돌한 경우 도로교통법 제5조 지시위반에 따른 중과실 교통사고의 책임을 진다. 안전지대 표시는 이 지대에 들어가지 못함을 표시하는 것이다. 차마의 운전자는 안전지대 등 안전표지에 의하여 진입이 금지된 장소에 들어가서는 안 된다. 안전지대의 옆을 통과하는 차량의 운전자는 그 부근을 운전하는 다른 차량이 안전지대를 횡단하여 자기 차량의 진로 앞에 달려드는 일이 없을 것이라고 신뢰하는 것은 당연하고 안전지대를 횡단하여 오는 차량이 있을 것을 미리 예상하고 운전할 업무상 주의의무를 기대할 수 없다(대판 82도1018, 대판 95다44153등).

○ **1차량 기본과실 100%**

1차량은 현저한 과실이나 중과실(10~20) 등이 있으면 20%까지 가산된다. 2차량은 진로변경 신호불이행·지연(10), 현저한 과실이나 중과실(10~20) 등이 있으면 30%까지 가산된다.

63. 안전지대 통과 후 사고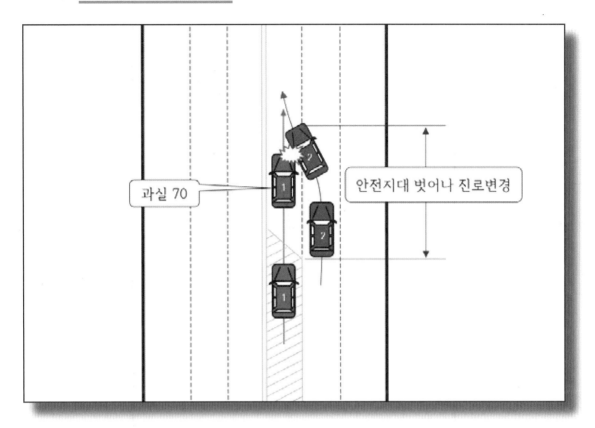

과실 70

안전지대 벗어나 진로변경

○ 1차량 가해차

1차량은 안전지대를 침범하여 직진 중 안전지대를 벗어나 진로변경 중인 2차량을 충돌한 경우 도로교통법 제48조 제1항 안전운전의무위반에 따른 경과실 교통사고의 책임을 진다. 안전지대를 벗어난 지점이라 함은 정상적으로 뒤따르는 차가 진로변경을 시작할 수 있는 공간을 말한다. 안전지대 침범이 직접원인이 되었으면 도로교통법 제5조 지시위반에 따른 중과실 교통사고 책임을 질 수 있다. 진로변경 차가 안전지대와 떨어져 있는 상태에서 진로변경을 하였더라도 안전지대를 침범해서 직진해 오리라고 예상하기 어렵다.

○ 1차량 기본과실 70%

1차량은 현저한 과실이나 중과실 (10~20)등 있으면 20%까지 가산된다. 2차량은 진로변경 신호불이행 · 지연(10), 현저한 과실이나 중과실(10~20) 등이 있으면 30%까지 가산된다.

64. 안전지대 침범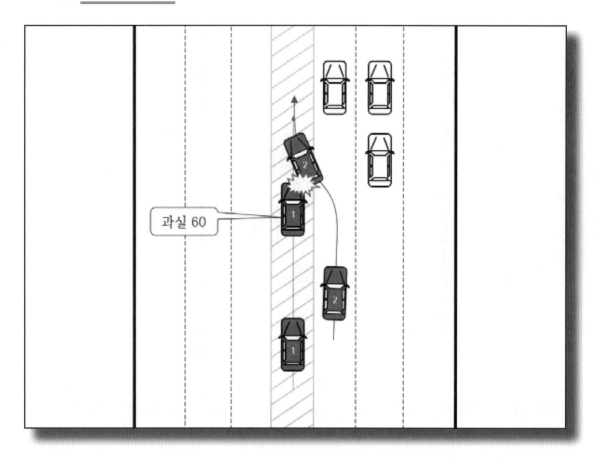

○ 1차량 가해차

1차량은 안전지대를 침범하여 직진 중 안전지대로 진로변경 중인 2차량을 충돌한 경우 도로교통법 제5조 지시위반에 따른 중과실 교통사고의 책임을 진다. 안전지대를 침범하여 맞은편 직진 차량과 충돌되면 도로교통법 제13조 제3항 중앙선침범에 따른 중과실 교통사고의 책임을 진다. 2차량은 일반적으로 진로변경에 따른 일부 과실만 인정되어 형사책임을 묻지 않고 범칙금만 받으나 사안에 따라서는 도로교통법 제5조 위반에 따른 중과실 교통사고의 책임을 질 수도 있다.

○ 1차량 기본과실 60%

1차량은 현저한 과실이나 중과실 (10~20) 등이 있으면 20%까지 가산된다. 2차량은 현저한 과실이나 중과실(10~20) 등이 있으면 20%까지 가산되고, 신호이행하였으면 5% 감산된다.

65. 안전지대 침범(1)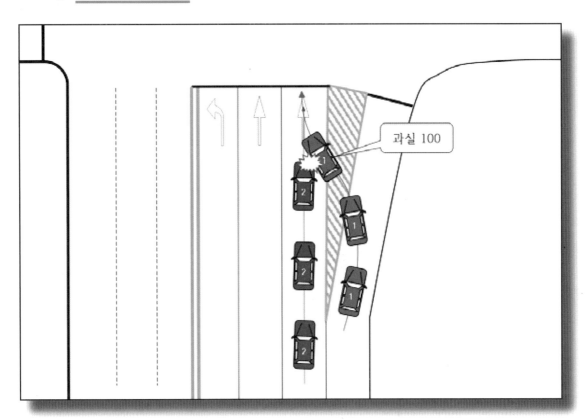

○ 1차량 가해차

1차량은 우회전 도로로 진행하다가 안전지대를 침범 좌측으로 진로변경 중 좌측에서 직진하는 2차량을 충돌한 경우 도로교통법 제5조 지시위반에 따른 중과실 교통사고의 책임을 진다(대판 95도2716).

○ 1차량 기본과실 100%

1차량은 현저한 과실이나 중과실(10~20) 등이 있으면 20%까지 가산되고 신호 이행하였으면 5% 감산된다. 2차량은 현저한 과실이나 중과실(10~20) 등이 있으면 20%까지 가산된다.

66. 일방통행로 사고 ●●●

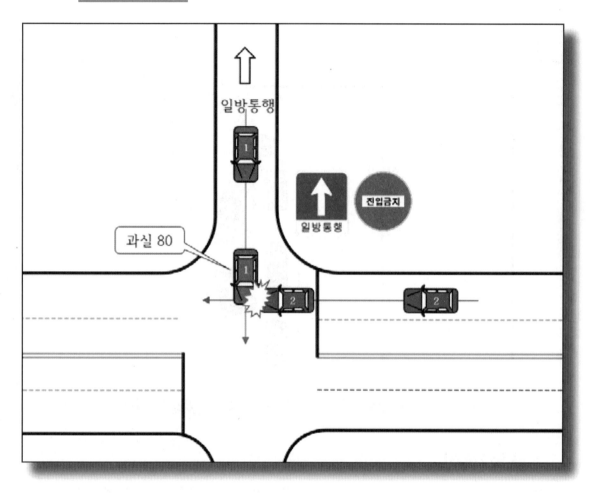

○ 1차량 가해차

1차량은 일방통행로 역주행하여 교차로에서 직진하는 2차량과 충돌된 경우 도로교통법 제48조 제1항 안전운전의무 위반에 따른 경과실 교통사고의 책임을 진다. 일방통행로에서 발생되었거나 또는 교차로라고 하더라도 역주행이 교통사고 발생에 직접원인이 되었으면 도로교통법 제5조 지시위반에 따른 중과실 교통사고의 책임을 지게 된다(대판 93도2562, 95도2716). 신호위반은 신호등과 수신호 등, 지시위반은 교통안전표지(시)를 말한다.

○ 1차량 기본과실 80%

1·2차량은 대형차(5), 현저한 과실이나 중과실(10~20) 등이 있으면 25%까지 가산되고, 명확한 선진입이면 10% 감산된다.

67. 일시정지위반 사고 ●●●

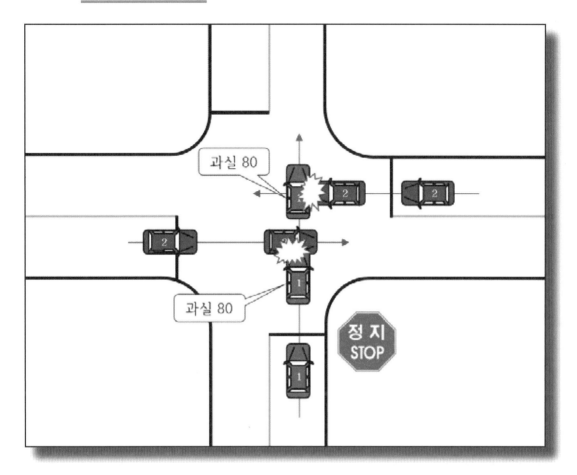

○ 1차량 가해차

1차량은 교차로 정지표지판이 있음에도 일시정지 하지 않고 직진하다가 좌측이나 맞은편 우측에서 직진하는 2차량과 충돌되면 도로교통법 제5조 지시위반에 따른 중과실 교통사고의 책임을 진다. 일시정지 위반이 사고에 직접원인이 된 경우를 말하므로 일시정지를 했더라도 같은 사고 결과라면 경과실로 처리된다. 정지표지(일련번호 227)는 정지선 전에 일시정지 해야 한다는 뜻이 있고 일시정지란 바퀴를 완전히 정지시키는 것을 말한다. 도로교통법 제5조는 신호 및 지시를 규정하였는데, 신호는 신호등과 수신호를 말하고 지시는 위반은 교통안전표지(시)를 말한다.

○ 1차량 기본과실 80%

1·2차량은 대형차(5), 현저한 과실이나 중과실(10~20) 등이 있으면 25%까지 가산되고, 명확한 선진입이면 10% 감산된다.

〔안전표시 형사처벌 판결 사례〕

일련번호	판결법원
진입금지(211)	장흥지법 2016고정4, 평택지 2017고정266 등
통행금지(201)	서울북부지법 2017고정2 등
우회전금지(213)	서울중앙지법 2011고정1645, 서울서부지법 2014고정2167 등
좌회전금지(214)	인천지법 2017고단6426, 제주지법 2017고단3039 등
유턴금지(215)	청주지법 2010고정666, 의정부지법 2015고단2399 등
일시정지(227)	서울동부지법 2016고단2529 등
진로변경제한(506)	대법원 2004도1196, 서울중앙지법 2018고단873 등
우회전금지(510)	서울중앙지법 2014고정2837 등
좌회전금지(511)	서울중앙 2017고단3249, 광주지법 2017고단758 등
일시정지(521)	광주지법 2017고단1606, 부산지법 2017고정2497 등
안전지대(531)	대전지법 2016고정1597, 전주지법 2015고단2189 등

68. 일시정지 위반 좌회전 사고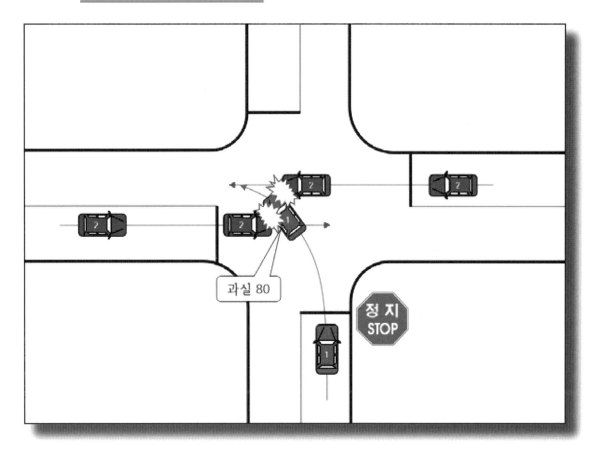

과실 80

정지 STOP

○ 1차량 가해차

1차량은 교차로 정지표지판이 있음에도 일시정지 하지 않고 좌회전하다가 좌측이나 맞은편 우측에서 직진하는 2차량과 충돌되면 도로교통법 제5조 지시위반에 따른 중과실 교통사고의 책임을 진다. 일시정지 위반이 사고에 직접원인이 된 경우를 말하므로 일시정지를 했더라도 같은 사고결과라면 경과실로 처리된다. 정지표지(일련번호 227)는 정지선 전에 일시정지 해야 한다는 뜻이 있고 일시정지란 바퀴를 완전히 정지시키는 것을 말한다.

○ 1차량 기본과실 80%

1차량은 소좌회전·대좌회전(5), 대형차(5), 서행불이행(10), 좌회전금지구간(20), 현저한 과실이나 중과실(5~10) 등이 있으면 50%까지 가산되고, 명확한 선진입이나 일시정지 후 출발(10) 등이 있으면 20%까지 감산된다. 2차량은 대형차(5), 서행불이행(10), 현저한 과실이나 중과실(10~20) 등이 있으면 35%까지 가산된다.

69. 일시정지 위반 직진 사고

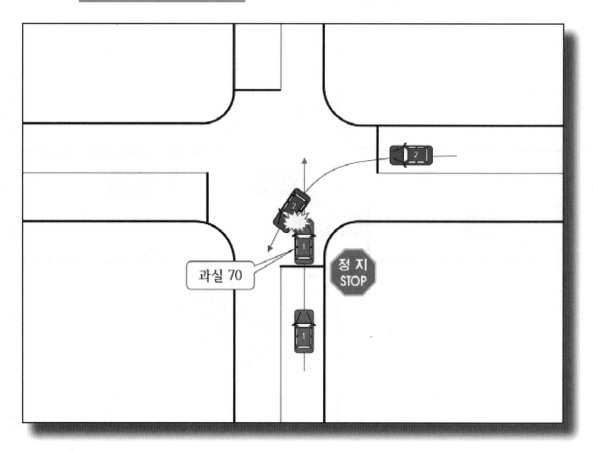

과실 70

정 지
STOP

○ 1차량 가해차

1차량은 교차로 정지표지판이 있음에도 일시정지 하지 않고 직진하다가 맞은편 우측에서 좌회전 하는 2차량과 충돌할 경우 도로교통법 제5조 지시위반에 따른 중과실 교통사고의 책임을 진다. 일시정지 위반이 사고에 직접원인이 된 경우를 말하므로 일시정지를 했더라도 같은 사고 결과라면 경과실로 처리된다. 정지표지(일련번호 227)는 정지선 전에 일시정지 해야 한다는 뜻이 있고 일시정지란 바퀴를 완전히 정지시키는 것을 말한다.

○ 1차량 기본과실 70%

1차량은 대형차(5), 서행불이행(10), 현저한 과실이나 중과실(10~20) 등이 있으면 35%까지 가산된다. 2차량은 소좌회전·대좌회전(5), 대형차(5), 서행불이행(10), 좌회전금지구간(20), 현저한 과실이나 중과실(5~10) 등이 있으면 50%까지 가산되고, 명확한 선진입이면 10% 감산된다.

70. 일시정지 위반 직진 사고(1)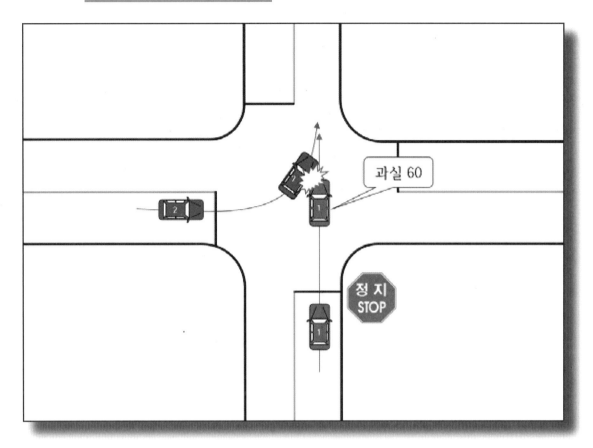

○ 1차량 가해차

1차량은 교차로 정지표지판이 있음에도 일시정지 하지 않고 직진하다가 좌측에서 좌회전 하는 2차량과 충돌되면 도로교통법 제5조 지시위반에 따른 중과실 교통사고의 책임을 진다. 일시정지 위반이 사고에 직접원인이 된 경우를 말하므로 일시정지를 했더라도 같은 사고결과라면 경과실로 처리된다. 정지표지(일련번호 227)는 정지선 전에 일시정지 해야 한다는 뜻이 있고 일시정지란 바퀴를 완전히 정지시키는 것을 말한다.

○ 1차량 기본과실 60%

1차량은 대형차(5), 서행불이행(10), 현저한 과실이나 중과실(10~20) 등이 있으면 35%까지 가산된다. 2차량은 소좌회전·대좌회전(5), 대형차(5), 서행불이행(10), 좌회전금지구간(20), 현저한 과실이나 중과실(5~10) 등이 있으면 50%까지 가산되고, 명확한 선진입이면 10% 감산된다.

71. 일시정지 위반 직진 사고(2) ⬤◯◯

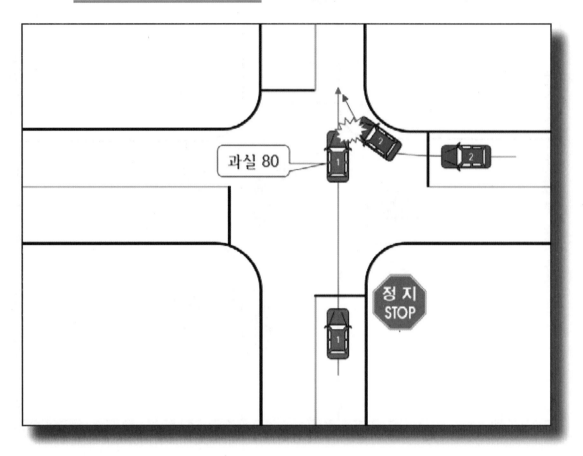

과실 80

○ 1차량 가해차

1차량은 교차로 정지표지판이 있음에도 일시정지 하지 않고 직진하다가 맞은편에서 우회전 중인 2차량과 충돌된 경우 도로교통법 제5조 지시위반에 따른 중과실 교통사고의 책임을 진다. 일시정지 위반이 사고에 직접원인이 된 경우를 말하므로 일시정지를 했더라도 같은 사고결과라면 경과실로 처리된다. 정지표지(일련번호 227)는 정지선 전에 일시정지 해야 한다는 뜻이 있고 일시정지란 바퀴를 완전히 정지시키는 것을 말한다. 2차량은 선진입차량 양보하지 않았음이 확인되면 도로교통법 제25조 제1항 경과실 교통사고에 대한 책임을 질 수 있다.

○ 1차량 기본과실 80%

1차량은 서행불이행(10), 현저한 과실이나 중과실(10~20) 등이 있으면 25%까지 가산된다. 2차량은 대형차(5), 현저한 과실이나 중과실(5~10) 등이 25%까지 가산되고 명확한 선진입이면 10% 감산된다.

72. 일시정지 위반 직진 사고(3) ●●●

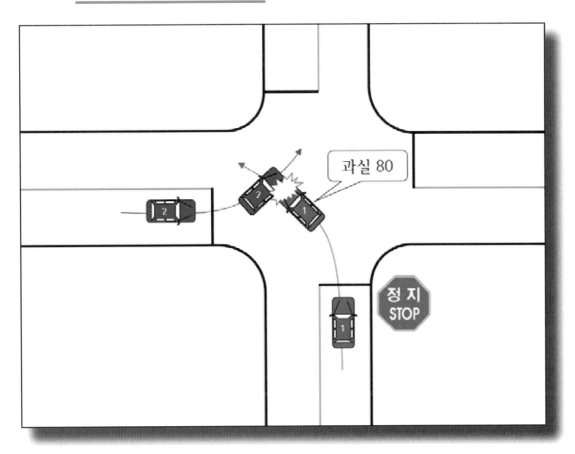

과실 80

정 지
STOP

○ 1차량 가해차

1차량은 교차로에서 일시정지 하지 않고 좌회전하다가 좌측에서 좌회전하는 2차량과 충돌되면 도로교통법 제5조 지시위반에 따른 중과실 교통사고의 책임을 진다. 일시정지 위반이 사고에 직접원인이 된 경우를 말하므로 일시정지를 했더라도 같은 사고결과라면 경과실 교통사고의 책임을 진다. 정지표지(일련번호 227)는 정지선 전에 일시정지 해야 한다는 뜻이 있고 일시정지란 바퀴를 완전히 정지시키는 것을 말한다.

○ 1차량 기본과실 80%

1차량은 대형차(5), 좌회전 방법 위반이나 좌회전 금지 위반(10~20), 현저한 과실이나 중대한 과실(10~20) 등이 있으면 45%까지 가산되고, 일시정지 후 출발했으면 10% 감산된다. 2차량은 대형차(5), 좌회전 방법 위반이나 좌회전 금지 위반(10~20), 현저한 과실이나 중대한 과실(10~20) 등이 있으면 45%까지 가산된다.

73. 일시정지 위반 좌회전 사고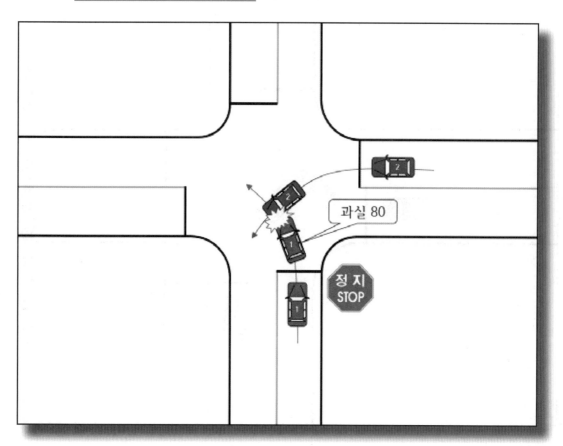

○ 1차량 가해차

1차량은 교차로에서 일시정지 하지 않고 좌회전하다가 우측에서 좌회전하는 2차량과 충돌되면 도로교통법 제5조 지시위반에 따른 중과실 교통사고의 책임을 진다. 일시정지를 했더라도 같은 사고결과라면 경과실로 처리된다. 정지표시는 정지선 전에 일시정지 해야 한다는 뜻이 있고 일시정지란 바퀴를 완전히 정지시키는 것을 말한다. 정지선 위반은 도로교통법 제5조 신호 및 지시위반 아니다(대판 86도1868).

○ 1차량 기본과실 80%

1차량은 대형차(5), 좌회전 방법 위반이나 좌회전 금지 위반(10~20), 현저한 과실이나 중대한 과실(10~20) 등이 있으면 45%까지 가산되고, 일시정지 후 출발했으면 10% 감산된다. 2차량은 대형차(5), 좌회전 방법 위반이나 좌회전 금지 위반(10~20), 현저한 과실이나 중대한 과실(10~20) 등이 있으면 45%까지 가산된다.

74. 일시정지 위반 우회전 사고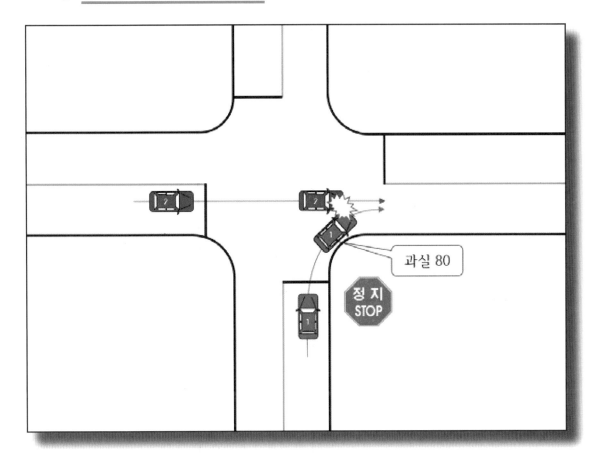

과실 80

정 지
STOP

○ 1차량 가해차

1차량은 교차로 정지표지판이 있음에도 일시정지 하지 않고 직진하다가 좌측에서 직진하는 2차량과 충돌되면 도로교통법 제5조 지시위반에 따른 중과실 교통사고의 책임을 진다. 일시정지 위반이 사고에 직접원인이 된 경우를 말하므로 일시정지를 했더라도 같은 사고결과라면 경과실로 처리된다. 정지표지(일련번호 227)는 정지선 전에 일시정지 해야 한다는 뜻이 있고 일시정지란 바퀴를 완전히 정지시키는 것을 말한다.

○ 1차량 기본과실 80%

1차량은 대형차(5), 현저한 과실이나 중과실(10~20) 등이 있으면 25%까지 가산되고, 명확한 선진입이면 10% 감산된다. 2차량은 서행불이행(10), 현저한 과실이나 중과실(5~10) 등이 있으면 30%까지 가산된다.

75. 중앙선 침범 사고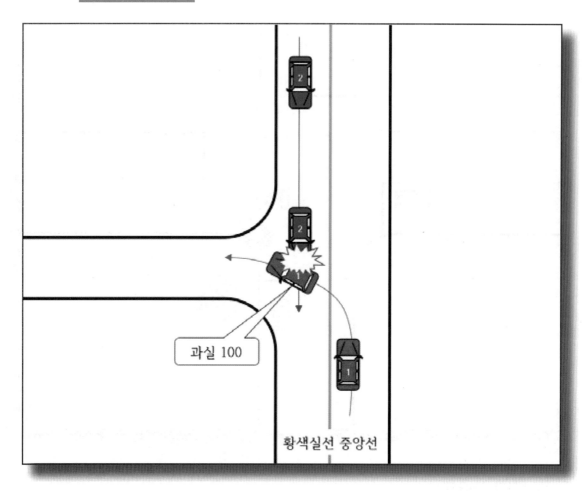

과실 100

황색실선 중앙선

○ 1차량 가해차

1차량은 황색실선 중앙선을 침범하여 좌회전 중 맞은편에서 직진하는 1차량을 충돌한 경우 도로교통법 제13조 제3항 중앙선침범에 따른 중과실 교통사고의 책임을 진다. 중앙선이 설치된 곳 우측으로 통행해야 하고, 황색실선은 넘어갈 수 없는 선이다(도교법 시행규칙 별표2, 일련번호 501). 중앙선 침범을 예상하여 운전할 주의의무 없다(대판 2000다58606).

○ 1차량 기본과실 100%

1차량은 간선도로(5), 서행불이행(10), 신호불이행·지연(10), 현저한 과실이나 중과실(10~20) 등이 있으면 45%까지 가산되고, 이미 좌회전했으면 10% 감산된다. 2차량은 현저한 전방주시태만(20), 현저한 과실이나 중과실(10~20) 등이 있으면 40%까지 가산된다.

[중앙선 침범 위반 규정]

도로교통법

제13조(차마의 통행)

① 차마의 운전자는 보도와 차도가 구분된 도로에서는 차도로 통행하여야 한다. 다만, 도로 외의 곳으로 출입할 때에는 보도를 횡단하여 통행할 수 있다.

② 제1항 단서의 경우 차마의 운전자는 보도를 횡단하기 직전에 일시정지하여 좌측과 우측 부분 등을 살핀 후 보행자의 통행을 방해하지 아니하도록 횡단하여야 한다.

③ 차마의 운전자는 도로(보도와 차도가 구분된 도로에서는 차도를 말한다)의 중앙(중앙선이 설치되어 있는 경우에는 그 중앙선을 말한다. 이하 같다) 우측 부분을 통행하여야 한다.

④ 차마의 운전자는 제3항에도 불구하고 다음 각 호의 어느 하나에 해당하는 경우에는 도로의 중앙이나 좌측 부분을 통행할 수 있다.

 1. 도로가 일방통행인 경우

 2. 도로의 파손, 도로공사나 그 밖의 장애 등으로 도로의 우측 부분을 통행할 수 없는 경우

 3. 도로 우측 부분의 폭이 6미터가 되지 아니하는 도로에서 다른 차를 앞지르려는 경우. 다만, 다음 각 목의 어느 하나에 해당하는 경우에는 그러하지 아니하다.

   가. 도로의 좌측 부분을 확인할 수 없는 경우

   나. 반대 방향의 교통을 방해할 우려가 있는 경우

   다. 안전표지 등으로 앞지르기를 금지하거나 제한하고 있는 경우

 4. 도로 우측 부분의 폭이 차마의 통행에 충분하지 아니한 경우

 5. 가파른 비탈길의 구부러진 곳에서 교통의 위험을 방지하기 위하여 지방경찰청장이 필요하다고 인정하여 구간 및 통행방법을 지정하고 있는 경우에 그 지정에 따라 통행하는 경우

⑤ 차마의 운전자는 안전지대 등 안전표지에 의하여 진입이 금지된 장소에 들어가서는 아니 된다.

⑥ 차마(자전거는 제외한다)의 운전자는 안전표지로 통행이 허용된 장소를 제외하고는 자

전거도로 또는 길가장자리구역으로 통행하여서는 아니 된다. 다만, 「자전거 이용 활성화에 관한 법률」 제3조 제4호에 따른 자전거 우선도로의 경우에는 그러하지 아니하다.

교통사고처리특례법

제3조(처벌의 특례)

① 차의 운전자가 교통사고로 인하여 「형법」 제268조의 죄를 범한 경우에는 5년 이하의 금고 또는 2천만원 이하의 벌금에 처한다.

② 차의 교통으로 제1항의 죄 중 업무상과실치상죄(業務上過失致傷罪) 또는 중과실치상죄(重過失致傷罪)와 「도로교통법」 제151조의 죄를 범한 운전자에 대하여는 피해자의 명시적인 의사에 반하여 공소(公訴)를 제기할 수 없다. 다만, 차의 운전자가 제1항의 죄 중 업무상과실치상죄 또는 중과실치상죄를 범하고도 피해자를 구호(救護)하는 등 「도로교통법」 제54조 제1항에 따른 조치를 하지 아니하고 도주하거나 피해자를 사고 장소로부터 옮겨 유기(遺棄)하고 도주한 경우, 같은 죄를 범하고 「도로교통법」 제44조 제2항을 위반하여 음주측정 요구에 따르지 아니한 경우(운전자가 채혈 측정을 요청하거나 동의한 경우는 제외한다)와 다음 각 호의 어느 하나에 해당하는 행위로 인하여 같은 죄를 범한 경우에는 그러하지 아니하다.

2. 「도로교통법」 제13조 제3항을 위반하여 중앙선을 침범하거나 같은 법 제62조를 위반하여 횡단, 유턴 또는 후진한 경우

제4조(보험 등에 가입된 경우의 특례)

① 교통사고를 일으킨 차가 「보험업법」 제4조,제126조,제127조 및 제128조, 「여객자동차 운수사업법」 제60조 ,제61조 또는 「화물자동차 운수사업법」 제51조에 따른 보험 또는 공제에 가입된 경우에는 제3조 제2항 본문에 규정된 죄를 범한 차의 운전자에 대하여 공소를 제기할 수 없다.

76. 중앙선 점선 사고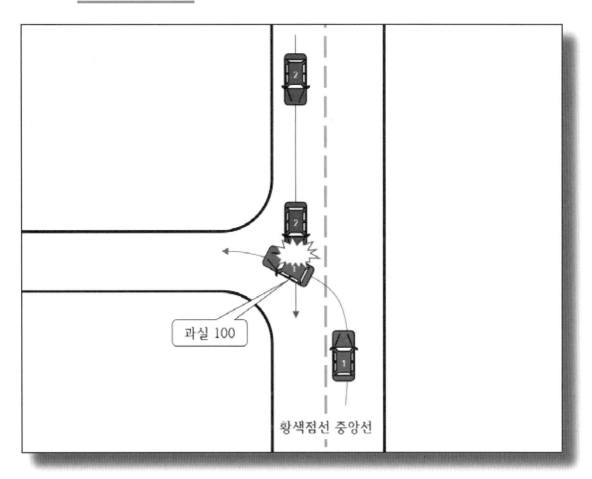

과실 100

황색점선 중앙선

○ 1차량 가해차

1차량은 황색점선 중앙선을 침범하여 좌회전 중 맞은편에서 직진하는 1차량을 충돌한 경우 도로교통법 제13조 제3항 중앙선침범에 따른 중과실 교통사고의 책임을 진다. 중앙선의 실선과 점선의 차이는 없다. 황색점선의 뜻이 반대방향으로 갔다가 되돌아와야 하는 것이므로 황색점선에서 좌회전은 엄격히 말하면 도로교통법 제13조 제3항 중앙선 침범에 해당된다(대판 86도2597, 대판 90도16567, 대판 91도821).

○ 1차량 기본과실 100%

1차량은 간선도로(5), 서행불이행(10), 신호불이행·지연(10), 현저한 과실이나 중과실(10~20) 등이 있으면 45%까지 가산되고, 이미 좌회전했으면 10% 감산된다. 2차량은 현저한 전방주시태만(20), 현저한 과실이나 중과실(10~20) 등이 있으면 40%까지 가산된다.

77. 차로가 아닌 장소에서 차도로 진입 중 사고 ●●○

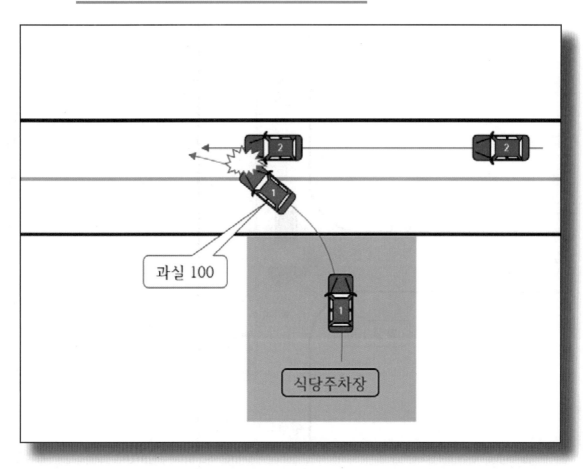

○ 1차량 가해차

1차량은 도로 아닌 곳에서 중앙선 침범 좌회전 중 맞음편 우측에서 좌측으로 직진중인 2차량과 충돌된 경우 도로교통법 제13조 제3항 중앙선 침범에 따른 중과실 교통사고의 책임을 진다. 황색실선 (501)은 차마가 들어갈 수 없음을 뜻하고, 모든 차의 운전자는 중앙선이 설치된 곳에서는 우측통행해야 한다. 건물 등에서 도로에 들어갈 때는 일단 정지해야 한다.

○ 1차량 기본과실 100%

1차량은 서행불이행 (10), 현저한 과실이나 중과실 (5~10) 등이 있으면 25%까지 가산되고, 앞부분 내밀고 대기중이거나(10), 기좌회전한 경우(10)은 20%까지 감산된다. 2차량은 현저한 과실이나 중과실 (10~20) 등이 있으면 20%까지 가산되고, 간선도로이면 5% 감산된다.

78. 차로가 아닌 장소에서 차도로 진입 중 사고(1)

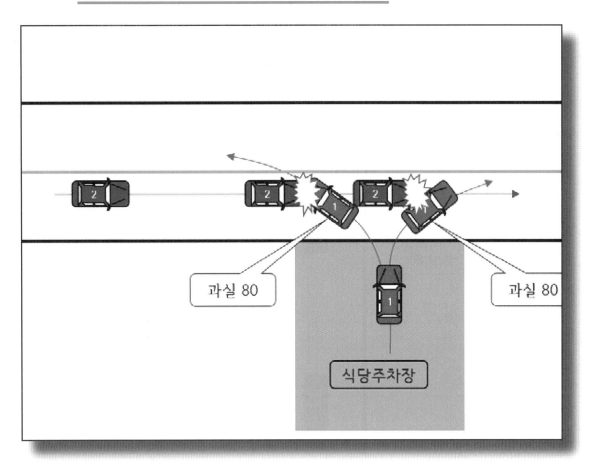

○ 1차량 가해차

1차량은 도로 아닌 곳에서 중앙선 침범 좌회전 중 좌측에서 우측으로 직진중인 2차량과 충돌된 경우 도로교통법 제13조 제3항 중앙선 침범에 따른 중과실 교통사고의 책임을 지고, 우회전 중 직진차와 충돌된 경우에는 도로교통법 제48조 제1항 안전운전의무 위반에 따른 경과실 교통사고의 책임을 진다. 건물이나 주차장에서 도로에 들어갈 때는 일단 정지 후 안전을 확인하면서 서행해야 한다.

○ 1차량 기본과실 80%

1차량은 서행불이행(10), 현저한 과실이나 중과실(5~10) 등 있으면 25%까지 가산되고, 앞부분 내밀고 대기중이거나(10), 기좌회전한 경우(10)은 20%까지 감산된다. 2차량은 현저한 과실이나 중과실(10~20) 등이 있으면 20%까지 가산되고, 간선도로이면 5% 감산된다.

79. 중앙선 침범 차와 우회전 차 사고 ●●○

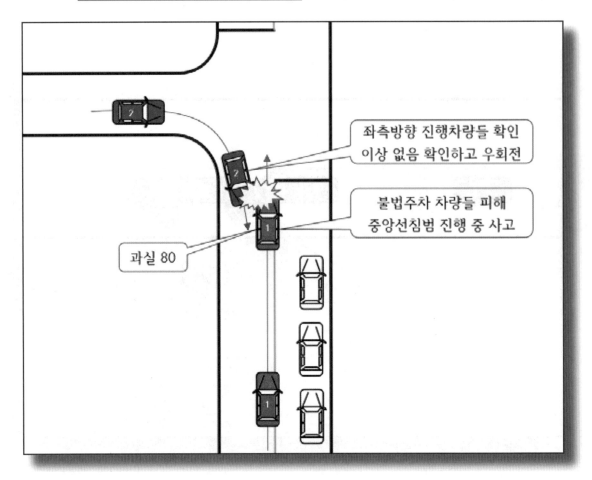

좌측방향 진행차량들 확인
이상 없음 확인하고 우회전

불법주차 차량들 피해
중앙선침범 진행 중 사고

과실 80

○ 1차량 가해차

　1차량은 우측 일렬주차 차량을 피해 중앙선을 침범하여 좌측으로 직진하던중 맞은편에서 우회전하는 차량과 충돌된 경우 도로교통법 제48조 제1항 안전운전의무위반에 따른 경과실 교통사고의 책임을 진다. 도로교통법 제13조 제4항에서 차마의 운전자는 도로의 파손, 도로공사나 그 밖의 장애등으로 도로의 우측 부분을 통행할 수 없는 경우, 도로 우측 부분의 폭이 차마의 통행에 충분하지 아니한 경우에 중앙선 좌측으로 통행할 수 있다. 이런 운전방법은 교통사고에 대한 면죄부를 준 것이 아니므로 속도를 줄이고 직진하는 차량이 있는지 우회전하는 차량이 있는지 등을 잘 살펴 안전하게 운전해야 한다.

○ 1차량 기본과실 80%

80. 일렬주차 중앙선 침범 사고 ●●●

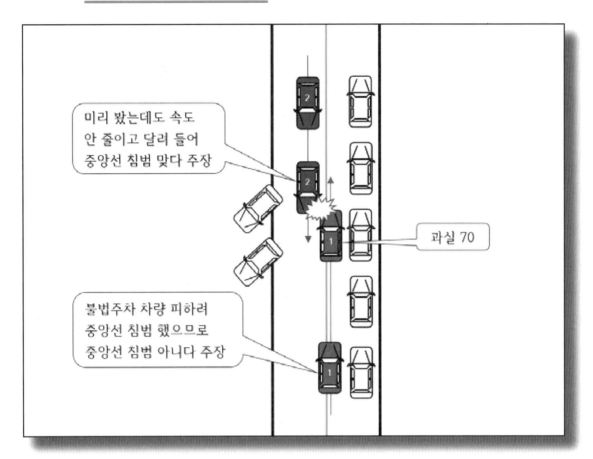

○ 1차량 가해차

1차량은 우측 일렬주차 차를 피해 중앙선을 침범하여 좌측으로 직진하던중 맞은편에서 우회전하는 차량과 충돌된 경우 도로교통법 제48조 제1항 안전운전의무위반에 따른 경과실 교통사고의 책임을 진다.

○ 1차량 기본과실 70%

중앙선을 넘지 않으면 도저히 갈 수 없어서 부득이하게 중앙선을 물고 간 것은 중앙선 침범 사고가 아니다. 비록 나에게 불법 주차된 차들 때문에 넘어가야 되지만 저기 차가 보이거나 오게 되면 오면 멈춰야 한다. 몇 초만 기다리면 되는데 그걸 못 기다리고 내가 간 것, 그것은 잘못이 있다.

81. 유턴 역방향 사고 ◑●●

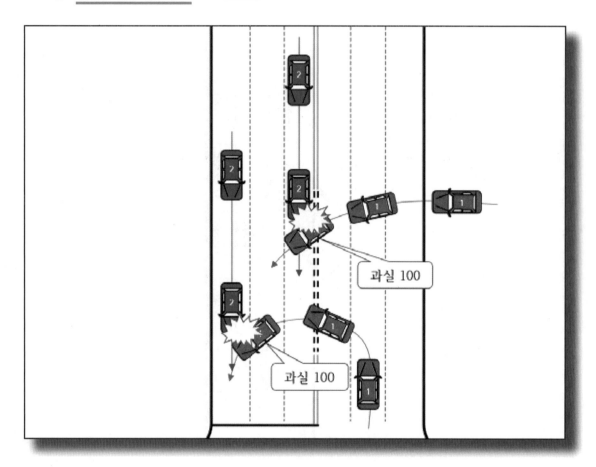

○ 1차량 가해차

　1차량은 중앙선 우측차로 또는 우측도로 아닌 곳에서 도로를 횡단하여 맞은편 백색점선으로
표시된 유턴지점으로 좌회전 또는 횡단하다가 맞은편에서 정상적으로 직진하는 2차량과 충돌된
경우 도로교통법 제13조 제3항 위반에 따른 중과실 교통사고의 책임을 진다. 유턴표시 속에는
황색 중앙선이 있다고 해석해야 한다. 노면에 흰색 점선 유턴표시와 유턴 화살표가 있는 곳에서
맞은편 진행차에게 방해가 없는 경우에 유턴할 수 있다. 노면에 유턴 화살표가 없는 맞은편에서
유턴할 경우 도로교통법 제13조 제3항의 우측 통행 규정을 위반한 것이 된다.

○ 1차량 기본과실 100%

82. 유턴구역 유턴 사고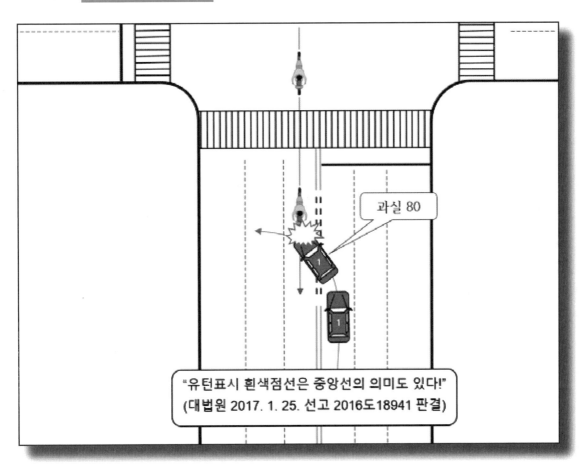

과실 80

"유턴표시 흰색점선은 중앙선의 의미도 있다!"
(대법원 2017. 1. 25. 선고 2016도18941 판결)

○ 1차량 가해차

대법원 2016도18941 판결에서는 피고인이 유턴을 상시 허용하는 안전표지에 따라 유턴 허용구역 내에서 흰색 점선인 표시선을 넘어 유턴하였는데, 피고인이 횡단한 부분의 도로에 도로교통법이 정하고 있는 중앙선이 그어져 있지는 않았지만 유턴 허용구역의 흰색점선에는 중앙선의 의미도 있다고 전제한 다음, 차량신호가 적색일 때는 중앙선과 같은 효력을 갖게 되어 중앙선 침범 사고로 처리해야 하는 것 아니냐에 대해 유턴지점에서 유턴을 함에 있어 지켜야 할 업무상 주의의무를 게을리한 과실로 인하여 발생한 사고일 뿐 중앙선 침범이라는 운행상의 과실을 직접원인으로 하여 발생한 것으로 볼 수 없다며 중앙선 침범에 대해서는 무죄를 선고하였다.

○ 1차량 기본과실 80%

83. 중앙선 침범 차량 피하며 추돌 사고 ●●●

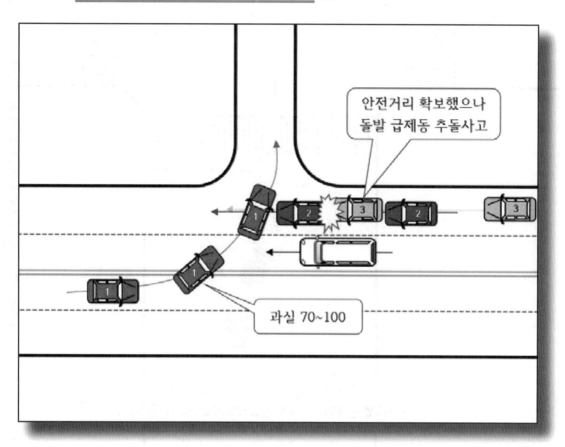

안전거리 확보했으나
돌발 급제동 추돌사고

과실 70~100

○ 1차량 가해차

　1차량은 중앙선 침범 좌회전 중 맞은편에서 정상적으로 직진하는 2차량과 3차량의 추돌사고에 대한 피해결과에 대해 도로교통법 제13조 제3항 위반에 따른 중과실 교통사고의 책임을 진다. 중앙선 침범이 사고발생에 직접원인이 되었으면 비접촉이라고 하여 책임이 달라지지 않는다. 3차량은 앞차가 갑자기 정지하게 되는 경우 그 앞차와의 충돌을 피할 수 있는 필요한 거리를 확보하여야 할 업무상주의의무가 있어 사안에 따라서는 도로교통법 제19조 제1항 안전거리 미확보에 따른 경과실 교통사고에 대한 책임을 질 수 있다.

○ 1차량 기본과실 5~30%

　뒷차의 운전자에게 앞차가 반대차선에서 중앙선을 넘어 운행하는 다른 차량과의 충돌로 인하여 갑자기 정지하는 경우에도 이를 피할 수 있을 정도의 거리를 확보하여야 할 정도의 의무를 부과한 것은 아니다(대법원 95다23590 판결, 대법원 97다41639 판결).

84. 미끄러진 도로 중앙선 침범 사고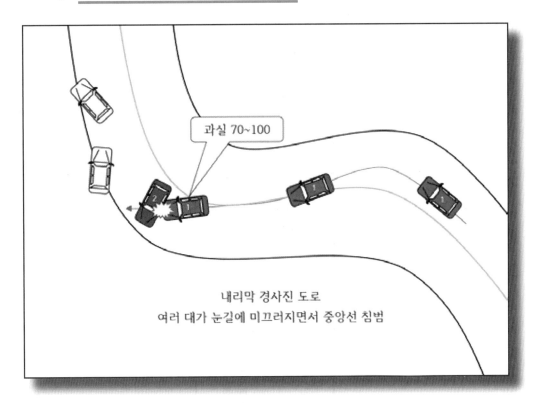

과실 70~100

내리막 경사진 도로
여러 대가 눈길에 미끄러지면서 중앙선 침범

○ 1차량 가해차

1차량은 눈길에 미끄러지면서 중앙선을 침범하여 사고로 멈춰있는 2차량을 충돌한 경우 도로교통법 제48조 제1항 안전운전의무위반에 따른 경과실 교통사고의 책임을 진다. 중앙선 침범에 대한 책임은 운전자의 고의나 중대한 과실이 있을 때 책임을 묻게 되므로 과속, 음주, 졸음, 무리한 앞지르기 등 선행행위가 있으면 중앙선 침범에 따른 중과실 교통사고의 책임을 진다(대판 2000도2671, 대판 2007도4459). 물론 법규를 준수했으나 예측불가능한 자연재해나 급격한 기온변화 등 갑작스런 교통환경의 변화 그리고 일반운전자의 운전방법으로 보아 비난하기 어려운 상태라면 중앙선을 침범했더라도 도로교통법 제13조 제3항 중앙선침범에 따른 중과실 교통사고 책임을 묻지는 않는다(대판 85도384).

○ 1차량 기본과실 70%

앞차가 정상적일 때 100:0이나, 미끄러졌고 삐딱하게 멈춰있으므로 과실이 있다. 앞차도 내가 미끄러질 수 있으면 뒷차도 미끄러질 수 있다는 것을 알아야 한다. 내려서 뒷차에게 사고났다는 것을 알렸어야 한다.

85. 앞지르기 사고

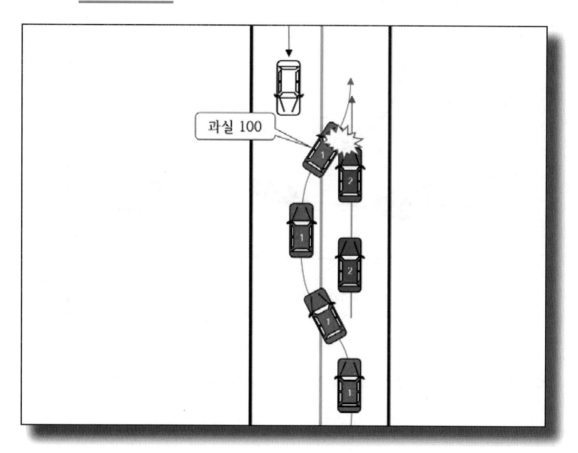

과실 100

○ 1차량 가해차

1차량은 황색실선 중앙선침범 좌회전 중 맞은편에서 직진중인 2차량과 충돌된 경우 도로교통법 제13조 제3항 중앙선침범에 따른 중과실 교통사고의 책임을 진다. 황색실선 (501)은 차마가 들어갈 수 없음을 뜻하고, 모든 차의 운전자는 중앙선이 설치된 곳에서는 우측으로 통행해야 한다. 앞지르기하다 복귀 중에 앞차와 사고가 나면 중앙선침범 사고로 처리된다.

○ 1차량 기본과실 100%

1차량은 현저한 과실이나 중과실(10~20) 있으면 20%까지 가산된다. 2차량은 진로양보의무위반(10), 앞지르기 방해금지 위반(20), 현저한 과실이나 중과실(10~20) 등이 있으면 50%까지 가산된다.

86. 중앙선 점선 앞지르기 중 사고 ●○○

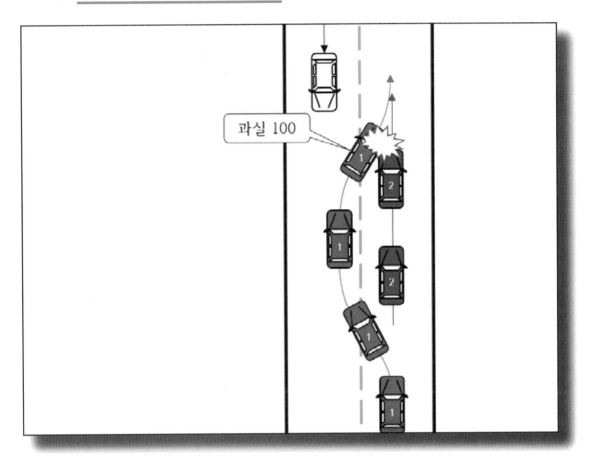

과실 100

○ 1차량 가해차

1차량은 황색점선 앞차를 앞지르기 하던 중 맞은편에서 직진중인 2차량과 충돌된 경우 도로교통법 제 13조 제 3항 중앙선침범에 다른 중과실 교통사고의 책임을 진다. 황색점선은 일시적으로 반대편 차로로 넘어갈 수 있으나 되돌아와야 한다. 앞지르기 후 복귀 중 앞차와 충돌되면 중앙선침범 사고이다(대판 86도2597).

○ 1차량 기본과실 : 100%

1차량은 앞지르기 위험 장소(5), 현저한 과실이나 중과실(10~20) 등이 있으면 25%까지 가산된다. 2차량은 진로양보의무 위반(10), 앞지르기 방해금지 위반(20), 현저한 과실이나 중과실(10~20) 등이 있으면 50%까지 가산된다.

87. 역주행 사고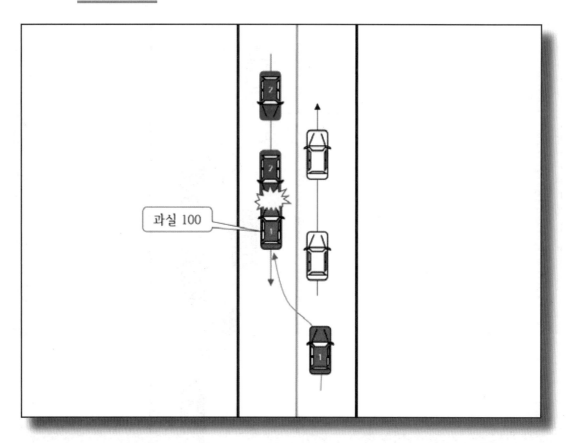

과실 100

○ 1차량 가해차

1차량은 황색실선 중앙선침범 좌회전 중 맞은편에서 직진중인 2차량과 충돌된 경우 도로교통법 제 13조 제3항 중앙선침범에 따른 중과실 교통사고의 책임을 진다. 황색실선(501)은 차마가 들어갈 수 없음을 뜻하고, 중앙선이 설치된 곳에서는 우측으로 통행해야 한다. 반대차선이거나 마주오던 차량이어야만 해당되는 것 아니고(대판 90도536), 중앙선을 침범했다고 하여 모두 중앙선침범 사고로 처리되는 것 아니다(대판 90도2000). 중앙선침범 직접원인 아니라며 무죄를 선고한 사례가 있다(대판 2014도276). 중앙선 우측차량이 과속했더라도 갑작스런 중침에 대한 과실은 물을 수 없다(대판 2000다67464).

○ 1차량 기본과실 100%

1차량은 추월금지장소에서 추월 (10), 현저한 과실이나 중과실(10~20) 등이 있으면 30%까지 가산되고, 2차량은 현저한 과실이나 중과실(10~20) 등이 있으면 20%까지 가산된다.

88. 역주행 사고(1)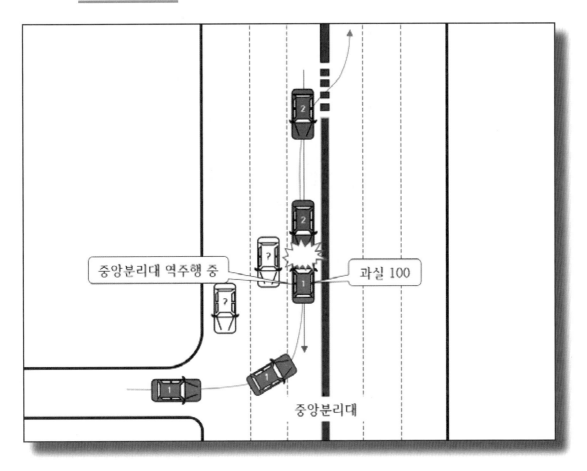

중앙분리대 역주행 중

과실 100

중앙분리대

○ 1차량 가해차

　1차량은 중앙분리대 설치지점에서 역주행하던 중 정상적으로 직진 중인 차량과 충돌된 경우 도로교통법 제13조 제3항 중앙선침범에 따른 중과실 교통사고의 책임을 진다. 상당한 거리 역주행은 중앙선침범과 동일하게 중과실 사고의 책임을 진다. 중앙선은 중앙분리대 등으로 차마 통행을 구분한 것이다. 2차량인 직진차량 과속이 있더라도 교통사고에 대한 책임을 묻긴 어렵다(대판2006다3295, 대판 99다19346 등).

○ 1차량 기본과실 100%

　1·2차량은 현저한 과실이나 중과실(10~20) 등이 있으면 20%까지 가산된다.

89. 동일방향 중앙선침범 사고 ⬤○○

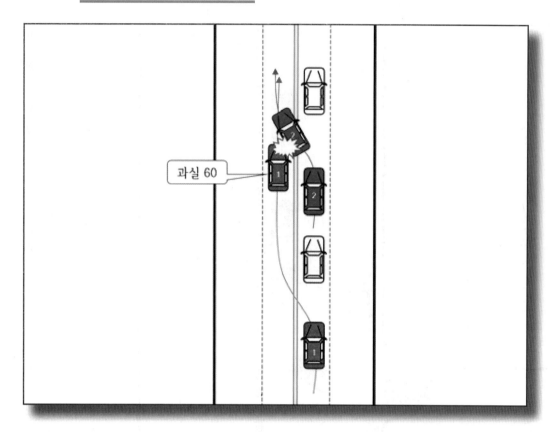

과실 60

○ 1차량 가해차

1차량은 황색실선 중앙선침범 좌회전 중 맞은편에서 직진중인 2차량과 충돌된 경우 도로교통법 제13조 제3항 중앙선침범에 따른 중과실 교통사고의 책임을 진다. 교특법 제3조 제2항 단서 제2호 전단의 도교법 제13조 제3항을 위반하여 중앙선을 침범한 경우라 함은 중앙선 침범행위가 교통사고 발생의 직접 원인이 된 경우를 말하므로 직접적인 원인이 아니면 중앙선 침범으로 일어났다고 하더라도 모두 이에 포한되는 것은 아니다(대판 90도2000, 대판 2005도5010, 대판 2016도857 등). 중앙선침범 교통사고의 차선이거나 마주오던 차량이어야만 해당되는 것 아니고(대판 90도536).

○ 1차량 기본과실 60%

1차량은 현저한 과실이나 중대한 과실 (10~20) 등이 있으면 20%까지 가산된다. 2차량은 현저한 과실이나 중과실은(10~20) 등이 있으면 20%까지 가산되고, 왼쪽 방향지시등 작동했으면 5% 감산된다.

90. 주차목적 멈춘 차 앞지르기 사고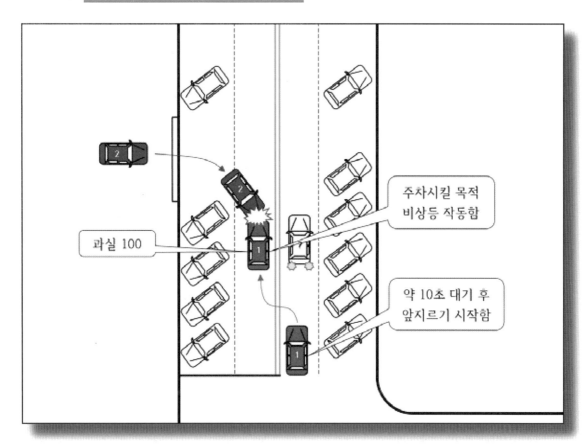

주차시킬 목적
비상등 작동함

과실 100

약 10초 대기 후
앞지르기 시작함

○ 1차량 가해차

1차량은 앞서 있던 승용차가 비상등 작동하고 정지해 있음에 중앙선을 침범하여 앞지르기 하던 중 맞은편에서 우회전 중인 차량과 충돌된 경우 도로교통법 제48조 제1항 안전운전의무 위반에 따른 경과실 교통사고의 책임을 진다. 일시 멈춘 차를 앞지르기 하는 것이 정상인지 아닌지에 대해서는 전반적인 교통상황을 살펴 종합적으로 판단한다.

○ 차량 기본과실 100%

91. 신호등 없는 교차로 사고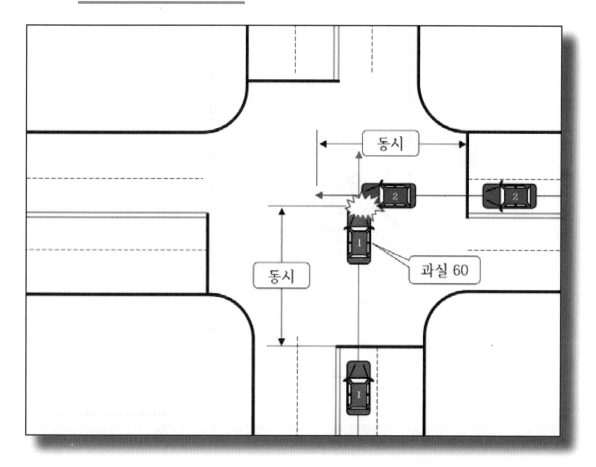

○ 1차량 가해차

1차량은 교차로에서 직진 중 우측에서 직진하는 2차량과 충돌된 경우 도로교통법 제26조 제3항 교차로통행방법 위반에 따른 경과실 교통사고의 책임을 진다. 교차로에 동시에 들어갈 경우 우측차에게 양보해야 한다. 우측차 우선권은 교차로에 진입할 때 서행 또는 일시정지 등 법규를 준수하고 안전하게 운전했음에도 교통사고가 발생된 상태에서 누가 양보할 것인지에 대한 선택이다. 선진입이나 운전부주의 등 변수 많아 사고 이후 결과만으로 우측차량 우선권에 따른 피해자 주장은 받아들여지지 않을 수 있다.

○ 1차량 기본과실 60%

1 · 2차량은 대형차(5), 현저한 과실이나 중과실(10~20) 등이 있으면 25%까지 가산되고, 서행이나 일시정지 등이 있으면 감산된다.

도로교통법

제25조(교차로 통행방법)

① 모든 차의 운전자는 교차로에서 우회전을 하려는 경우에는 미리 도로의 우측 가장자리를 서행하면서 우회전하여야 한다. 이 경우 우회전하는 차의 운전자는 신호에 따라 정지하거나 진행하는 보행자 또는 자전거에 주의하여야 한다.

② 모든 차의 운전자는 교차로에서 좌회전을 하려는 경우에는 미리 도로의 중앙선을 따라 서행하면서 교차로의 중심 안쪽을 이용하여 좌회전하여야 한다. 다만, 지방경찰청장이 교차로의 상황에 따라 특히 필요하다고 인정하여 지정한 곳에서는 교차로의 중심 바깥쪽을 통과할 수 있다.

③ 제2항에도 불구하고 자전거의 운전자는 교차로에서 좌회전하려는 경우에는 미리 도로의 우측 가장자리로 붙어 서행하면서 교차로의 가장자리 부분을 이용하여 좌회전하여야 한다.

④ 제1항부터 제3항까지의 규정에 따라 우회전이나 좌회전을 하기 위하여 손이나 방향지시기 또는 등화로써 신호를 하는 차가 있는 경우에 그 뒤차의 운전자는 신호를 한 앞차의 진행을 방해하여서는 아니 된다.

⑤ 모든 차 또는 노면전차의 운전자는 신호기로 교통정리를 하고 있는 교차로에 들어가려는 경우에는 진행하려는 진로의 앞쪽에 있는 차 또는 노면전차의 상황에 따라 교차로(정지선이 설치되어 있는 경우에는 그 정지선을 넘은 부분을 말한다)에 정지하게 되어 다른 차 또는 노면전차의 통행에 방해가 될 우려가 있는 경우에는 그 교차로에 들어가서는 아니 된다.

⑥ 모든 차의 운전자는 교통정리를 하고 있지 아니하고 일시정지나 양보를 표시하는 안전표지가 설치되어 있는 교차로에 들어가려고 할 때에는 다른 차의 진행을 방해하지 아니하도록 일시정지하거나 양보하여야 한다.

제26조(교통정리가 없는 교차로에서의 양보운전)

① 교통정리를 하고 있지 아니하는 교차로에 들어가려고 하는 차의 운전자는 이미 교차로에 들어가 있는 다른 차가 있을 때에는 그 차에 진로를 양보하여야 한다.

② 교통정리를 하고 있지 아니하는 교차로에 들어가려고 하는 차의 운전자는 그 차가 통행하고 있는 도로의 폭보다 교차하는 도로의 폭이 넓은 경우에는 서행하여야 하며, 폭이 넓은 도로로부터 교차로에 들어가려고 하는 다른 차가 있을 때에는 그 차에 진로를 양보하여야 한다.

③ 교통정리를 하고 있지 아니하는 교차로에 동시에 들어가려고 하는 차의 운전자는 우측도로의 차에 진로를 양보하여야 한다.

④ 교통정리를 하고 있지 아니하는 교차로에서 좌회전하려고 하는 차의 운전자는 그 교차로에서 직진하거나 우회전하려는 다른 차가 있을 때에는 그 차에 진로를 양보하여야 한다.

교통사고처리특례법

제3조(처벌의 특례)

① 차의 운전자가 교통사고로 인하여 「형법」 제268조의 죄를 범한 경우에는 5년 이하의 금고 또는 2천만원 이하의 벌금에 처한다.

② 차의 교통으로 제1항의 죄 중 업무상과실치상죄(業務上過失致傷罪) 또는 중과실치상죄(重過失致傷罪)와 「도로교통법」 제151조의 죄를 범한 운전자에 대하여는 피해자의 명시적인 의사에 반하여 공소(公訴)를 제기할 수 없다.

제4조(보험 등에 가입된 경우의 특례) ① 교통사고를 일으킨 차가 「보험업법」 제4조, 제126조, 제127조 및 제128조, 「여객자동차 운수사업법」 제60조, 제61조 또는 「화물자동차 운수사업법」 제51조에 따른 보험 또는 공제에 가입된 경우에는 제3조 제2항 본문에 규정된 죄를 범한 차의 운전자에 대하여 공소를 제기할 수 없다.

92. 우측 선진입 직진 사고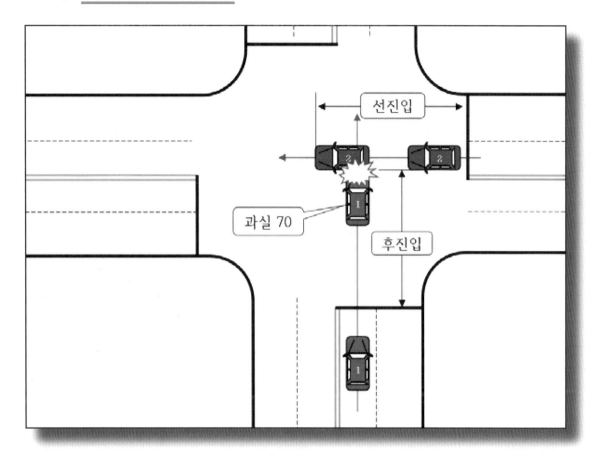

○ 1차량 가해차

1차량은 교차로에서 직진 중 우측에서 직진하는 2차량과 충돌된 경우 도로교통법 제26조 제1항 선진입차 양보불이행 등에 따른 경과실 교통사고의 책임을 진다. 교차로에 이미 진입한 차량이 있으면 양보해야 한다. 도로 폭이 동일한 경우 명백한 선진입이 아닌 경우로 처리된다. 선진입 거리는 속력에 비례하여 일시정지나 서행 등 여부에 달라질 수 있어 분명한 선진입이어야 하고 순간적 선진입은 원칙적으로 동시 진입으로 본다. 가해차 구분할 때 도로폭이나 직진 좌회전에 더해 차량의 흐름 등 종합적으로 판단하여 결정한다.

○ 1차량 기본과실 70%

1·2차량은 대형차(5), 현저한 과실이나 중과실(10~20) 등이 있으면 25%까지 가산되고, 서행이나 일시정지 등이 있으면 감산된다.

93. 우측 후진입 직진 사고 ●○○

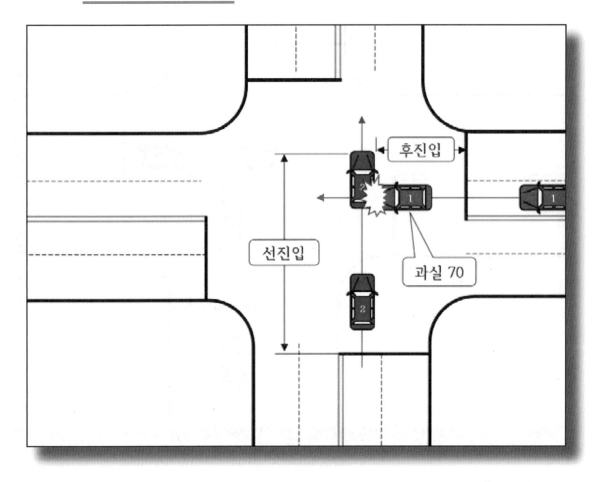

후진입

선진입

과실 70

○ 1차량 가해차

1차량은 동일 도로 폭이 동일한 교차로에서 직진 중 우측에서 직진하는 2차량과 충돌된 경우 도로교통법 제26조 제1항 선진입차 양보불이행 등에 따른 경과실 교통사고의 책임을 진다. 교차로에 이미 진입한 차량이 있으면 양보해야 한다. 도로 폭이 동일한 경우 명백한 선진입이 아닌 경우로 처리된다. 선진입 거리는 속력에 비례하여 일시정지나 서행 등 여부에 달라질 수 있어 분명한 선진입이어야 하고 순간적 선진입은 원칙적으로 동시 진입으로 본다. 가해차 구분할 때 도로폭이나 직진 좌회전에 더해 차량의 흐름 등 종합적으로 판단하여 결정한다.

○ 1차량 기본과실 70%

1 · 2차량은 대형차(5), 현저한 과실이나 중과실(10~20) 등이 있으면 25%까지 가산되고, 서행이나 일시정지 등이 있으면 10% 감산된다.

94. 대로와 소로 사고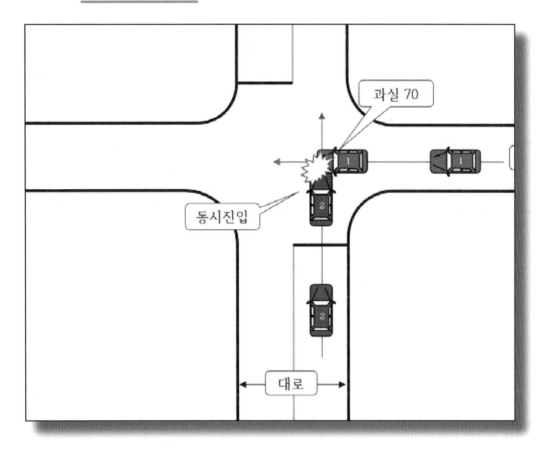

○ 1차량 가해차

1차량은 좁은 도로에서 직진 중 넓은 도로에서 직진하는 2차량을 충돌한 경우 도로교통법 제26조 제2항 넓은도로 진입차 양보불이행에 따른 경과실 교통사고의 책임을 진다. 도로의 폭이 넓은지를 판단함에는 계측상의 비교에 의하여 일률적으로 결정할 것이 아니고 운전 중에 있는 통상의 운전자가 그 판단에 의하여 자기가 진행하고 있는 도로의 폭이 교차하는 폭보다는 객관적으로 상당히 넓다고 일견하여 분별할 수 있는지 여부로 결정된다(대판 97다14187). 동시에 진입하는 경우 우측차 우선권이 있으나 도로 폭이 다를 경우 넓은 차로 진행차를 우선한다.

○ 1차량 기본과실 70%

1차량은 대형차(5), 현저한 과실이나 중과실(10~20) 등이 있으면 25%까지 가산된다. 2차량은 대형차(5), 현저한 과실이나 중과실(10~20) 등이 있으면 25%까지 가산되고 서행이나 일시정지 등이 있으면 10% 감산된다.

95. 대로 직진 중 사고 ●●●

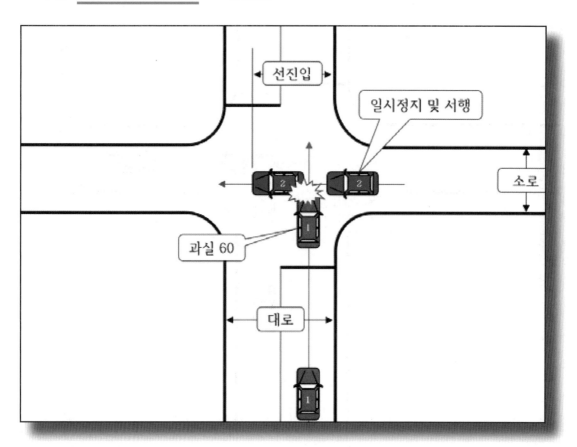

○ 1차량 가해차

1차량은 넓은 도로에서 직진 중 좁은 도로에서 선 직진하는 2차량을 충돌한 경우 도로교통법 제26조 제1항 선진입차 양보불이행에 따른 경과실 교통사고의 책임을 진다. 대로에서 과속한 차와 소로에서 서행한 차가 충돌된 경우, 신호등 없는 교차로에서 일시정지나 서행을 해야 한다는 도로교통법 제31조 규정을 준용받아 넓은 도로 과속한 차의 과실이 더 많고(서울중앙지법 2018다44045), 중과실 과속사고에 대한 형사책임을 질 수도 있다. 일반적으로 도로 폭이 다른 신호등 없는 교차로에서의 과실은 교통흐름, 사고 전 속도, 충돌부위 등을 종합하여 결정한다.

○ 1차량 기본과실 60%

1차량은 대형차(5), 현저한 과실이나 중과실(10~20) 등이 있으면 25%까지 가산되고 서행이나 일시정지 등이 있으면 10% 감산된다. 2차량은 대형차(5), 현저한 과실이나 중과실(10~20) 등이 있으면 25%까지 가산된다.

96. 대로 직진 중 사고(1)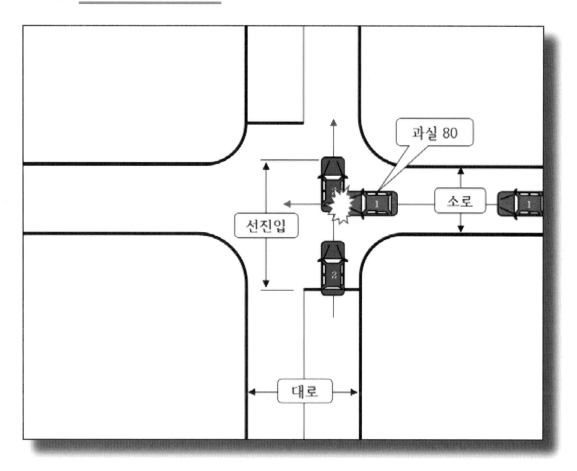

○ 1차량 가해차

1차량은 좁은 도로에서 직진 중 넓은 도로에서 선 직진하는 2차량을 충돌한 경우 도로교통법 제26조 제1항 선진입차 양보불이행에 따른 경과실 교통사고의 책임을 진다. 도로의 폭이 넓은 지를 판단함에는 계측상의 비교에 의하여 일률적으로 결정할 것이 아니고 운전 중에 있는 통상의 운전자가 그 판단에 의하여 자기가 진행하고 있는 도로의 폭이 교차하는 폭보다는 객관적으로 상당히 넓다고 일견하여 분별할 수 있는지 여부로 결정된다(대판 97다14187).

○ 1차량 기본과실 80%

1차량은 대형차(5), 현저한 과실이나 중과실(10~20) 등이 있으면 25%까지 가산되고 서행이나 일시정지 등이 있으면 10% 감산된다. 2차량은 대형차(5), 현저한 과실이나 중과실(10~20) 등이 있으면 25%까지 가산된다.

[넓은 도로 우선권과 판단]

▶ **대법원 1997. 6. 27. 선고 97다14187 판결**

자기 차량이 통행하고 있는 도로의 폭보다 교차하는 도로의 폭이 넓은 지 여부는 통행 우선순위를 결정하는 중요한 기준이 되므로, 이를 엄격히 해석.적용할 것이 요구되는 한편, 차량이 교차로를 통행하는 경우 그 통행하고 있는 도로와 교차하는 도로의 폭의 차가 근소한 때에는 눈의 착각 등에 의하여 그 어느쪽이 넓은지를 곧바로 식별하기 어려운 경우가 적지 않으므로 교차하는 도로 중 어느 쪽의 폭이 넓은지를 판단함에는 양 도로 폭의 계측상의 비교에 의하여 일률적으로 결정할 것이 아니고 운전 중에 있는 통상의 운전자가 그 판단에 의하여 자기가 진행하고 있는 도로의 폭이 교차하는 도로의 폭보다는 객관적으로 상당히 넓다고 일견하여 분별할 수 있는지 여부로 결정해야 한다. A 차량이 진행하여 온 도로의 실측상 노폭이 9.5미터이고 B 차량 진행해 오던 도로 노폭이 11미터 로서 양 도로의 폭은 서로 1.5.미터 차이가 있으나 모두 시가지 중심도로로서 편도 3차로의 차도와 보도의 구분이 있는 시실이다. B 차량이 진행하여 오던 도로가 폭이 넓은 도로에 해당한다고 보기 어렵다.

▶ **서울중앙지방법원 2015. 10. 16. 선고 2014나66115 판결**

신호등이 없는 교차로에서 주간에 소로를 이용하여 좌회전을 한 A차량과 대로를 이용하여 좌회전한 B 차량간의 사고 B 차량 과실은 40%이다.

97. 소로 좌회전 사고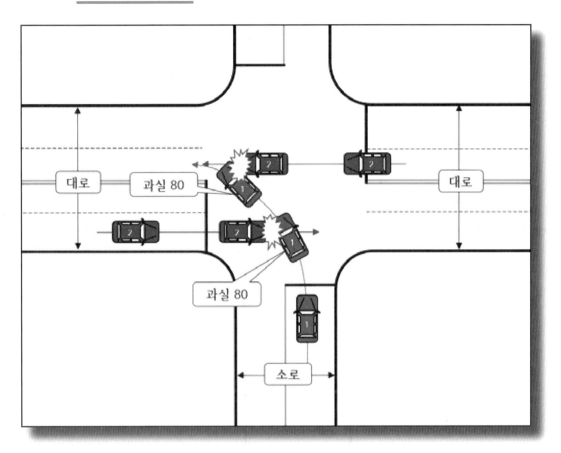

○ 1차량 가해차

　1차량은 소로에서 좌회전 중 대로 좌측에나 맞은편 우측에서 직진하는 2차량과 충돌된 경우 도로교통법 제26조 제4항의 직진차량 양보불이행에 따른 경과실 교통사고의 책임을 진다. 좌회전 차량은 직진차량에게 양보해야 하고 속도를 줄이고 안전하게 운전해야 한다. 넓은 도로 진행 차량은 좁은 도로의 차량이 법규에 따라 적절한 행동을 취하리라고 신뢰하고 운전한다고 할 것이므로 좁은 도로 진입차량이 양보해야 한다.

○ 1차량 기본과실 80%

　1차량은 소좌회전·대좌회전(5), 대형차(5), 서행불이행(10), 좌회전 금지구간(20), 현저한 과실이나 중과실(5~10) 등이 있으면 50%까지 가산되고, 명확한 선진입이나 이미 좌회전(10~20) 했으면 20%까지 감산된다. 2차량은 대형차(5), 서행불이행(10), 현저한 과실이나 중과실(10~20) 등이 있으면 35%까지 가산된다.

98. 소로 직진 사고 ●●●

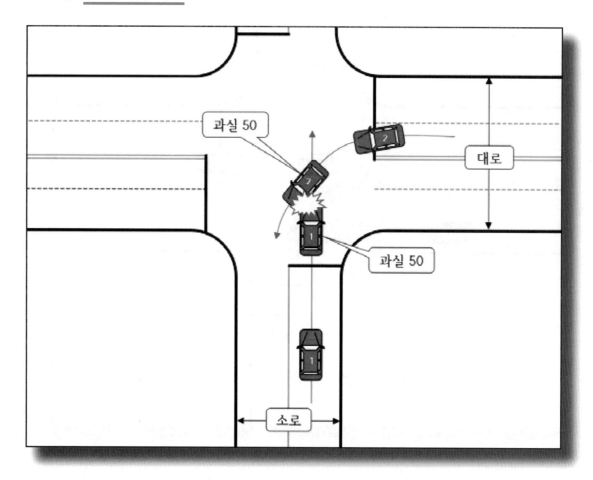

○ 1차량 가해차

1차량은 소로에서 직진 중 대로에서 좌회전 중인 차량과 충돌된 경우 도로교통법 제26조 제4항의 직진차량 양보불이행에 따른 경과실 교통사고의 책임을 진다. 과실이 대등한 상태에서 좌회전과 직진사고에서 좁은 도로에서 막 진입한 차량이 가해차로 지정된다. 2차량도 쌍방 경과실 교통사고에 대한 책임을 질 수 있다.

○ 1차량 기본과실 50%

1차량은 대형차(5), 서행불이행(10), 현저한 과실이나 중과실(10~20) 등이 있으면 35%까지 가산된다. 2차량은 소좌회전·대좌회전(5), 대형차(5), 서행불이행(10), 좌회전 금지구간(20), 현저한 과실이나 중과실(5~10) 등이 있으면 50%까지 가산되고, 명확한 선진입이나 이미 좌회전(10~20) 했으면 20%까지 감산된다.

99. 대로 좌회전 사고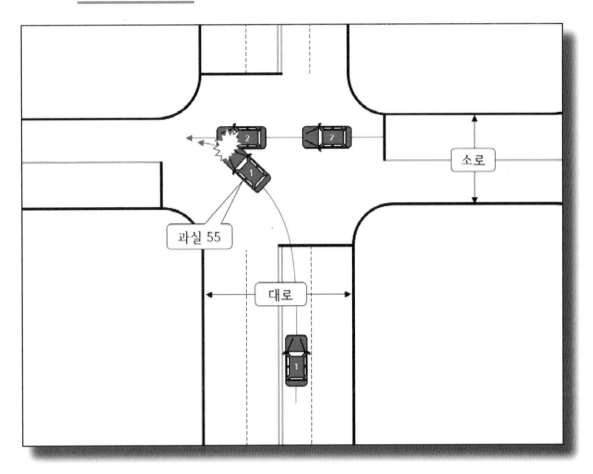

○ 1차량 가해차

1차량은 대로에서 좌회전 중 우측 소로에서 선진입 후 직진 중인 2차량을 충돌한 경우 도로교통법 제26조 제1항의 선진입, 제4항의 직진차량 양보불이행 등에 따른 경과실 교통사고의 책임을 진다. 2차량도 쌍방 경과실 교통사고에 대한 책임을 질 수 있다.

○ 1차량 기본과실 55%

1차량은 대좌회전(5), 대형차(5), 서행불이행(10), 좌회전금지구간(20), 현저한 과실이나 중과실(5~10) 등 있으면 50%까지 가산되고, 명확한 선진입이나 이미 좌회전 했으면 20%까지 감산된다. 2차량은 대형차(5), 서행불이행(10), 현저한 과실이나 중과실(10~20) 등이 있으면 35%까지 가산된다.

100. 좌회전과 직진 교차로 사고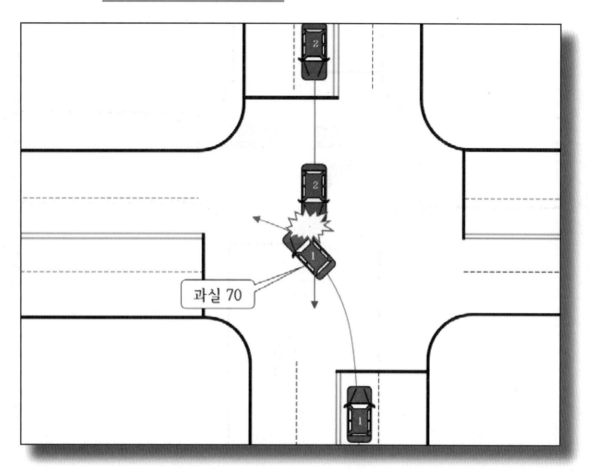

과실 70

○ 1차량 가해차

1차량은 좌회전 중 맞은편에서 직진중인 2차량과 충돌된 경우 도로교통법 제26조 제4항의 직진차량 양보불이행에 따른 경과실 교통사고의 책임을 진다. 좌회전 차량은 직진차량에게 양보해야 하고 속도를 줄이고 안전하게 운전해야 한다.

○ 1차량 기본과실 70%

1차량은 소좌회전·대좌회전(5), 대형차(5), 서행불이행(10), 간선도로 좌회전(10), 급좌회전(5), 현저한 과실이나 중과실(10~20) 등이 있으면 50%까지 가산되고, 이미 좌회전 했으면 30% 감산된다. 2차량은 현저한 과실이나 중과실(10~20) 등이 있으면 20%까지 가산된다.

101. 좌회전 사고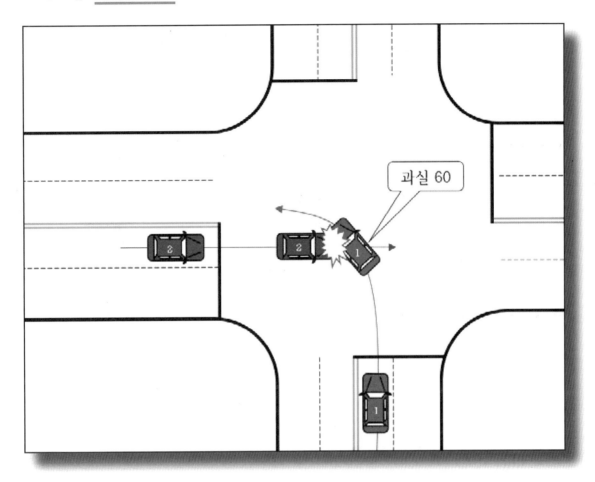

○ 1차량 가해차

1차량은 좌회전 중 좌측에서 직진중인 2차량과 충돌된 경우 도로교통법 제26조 제4항의 직진차량 양보불이행에 따른 경과실 교통사고의 책임을 진다. 좌회전 차량은 직진차량에게 양보해야 하고 속도를 줄이고 안전하게 운전해야 한다.

○ 1차량 기본과실 60%

1차량은 소좌회전·대좌회전(5), 대형차(5), 서행불이행(10), 좌회전 금지구간(20), 현저한 과실이나 중과실(5~10) 등이 있으면 50%까지 가산되고, 이미 좌회전 했으면 20% 감산된다. 2차량은 대형차(5), 서행불이행(10), 현저한 과실이나 중과실(10~20) 등이 있으면 35%까지 가산되고, 명확한 선진입이면 10% 감산된다.

102. 좌회전 중 사고 ●●●

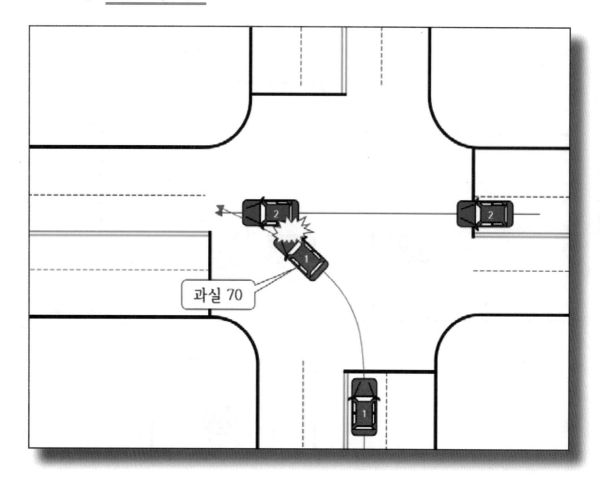

과실 70

○ 1차량 가해차

1차량은 좌회전 중 우측에서 직진중인 2차량과 충돌된 경우 도로교통법 제26조 제4항의 직진차량 양보불이행에 따른 경과실 교통사고의 책임을 진다. 좌회전 차량은 직진차량에게 양보해야 하고 속도를 줄이고 안전하게 운전해야 한다.

○ 1차량 기본과실 70%

1차량은 소좌회전·대좌회전(5), 대형차(5), 서행불이행(10), 좌회전 금지구간(20), 현저한 과실이나 중과실(5~10) 등이 있으면 50%까지 가산되고, 명확한 선진입이나 이미 좌회전(10~20) 했으면 20%까지 감산된다. 2차량은 대형차(5), 서행불이행(10), 현저한 과실이나 중과실(10~20) 등이 있으면 35%까지 가산된다.

103. 우회전과 직진 사고 ●●●

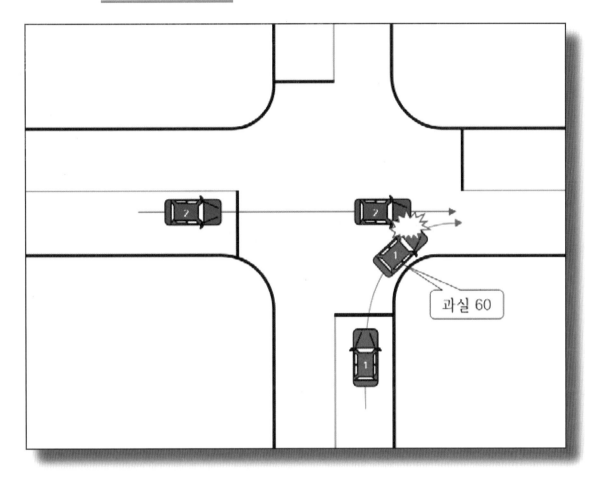

과실 60

○ 1차량 가해차

1차량은 우회전 중 좌측에서 직진하는 2차량과 충돌되면 도로교통법 제25조 제1항 교차로 통행방법위반에 따른 경과실 교통사고의 책임을 진다. 교차로에서 우회전할 때는 미리 도로의 우측 가장자리를 서행하면서 우회전 해야 한다. 교차로에 진입할 때 이미 교차로에 들어가 있는 차가 있는지 살펴야 하고, 교통상황에 따라 안전하게 운전해야 한다.

○ 1차량 기본과실 60%(소로 우회전 기본과실 70%)

1차량은 대형차(5), 서행불이행(10), 대우회전(10), 현저한 과실이나 중과실(10~20) 등이 있으면 45%까지 가산된다. 2차량은 서행불이행(10), 현저한 과실이나 중과실(10~20) 등이 있으면 30%까지 가산된다.

104. 우회전 중 사고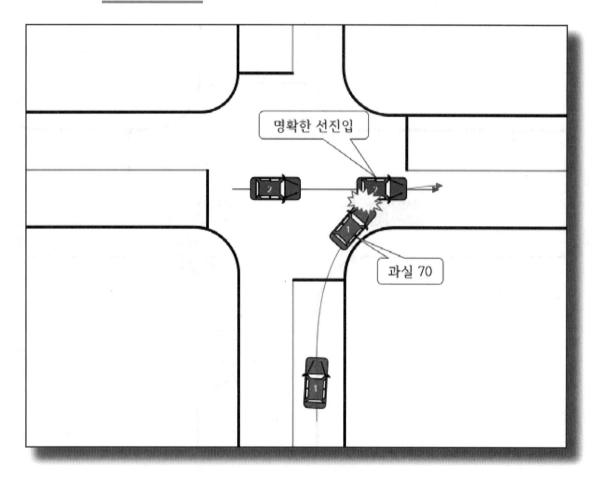

명확한 선진입

과실 70

○ 1차량 가해차

1차량은 우회전 중 좌측에서 이미 교차로에 진입하여 직진하고 있는 2차량을 충돌한 경우 도로교통법 제25조 제1항 교차로 통행방법위반에 따른 경과실 교통사고의 책임을 진다. 교차로에서 우회전할 때는 도로의 우측 가장자리를 서행하면서, 교차로 진입차가 있는지 살피며 교통상황에 따라 안전하게 운전해야 한다.

○ 1차량 기본과실 70%

1차량은 대형차(5), 서행불이행(10), 대우회전(10), 현저한 과실이나 중과실(10~20) 등이 있으면 45%까지 가산된다. 2차량은 서행불이행(10), 현저한 과실이나 중과실(10~20) 등이 있으면 30%까지 가산된다.

105. 우회전 중 사고(1)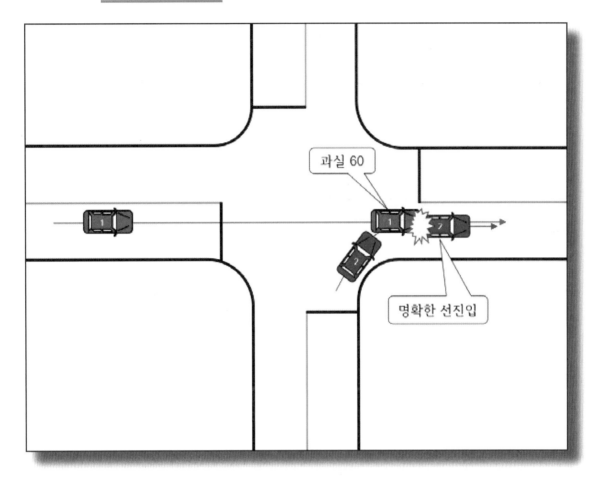

과실 60

명확한 선진입

○ 1차량 가해차

　1차량은 직진 중 우측에서 이미 교차로에 진입하여 우회전하는 2차량을 충돌한 경우 도로교통법 제25조 제1항 선진입 차량 양보불이행에 따른 경과실 교통사고의 책임을 진다. 신호등 없는 교차로에서는 교차로 진입차량이 있는지 살피며 교통상황에 따라 안전하게 운전해야 한다.

○ 1차량 기본과실 60%

　1차량은 대형차(5), 서행불이행(10), 대우회전(10), 현저한 과실이나 중과실(10~20) 등이 있으면 45%까지 가산된다. 2차량은 서행불이행(10), 현저한 과실이나 중과실(10~20) 등이 있으면 30%까지 가산된다.

106. 소로 우회전 중 사고 ⚫⚫⚫

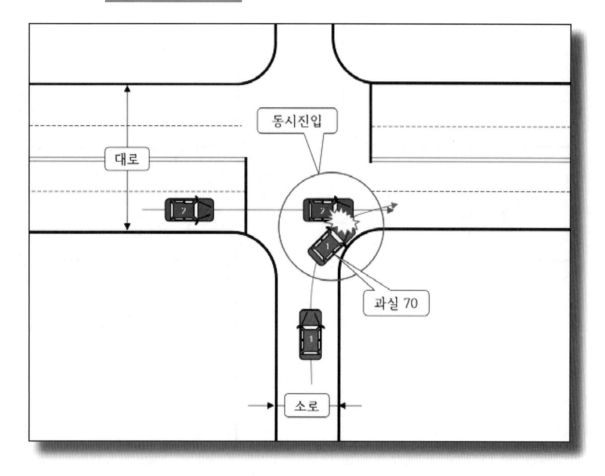

○ 1차량 가해차

1차량은 소로에서 우회전 중 대로에서 동시에 직진하는 2차량과 충돌한 경우 도로교통법 제 25조 제2항 넓은도로 진입차 양보 불이행에 따른 경과실 교통사고의 책임을 진다.

○ 1차량 기본과실 70%

1차량은 대형차(5), 서행불이행(10), 대우회전(10), 현저한 과실이나 중과실(10~20) 등이 있으면 45%까지 가산된다. 2차량은 서행불이행(10), 현저한 과실이나 중과실(10~20) 등이 있으면 30%까지 가산된다.

107. 소로 우회전 중 사고(1)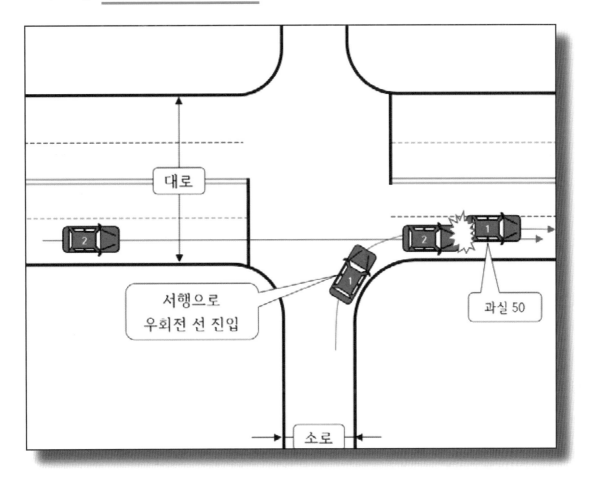

대로

서행으로
우회전 선 진입

과실 50

소로

○ 1차량 가해차

1차량은 소로에서 우회전 중 대로에서 직진하는 2차량과 충돌된 경우 도로교통법 제25조 제2항 넓은도로 진입차 양보 불이행에 따른 경과실 교통사고의 책임을 진다. 우회전을 완료했다고 볼 수 없어 직진차가 있을 경우 양보하지 않은 과실을 크게 묻는다. 2차량 역시 우측에서 우회전하는 선진입차를 양보하지 않았음이 확인되면 도로교통법 제25조 제1항 선진입차 양보불이행에 따른 경과실 교통사고의 책임을 질 수 있다.

○ 1차량 기본과실 50%

1차량은 대형차(5), 서행불이행(10), 대우회전(10), 현저한 과실이나 중과실(10~20) 등이 있으면 45%까지 가산된다. 2차량은 서행불이행(10), 현저한 과실이나 중과실(10~20) 등이 있으면 30%까지 가산된다.

108. 소로 직진 중 사고 ●●●

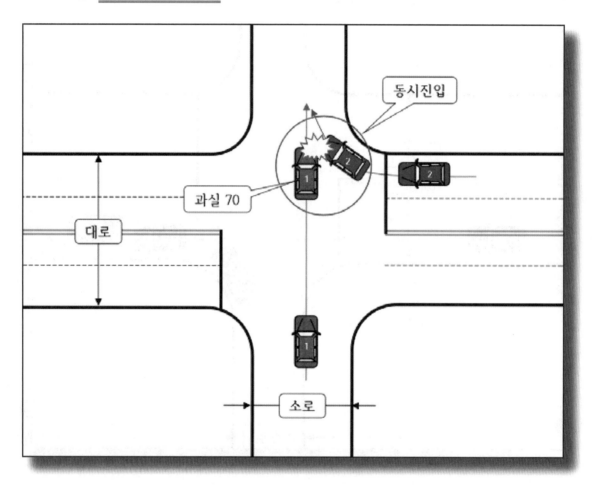

○ 1차량 가해차

1차량은 소로에서 직진 중 맞은편 우측에서 동시에 우회전 중인 2차량과 충돌된 경우 도로교통법 제25조 제2항 넓은도로 진입차 양보 불이행에 따른 경과실 교통사고의 책임을 진다. 2차량은 도로교통법 제25조 제1항 선진입차 양보불이행에 따른 경과실 교통사고의 책임을 질 수 있다.

○ 1차량 기본과실 70%

1차량은 서행불이행(10), 현저한 과실이나 중과실(10~20) 등이 있으면 30%까지 가산된다. 2차량은 대형차(5), 서행불이행(10), 대우회전(10), 현저한 과실이나 중과실(10~20) 등이 있으면 45%까지 가산된다.

109. 소로 직진 중 사고(1) ⚫⚪⚪

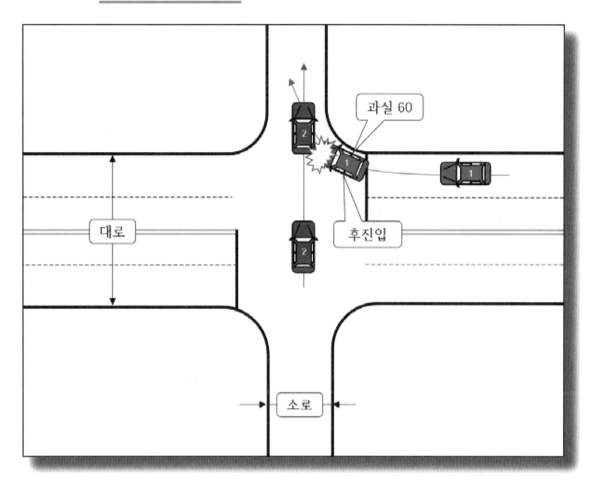

○ 1차량 가해차

1차량은 우회전 중 소로에서 선진입 직진하는 2차량을 충돌한 경우 도로교통법 제25조 제1항 선진입차 양보불이행에 따른 경과실 교통사고의 책임을 진다. 2차량은 서행이나 일시정지 등을 하지 않았거나 넓은 도로 진행차가 있음에도 무리하게 진입한 경우 도로교통법 제25조 제2항 넓은도로 진행차량 양보불이행에 따른 경과실 교통사고의 책임을 질 수 있다.

○ 1차량 기본과실 60%

1차량은 서행불이행(10), 현저한 과실이나 중과실(10~20) 등이 있으면 30%까지 가산된다. 2차량은 대형차(5), 서행불이행(10), 대우회전(10), 현저한 과실이나 중과실(10~20) 등이 있으면 45%까지 가산된다.

110. 교차로 진로변경 중 사고 🚦

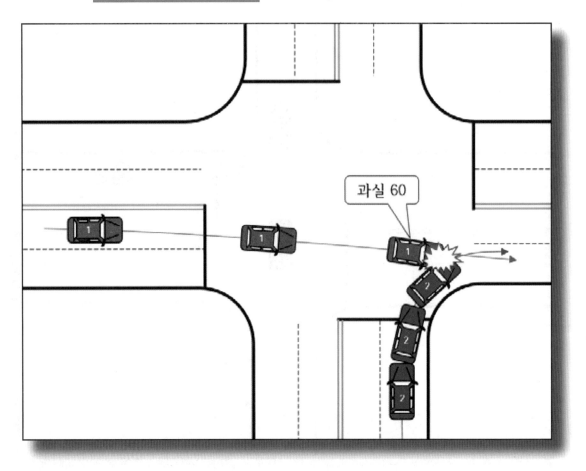

과실 60

○ 1차량 가해차

1차량은 교차로에서 진로변경하며 직진 중 우회전 차량을 충돌한 경우 도로교통법 제19조 제3항 진로변경방법위반이나 제48조 제1항 안전운전의무위반 등에 따른 경과실 교통사고의 책임을 진다. 직진차량이 우회전 차량보다 우선권 있고, 교차로 내에서의 진로변경 금지규정은 없다. 2차량은 직진차량의 진로변경 사실을 인식하기 어려워 상대적으로 과실이 적다. 물론 직진 신호등이 설치된 경우라면 우회전 차량의 잘못이 더 있다.

○ 1차량 기본과실 60%

1차량은 진로변경 신호불이행·지연(10), 현저한 과실이나 중과실(10~20) 등이 있으면 40%까지 가산된다. 2차량은 우회전 신호 불이행(10), 급우회전(10), 현저한 과실이나 중과실(10~20) 등이 있으면 30%까지 가산된다.

111. 좌회전과 좌회전 사고 ●●●

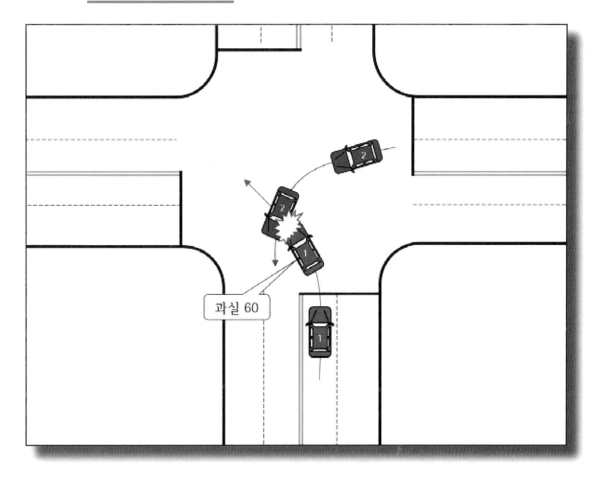

과실 60

○ 1차량 가해차

1차량은 좌회전 중 우측에서 좌회전 중인 2차량을 충돌한 경우 도로교통법 제26조 제3항 교차로 통행방법위반에 따른 경과실 교통사고의 책임을 진다. 좌회전과 좌회전 사고는 과실이 대등하나 우측차에게 우선권을 두는 것이 옳고 과실의 비율은 차량의 속도, 충돌 부위, 교통흐름 등을 종합하여 결정된다.

○ 1차량 기본과실 60%

1 · 2차량은 대형차(5), 좌회전 방법 위반이나 좌회전 금지 위반(10~20), 현저한 과실이나 중대한 과실(10~20) 등이 있으면 45%까지 가산된다.

112. 소로 좌회전 중 사고 ●●●

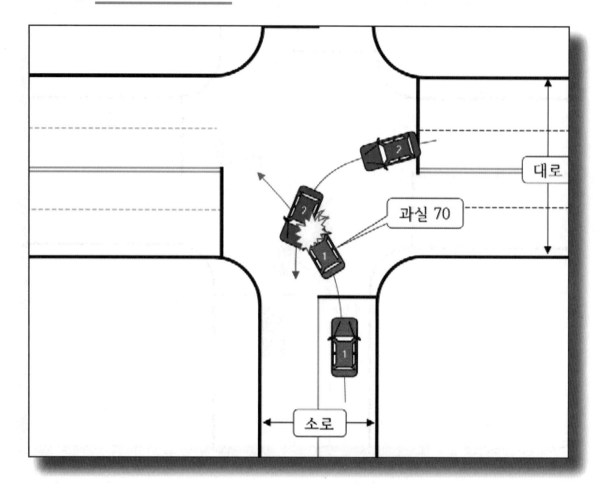

○ 1차량 가해차

1차량은 소로에서 좌회전 중 대로에서 좌회전 중인 2차량과 충돌된 경우 도로교통법 제26조 제2항 넓은 차로 우선권 원칙에 따른 교차로 통행방법 위반에 따른 경과실 교통사고의 책임을 진다. 좌회전과 좌회전 사고는 과실이 대등하나 우측차량에게 우선권을 두는 것이 옳고 과실의 비율은 차량의 속도, 충돌 부위, 교통흐름 등을 종합하여 결정된다.

○ 1차량 기본과실 70%

1·2차량은 대형차(5), 좌회전 방법 위반이나 좌회전 금지 위반(10~20), 현저한 과실이나 중대한 과실(10~20) 등이 있으면 45%까지 가산되고, 명확한 선진입은 30% 감산된다.

113. 소로 좌회전 중 사고(1) ●●●

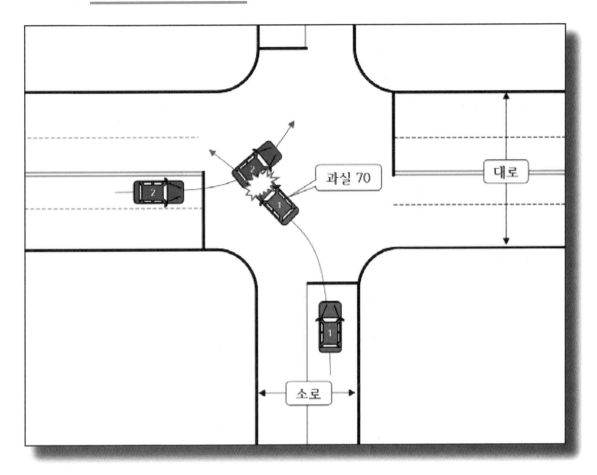

○ 1차량 가해차

1차량은 소로에서 좌회전 중 대로에서 좌회전 중인 2차량과 충돌된 경우 도로교통법 제26조 제2항 넓은 차로 우선권 원칙에 따른 교차로 통행방법 위반에 따른 경과실 교통사고의 책임을 진다. 좌회전과 좌회전 사고는 과실이 대등하나 우측차량에게 우선권을 두는 것이 옳고 과실의 비율은 차량의 속도, 충돌 부위, 교통흐름 등을 종합하여 결정된다.

○ 1차량 기본과실 70%

1 · 2차량은 대형차(5), 좌회전 방법 위반이나 좌회전 금지 위반(10~20), 현저한 과실이나 중대한 과실(10~20) 등이 있으면 45%까지 가산되고, 명확한 선진입은 30% 감산된다.

114. 동시 좌회전 사고

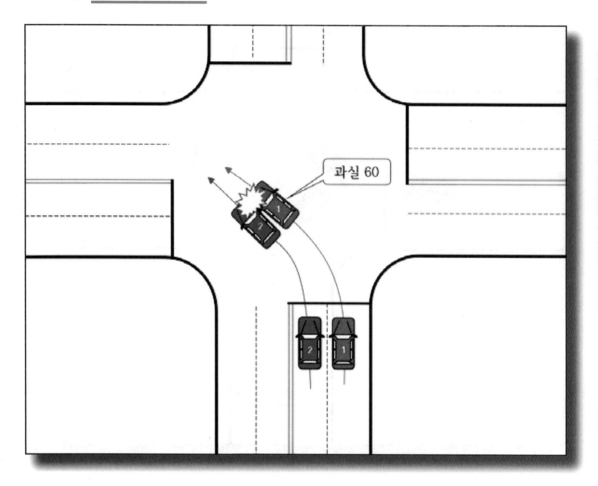

과실 60

○ 1차량 가해차

1차량은 2차로에서 넓게 좌회전 중 1차로에서 좌회전 중인 2차량과 충돌된 경우 도로교통법 제25조 제2항 교차로통행방법위반에 따른 경과실 교통사고의 책임을 진다. 2차량은 좌회전할 때는 서행하면서 교차로의 중앙 안쪽을 이용하여 좌회전하여야 하고, 진로를 변경할 때는 손이나 방향지시기 또는 등화로써 그 행위가 끝날 때까지 신호를 하여야 한다.

○ 1차량 기본과실 60%

1차량은 대형차(5), 좌회전방법위반(10), 소 · 대회전(10), 진로방해 · 무리한 끼어들기(10), 현저한 과실이나 중대한 과실(10~20) 등이 있으면 55%까지 가산되고 명확한 선진입이면 10% 감산된다.

115. 동시 우회전 사고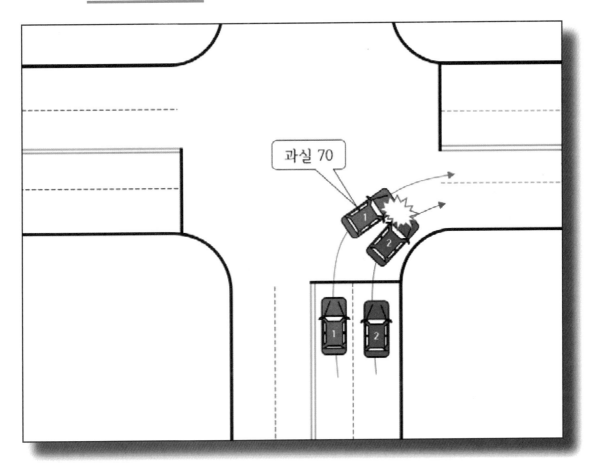

○ 1차량 가해차

1차량은 2차로에서 넓게 우회전 중 1차로에서 좌회전 중인 2차량과 충돌된 경우 도로교통법 제25조 제1항 교차로통행방법위반에 따른 경과실 교통사고의 책임을 진다. 2차량은 우회전할 때는 미리 도로의 우측 가장자리를 서행하면서 우회전해야 하고, 진로를 변경할 때는 손이나 방향지시기 또는 등화로써 그 행위가 끝날 때까지 신호를 하여야 한다.

○ 1차량 기본과실 70%

1차량은 대형차(5), 좌회전방법위반(10), 소·대회전(10), 진로방해·무리한 끼어들기(10), 현저한 과실이나 중대한 과실(10~20) 등이 있으면 55%까지 가산되고 명확한 선진입이면 10% 감산된다.

116. 병행차로 좌회전, 우회전 중 사고 ●●●

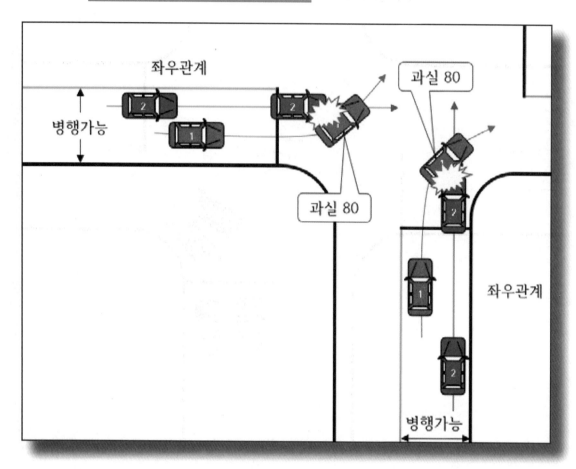

○ 1차량 가해차

　1차량은 넓게 좌회전하다가 좌측 직진하는 차량과 충돌되거나, 넓게 우회전하다가 우측 직진 차량과 충돌되는 경우 도로교통법 제25조 제1항, 제2항의 교차로 통행방법 위반에 따른 경과실 교통사고의 책임을 진다. 병행이 가능한 도로이므로 앞서 있더라도 미리 좌측 또는 우측으로 붙이지 않아 후행차로 하여금 오인하여 직진할 수 있게 한 과실이 있다. 좌우측 공간이 부족하여 직진할 수 없음에도 무리하게 진행한 것이 확인되면 후행차량 1차량이 가해차가 된다.

○ 1차량 기본과실 80%

　1차량은 서행불이행(10), 진로변경신호 불이행·지연(10), 급좌·우회전(10), 현저한 과실이나 중대한 과실(10~20) 등이 있으면 50%까지 가산된다. 2차량은 현저한 과실이나 중과실(10~20) 있으면 20%까지 가산된다.

117. 정차 후 출발 사고 ●●●

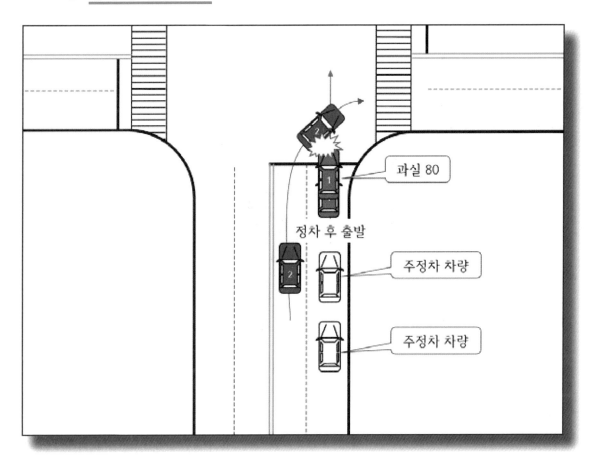

과실 80

정차 후 출발

주정차 차량

주정차 차량

○ 1차량 가해차

1차량은 정차 후 출발함에 있어 좌측에서 우회전 하는 차량과 충돌된 경우 도로교통법 제48조 제1항 안전운전의무위반에 따른 경과실 교통사고의 책임을 진다. 주정차 후 출발했다고 하여 모두 가해차량이 되는 것이 아닌 우회전 차량이 그 차량으로 인해 우회전 할 수 없고 즉시 출발하지 않음에 할 수 없이 그 앞을 통해 우회전해야 한다는 점에서 정차 후 출발차량에게 더 큰 과실을 묻는다. 교차로 부근이 버스정류장인 경우에는 버스가 즉시 출발할 수 있음이 예정되어 있음에 우회전 하는 차량이 가해차량으로 경과실 교통사고의 책임을 질 수 있다.

○ 1차량 기본과실 80%

1차량은 현저한 과실이나 중대한 과실(10~20) 등이 있으면 20%까지 가산된다. 2차량은 진로변경 신호불이행 · 지연(10), 현저한 과실이나 중과실(10~20) 등이 있으면 30%까지 가산된다.

118. 정차 후 출발 사고(1)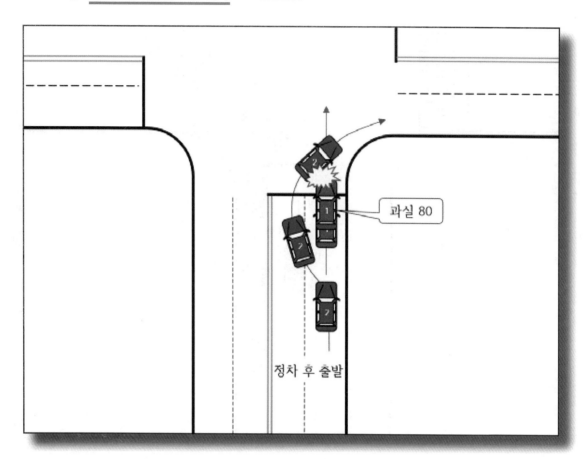

과실 80

정차 후 출발

○ 1차량 가해차

1차량은 정차 후 출발함에 있어 좌측을 통해 우회전 하는 2차량과 충돌된 경우 도로교통법 제 48조 제1항 안전운전의무위반에 따른 경과실 교통사고의 책임을 진다. 주정차 차량을 앞지르 기 하는 것은 잘못이 아니다. 주정차 후 출발했다고 하여 모두 가해차량이 되는 것이 아닌 우회 전 차량이 그 차량으로 인해 우회전 할 수 없고 즉시 출발하지 않음에 정차 후 출발차량에게 과 실을 묻는다.

○ 1차량 기본과실 80%

1차량은 현저한 과실이나 중대한 과실(10~20) 등이 있으면 20%까지 가산된다. 2차량은 진로 변경 신호불이행·지연(10), 현저한 과실이나 중과실(10~20) 등이 있으면 30%까지 가산된다.

119. 회전교차로 사고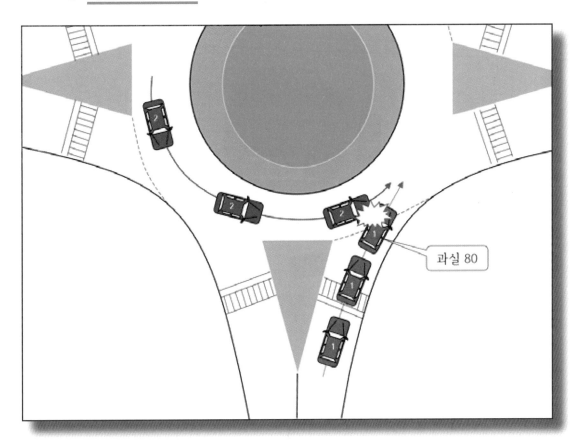

과실 80

○ 1차량 가해차

1차량은 회전교차로에 진입하던 중 회전하는 2차량과 충돌한 경우 도로교통법 제26조 제1항 교차로에서의 선진입 차 양보의무 위반에 따른 경과실 교통사고의 책임을 진다. 회전교차로 선진입 차량에게 우선권이 있고, 정지선 전에 일시정지하여 회전차량에게 양보해야 한다.

○ 1차량 기본과실 80%

1차량은 서행불이행(10), 현저한 과실이나 중대한 과실(10~20) 등이 있으면 30%까지 가산되고, 일시정지(10), 명확한 선진입(10) 등이 있으면 20%까지 감산된다. 2차량은 서행불이행(10), 현저한 과실이나 중과실(10~20) 등이 있으면 30%까지 가산된다.

120. 회전교차로에서 유도선 침범 중 사고 ●●○

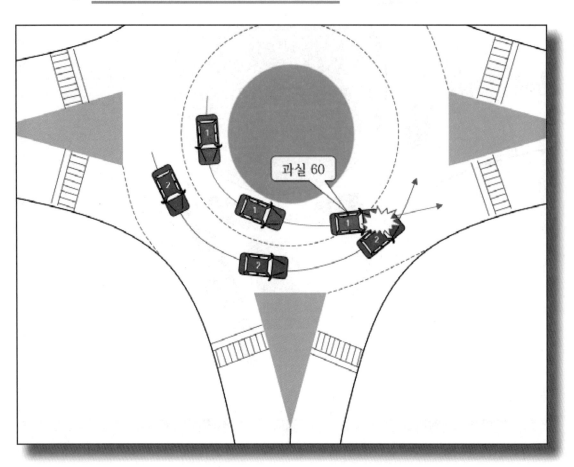

과실 60

○ 1차량 가해차

　1차량은 회전교차로 내에서 진로변경 중 우측에서 나란히 회전하는 2차량과 충돌된 경우 도로교통법 제19조 제3항 진로변경 방법위반 또는 제48항 안전운전의무위반 등에 따른 경과실 교통사고의 책임을 진다. 회전교차로 내 차선이 일반도로 차선과 다른 유도선의 성격을 취하고 있으나 선을 구분하는 있음에 이를 따르지 않을 경우 사고의 책임을 진다. 2차량은 내측에서 외측 차로로 주의하지 않고 진출을 시도하는 것에 일부 과실이 있다.

○ 1차량 기본과실 60%

　1차량은 서행불이행(10), 진로변경 신호 불이행·지연(10), 현저한 과실이나 중대한 과실(10~20) 등이 있으면 40%까지 가산되고, 명확한 선진입이면 10% 감산된다. 2차량은 서행불이행(10), 현저한 괴실이나 중과실(10~20) 등이 있으면 30%까지 가산된다.

121. 회전교차로 동시진입 중 사고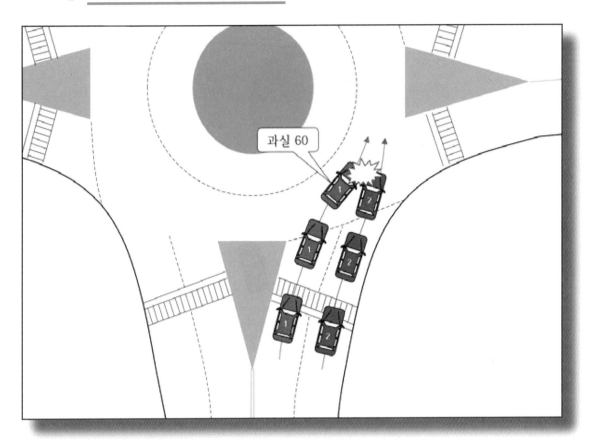

○ 1차량 가해차

1차량은 회전교차로에 진입 중 같은 방향 우측차량과 충돌된 경우 도로교통법 제48조 제1항 안전운전의무위반 등에 따른 경과실 교통사고의 책임을 진다. 우측차량에게 과실을 더 묻는 것은 도로교통법 제26조 제2항에서 우측차량 우선권이 있기 때문이다.

○ 1차량 기본과실 60%

1·2차량은 후진입 미양보(10), 현저한 과실이나 중대한 과실(10~20) 등이 있으면 30%까지 가산되고, 일시정지했으면 10%까지 감산된다.

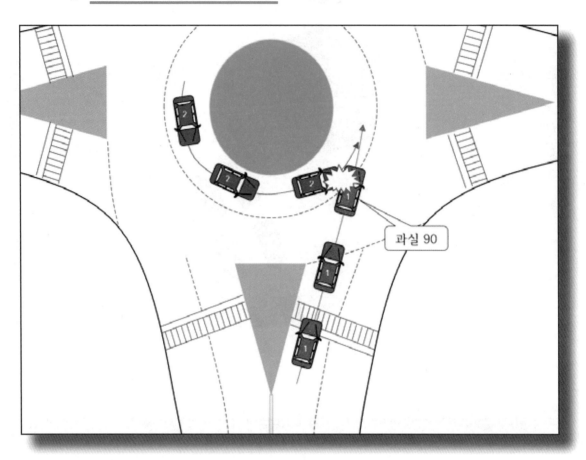

○ 1차량 가해차

1차량은 회전교차로에 진입 중 회전하는 2차량과 충돌한 경우 도로교통법 제26조 제1항 교차로에서의 선진입 차 양보의무 위반에 따른 경과실 교통사고의 책임을 진다. 회전교차로에 진입하는 차량은 회전교차로 선진입 차량에게 우선권이 있음을 인식하고, 정지선 전에 일시정지하여 회전차량에게 양보해야 한다

○ 1차량 기본과실 90%

1차량은 서행불이행(10), 현저한 과실이나 중대한 과실(10~20) 등이 있으면 30%까지 가산되고, 명확한 선진입(10), 일시정지(10) 등이 있으면 20%까지 감산된다. 2차량은 서행불이행(10), 현저한 과실이나 중과실(10~20) 등이 있으면 30%까지 가산된다.

123. 회전교차로 진입 중 사고 ⬤◯⬤

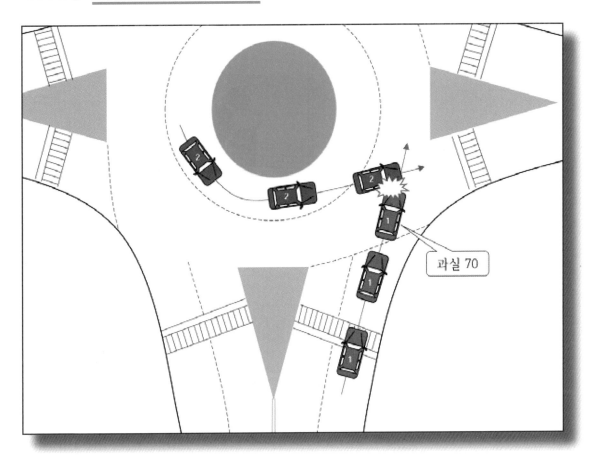

과실 70

○ 1차량 가해차

1차량은 회전교차로에 진입하던 중 회전하는 출구로 나오는 2차량과 충돌한 경우 도로교통법 제26조 제1항 교차로에서의 선진입 차 양보의무 위반에 따른 경과실 교통사고의 책임을 진다. 회전교차로에 진입하는 차량은 회전교차로 선진입 차량에게 우선권이 있음을 인식하고, 정지선 전에 일시정지하여 회전차량에게 양보해야 한다.

○ 1차량 기본과실 70%

1차량은 서행불이행(10), 현저한 과실이나 중대한 과실(10~20) 등이 있으면 30%까지 가산 되고, 명확한 선진입(10), 일시정지(10) 등이 있으면 20%까지 감산된다. 2차량은 진로변경 신호불이행·지연(10), 현저한 과실이나 중과실(10~20) 등이 있으면 30%까지 가산되고, 명확한 선진입이면 10% 감산된다.

124. 고속도로 합류도로 사고 ●●●

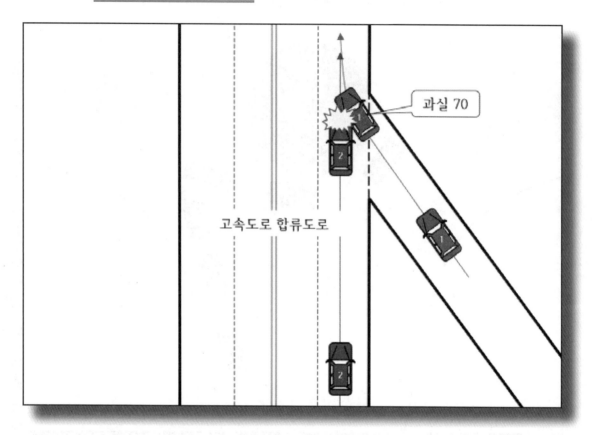

고속도로 합류도로

과실 70

○ 1차량 가해차

1차량은 자선도로에서 본선(간선도로)로 합류 중 간선도로 직진하는 차량과 충돌된 경우 도로 교통법 제26조 제2항 교차로에서의 넓은 차로 양보불이행선진입 차 양보의무 위반에 따른 경과 실 교통사고의 책임을 진다. 고속도로에 들어갈 경우 다른 차량에게 양보하여야 하고, 진입하는 차량이 있는지 잘 살피며 안전하게 운전해야 한다.

○ 1차량 기본과실 70%

1차량은 진로변경 신호불이행 · 지연(10), 진입로 직전 진입(10), 부적절 합류 방법(10), 현저한 과실 또는 중과실(20) 등이 있으면 50%까지 가산된다. 2차량은 급가속(10), 현저한 과실이나 중과실(10~20) 등이 있으면 30%까지 가산된다.

125. 안전거리미확보 사고 ●●●

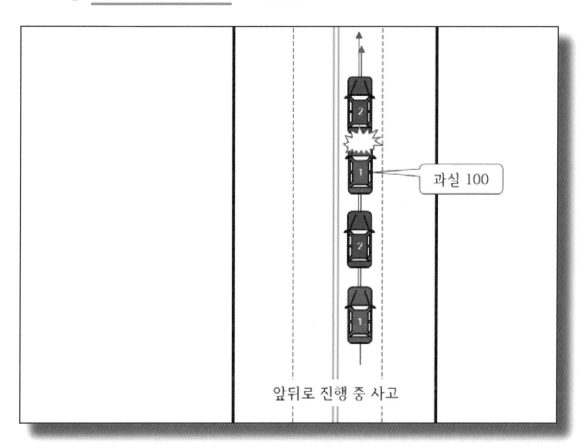

과실 100

앞뒤로 진행 중 사고

○ 1차량 가해차

1차량은 앞서 진행하는 2차량을 추돌한 경우 도로교통법 제19조 제1항 안전거리미확보에 따른 경과실 교통사고의 책임을 진다. 1차량은 같은 방향으로 가고 있는 앞차량의 뒤를 따르는 경우에는 앞차량이 갑자기 정지하게 되는 경우 그 앞차량과의 충돌을 피할 수 있는 필요한 거리를 확보하여야 한다. 2차량은 위험방지를 위한 경우와 그 밖의 부득이한 경우가 아니면 운전하는 차량을 갑자기 정지시키거나 속도를 줄이는 등 급제동을 하여서는 안 된다.

○ 1차량 기본과실 100%

1차량은 주택가 · 상점 등에서 발생되었으면 10% 가산된다. 2차량은 간선도로의 주행차선에 정지하거나(10), 제동등화의 고장(20), 이유없는 급제동(30) 등이 있으면 60%까지 가산된다.

도로교통법

제19조(안전거리 확보 등)

① 모든 차의 운전자는 같은 방향으로 가고 있는 앞차의 뒤를 따르는 경우에는 앞차가 갑자기 정지하게 되는 경우 그 앞차와의 충돌을 피할 수 있는 필요한 거리를 확보하여야 한다.

② 자동차등의 운전자는 같은 방향으로 가고 있는 자전거 운전자에 주의하여야 하며, 그 옆을 지날 때에는 자전거와의 충돌을 피할 수 있는 필요한 거리를 확보하여야 한다.

교통사고처리특례법

제3조(처벌의 특례)

① 차의 운전자가 교통사고로 인하여 「형법」 제268조의 죄를 범한 경우에는 5년 이하의 금고 또는 2천만원 이하의 벌금에 처한다.

② 차의 교통으로 제1항의 죄 중 업무상과실치상죄(業務上過失致傷罪) 또는 중과실치상죄(重過失致傷罪)와 「도로교통법」 제151조의 죄를 범한 운전자에 대하여는 피해자의 명시적인 의사에 반하여 공소(公訴)를 제기할 수 없다.

제4조(보험 등에 가입된 경우의 특례)

① 교통사고를 일으킨 차가 「보험업법」 제4조,제126조, 제127조 및 제128조, 「여객자동차 운수사업법」 제60조, 제61조 또는 「화물자동차 운수사업법」 제51조에 따른 보험 또는 공제에 가입된 경우에는 제3조 제2항 본문에 규정된 죄를 범한 차의 운전자에 대하여 공소를 제기할 수 없다.

〔안전거리 미확보〕

126. 교차로 부근 추돌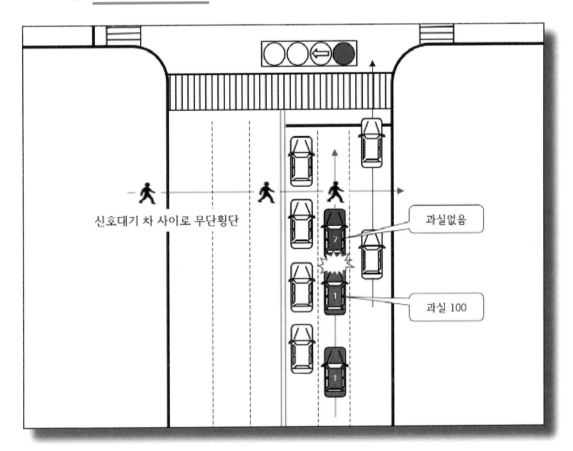

○ 1차량 가해차

1차량은 보행자를 피해 급제동하는 2차량을 추돌한 경우 도로교통법 제19조 제1항 안전거리 미확보에 따른 경과실 교통사고의 책임을 진다. 모든 차의 운전자는 같은 방향으로 가고 있는 앞차의 뒤를 따르는 경우에는 앞차가 갑자기 정지하게 되는 경우 그 앞차와의 충돌을 피할 수 있는 필요한 거리를 확보해야 하고, 조향장치나 제동장치 그 밖의 장치를 정확하게 조작하여야 하며, 도로의 교통상황과 차의 구조나 성능에 따라 다른 사람에게 위험과 장해를 주는 속도나 방법으로 운전하여서는 안 된다.

○ 1차량 기본과실 100%

2차량의 급제동에 따른 과실이 있을 경우 무단횡단자에게 부담을 청구할 수 있다. 1차량은 주택가·상가 등에서 발생되었으면 10% 가산된다. 2차량은 간선도로의 주행차선 정지(10), 제동등화의 고장(20) 등이 있으면 30% 가산된다.

127. 간선도로 추돌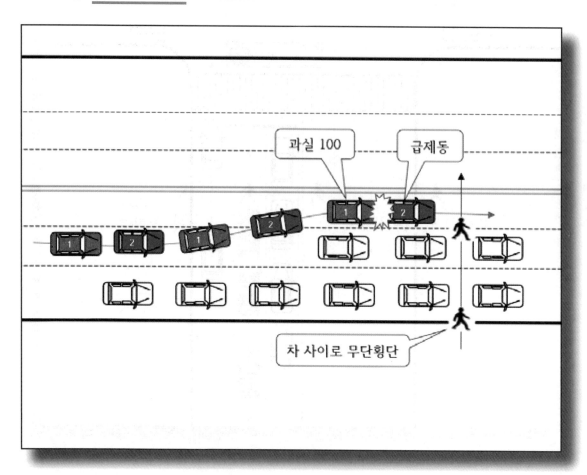

○ 1차량 가해차

1차량은 보행자를 피해 급제동하는 2차량을 추돌한 경우 도로교통법 제19조 제1항 안전거리 미확보에 따른 경과실 교통사고의 책임을 진다. 모든 차의 운전자는 같은 방향으로 가고 있는 앞차의 뒤를 따르는 경우에는 앞차가 갑자기 정지하게 되는 경우 그 앞차와의 충돌을 피할 수 있는 필요한 거리를 확보해야 한다.

○ 1차량 기본과실 100%

1차량은 주택가 · 상가 등에서 발생되었으면 10% 가산된다. 2차량은 간선도로의 주행차선 정지(10), 제동등화의 고장(20) 등이 있으면 30% 가산된다. 2차량의 과실비율은 무단횡단 보행자가 부담할 수 있다.

128. 교차로 신호등 앞 정지하는 차 추돌

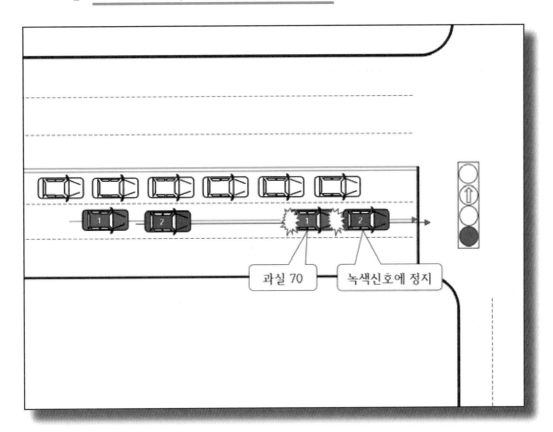

과실 70

녹색신호에 정지

○ 1차량 가해차

1차량은 신호를 착각하고 급제동하는 2차를 추돌한 경우 도로교통법 제19조 제1항 안전거리 미확보에 따른 경과실 교통사고의 책임을 진다. 모든 차의 운전자는 앞차의 뒤를 따르는 경우에는 앞차가 갑자기 정지하게 되는 경우 그 앞차와의 충돌을 피할 수 있는 필요한 거리를 확보해야 한다. 고속도로에서 야간에 길을 잘 못들어 급제동하게 됨에 추돌사고가 발생되었다면 앞차의 잘못이 더 클 수 있다. 보복하고자 고의로 급정지할 경우 추돌당한차가 가해차가 되고 특수 상해죄 등을 적용받아 형사처벌 된다.

○ 1차량 기본과실 70%

교차로 직진신호인데 쭉 빠지지 않고 이유 없이 멈췄다. 정당한 이유없이 멈춘 차 30, 안전거리 미확보한 차 70과실이다. 연쇄 추돌한 뒷차의 과실 70 앞차 과실 30으로 볼 수 있다. 1차량은 주택가 · 상가 등에서 발생되었으면 10% 가산된다. 2차량은 간선도로의 주행차선 정지(10), 제동등화의 고장(20) 등이 있으면 30% 가산된다.

129. 진로변경 차 양보하기 위해 멈춘 차 추돌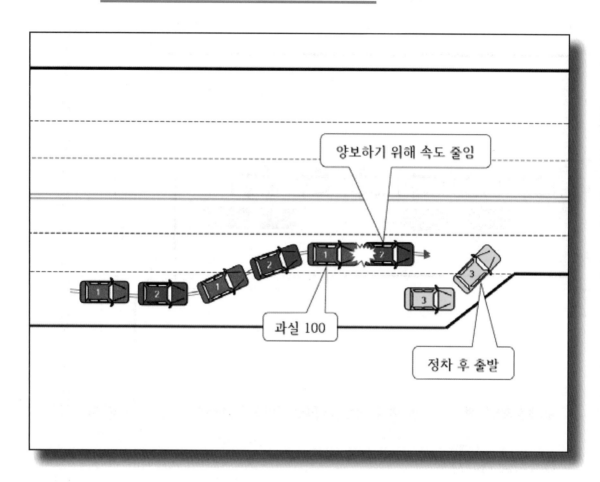

○ 1차량 가해차

1차량은 앞서 진행하는 2차량을 추돌한 경우 도로교통법 제19조 제1항 안전거리미확보에 따른 경과실 교통사고의 책임을 진다. 모든 차의 운전자는 같은 방향으로 가고 있는 앞차의 뒤를 따르는 경우에는 앞차가 갑자기 정지하게 되는 경우 그 앞차와의 충돌을 피할 수 있는 필요한 거리를 확보해야 한다.

○ 1차량 기본과실 100%

1차량은 주택가ㆍ상가 등에서 발생되었으면 10% 가산된다. 2차량은 간선도로의 주행차선 정지(10), 제동등화의 고장(20) 등이 있으면 30% 가산된다. 2차량의 과실비율은 3차량이 부담할 수 있다.

130. 터널 출구 선행 차 정지 ●●○●

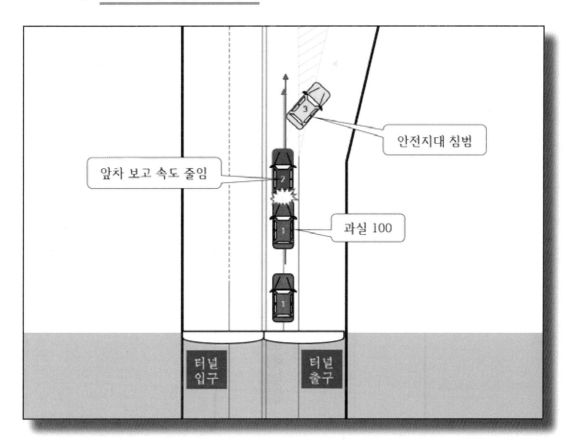

앞차 보고 속도 줄임

안전지대 침범

과실 100

○ 1차량 가해차

1차량은 안전지대 침범한 차 피하려고 속도를 줄이는 2차량을 추돌한 경우 도로교통법 제19조 제1항 안전거리미확보에 따른 경과실 교통사고의 책임을 진다. 모든 차의 운전자는 같은 방향으로 가고 있는 앞차의 뒤를 따르는 경우에는 앞차가 갑자기 정지하게 되는 경우 그 앞차와의 충돌을 피할 수 있는 필요한 거리를 확보해야 한다.

○ 1차량 기본과실 100%

안전거리를 확보하지 않았으므로 뒷차가 100% 잘못한 것으로 인정하는 게 일반적이다. 앞차의 정당한 사유없이(불법좌회전하려고 급제동, 승객을 태우려고 속도 급격히 줄이는 경우 등) 급제동하였다면 앞차에게도 잘못을 인정하여 앞차에게 20% 뒷차에게 80%로 보게 된다. 1차량은 주택가·상가 등에서 발생되었으면 10% 가산된다. 2차량은 간선도로의 주행차선 정지(10), 제동등화의 고장(20) 등이 있으면 30% 가산된다. 2차량의 과실비율은 3차량이 부담할 수 있다.

131. 우회전 차 피해서 직진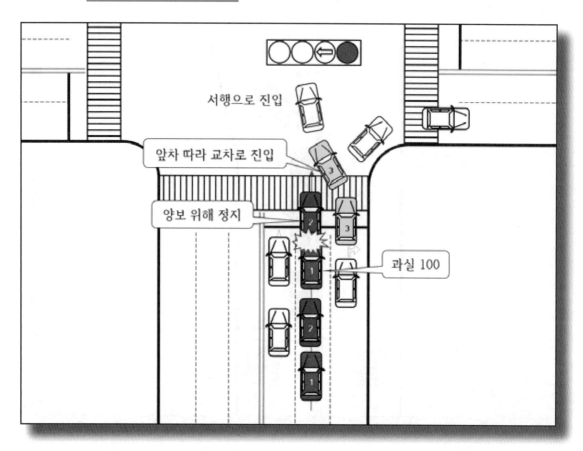

서행으로 진입

앞차 따라 교차로 진입

양보 위해 정지

과실 100

○ 1차량 가해차

1차량은 앞서 진행하는 2차량을 추돌한 경우 도로교통법 제19조 제1항 안전거리미확보에 따른 경과실 교통사고의 책임을 진다. 모든 차의 운전자는 같은 방향으로 가고 있는 앞차의 뒤를 따르는 경우에는 앞차가 갑자기 정지하게 되는 경우 그 앞차와의 충돌을 피할 수 있는 필요한 거리를 확보해야 한다.

○ 1차량 기본과실 100%

1차량은 주택가·상가 등에서 발생되었으면 10% 가산된다. 2차량은 간선도로의 주행차선 정지(10), 제동등화의 고장(20) 등이 있으면 30% 가산된다. 2차량의 과실비율은 3차량이 부담할 수 있다.

132. 사고 난 차 2차 추돌 사고 ⚫⚫⚫

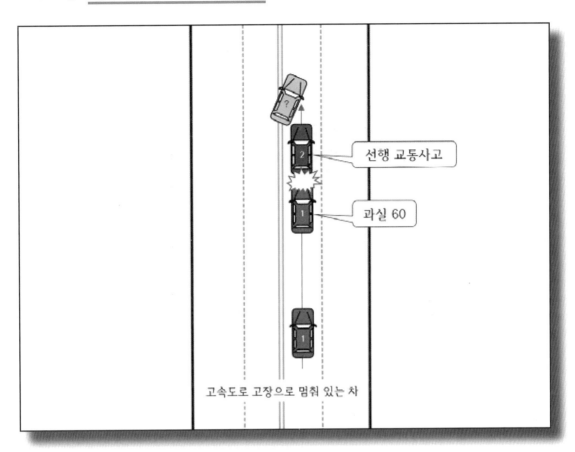

선행 교통사고

과실 60

고속도로 고장으로 멈춰 있는 차

○ 1차량 가해차

1차량은 교통사고로 멈춰 있는 2차량을 충돌한 경우 도로교통법 제 48조 제1항 안전운전의 무위반에 따른 경과실 교통사고의 책임을 진다. 2차량은 선행 교통사고나 고장 있는 경우 고장 표시를 해야 하고 고장 정도가 심해 피양할 수 없는 등 피양불능은 감경사유이나 적극적인 조치를 위하지 않는 경우 1차사고와 별도로 2차사고 추돌결과에 대한 경과실 교통사고에 대한 책임을 질 수 있다.

○ 1차량 기본과실 60% (갓길 주정차 100%)

1차량은 현저한 과실이나 중과실(10~20) 등이 있으면 20%까지 가산된다. 2차량은 야간 · 악천후 등 시계불량(10), 추월차로(10), 차선에 걸친 주 · 정차(10), 전용차로위반(10), 현저한 과실이나 중과실(10~20) 등이 있으면 60%까지 가산되고, 주 · 정차에 과실 없거나(10), 피양불능(10), 안전표시 설치(20) 등이 있으면 40%까지 감산된다. 차간거리를 두 배 세 배 넘게 해야 한다.

133. 사고로 멈춰 있는 차 추돌 사고 ●●●

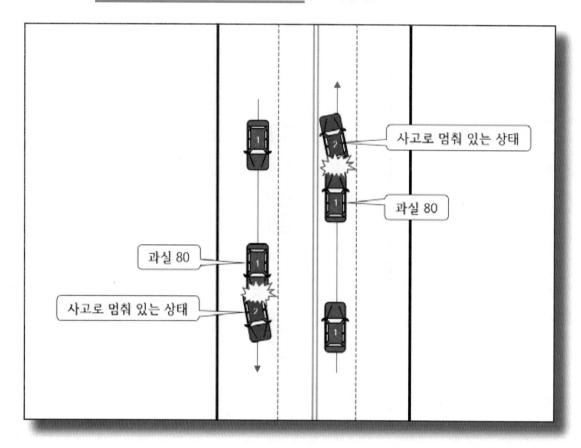

사고로 멈춰 있는 상태

과실 80

과실 80

사고로 멈춰 있는 상태

○ 1차량 가해차

1차량은 교통사고로 멈춰 있는 2차량을 충돌한 경우 도로교통법 제48조 제1항 안전운전의무 위반에 따를 경과실 교통사고의 책임을 진다. 앞차와의 충돌을 피할 수 있는 거리를 확보해야 하고, 교통상황을 보면서 안전하게 운전해야 한다. 고속도로에서 주정차는 안 되고, 사고발생시 후방에 안전 삼각대와 불꽃신호봉 등을 설치해야 한다.

○ 1차량 기본과실 80%

1차량은 현저한 과실이나 중과실(10~20) 등 있으면 20%까지 가산되고, 피양불능상태이면 10%까지 감산된다. 2차량은 추월차선(5), 야간·악천후시계불량(10), 전용차로위반(10), 현저한 과실이나 중과실(10~20) 등이 있으면 45%까지 가산되고, 피양불능 상황(10), 주·정차에 과실 없고(10), 안전표지판 등 설치(20) 등이 있으면 40%까지 감산된다.

134. 갓길 멈춰 있는 차 추돌 사고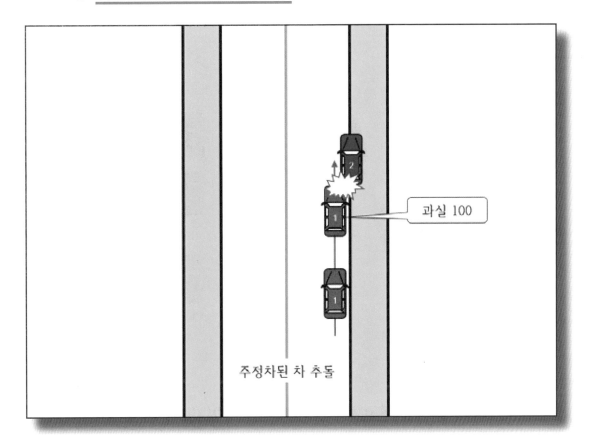

과실 100

주정차된 차 추돌

○ 1차량 가해차

1차량은 주정차된 2차량을 추돌할 경우 도로교통법 제48조 제1항 안전운전의무위반에 따른 경과실 교통사고의 책임을 진다. 2차량은 주정차 금지규정을 준수해야 하고, 부득이한 경우 도로의 오른쪽에 주정차하여야 한다.

○ 1차량은 기본과실 100%

1차량은 현저한 과실이나 중과실(10~20)이 있으면 20%까지 가산된다. 2차량은 시야불량 (10), 주정차 금지장소 또는 주정차 방법 위반(10~20), 비상등화 등 안전조치 불이행(20), 현저한 과실이나 중과실(10~20) 등이 있으면 70%까지 가산되고, 회피불능 상태이면 10% 감산된다.

135. 갓길에 멈춰 있는 차 추돌 사고 ●●●

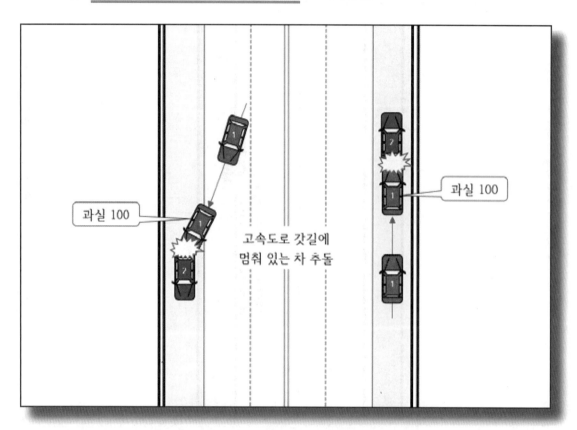

과실 100

고속도로 갓길에
멈춰 있는 차 추돌

과실 100

○ 1차량 가해차

1차량은 고속도로 갓길에 멈춰 있는 2차량을 추돌한 경우 도로교통법 제48조 제1항 안전운전의무위반에 따른 경과실 교통사고의 책임을 진다. 갓길 멈춰 있는 이유 중 차량고장, 연료소진, 타이어교환, 체인장착 등 부득이한 사정은 정당하다. 제13조 ⑥ 차마(자전거는 제외한다)의 운전자는 안전표지로 통행이 허용된 장소를 제외하고는 자전거도로 또는 길가장자리구역으로 통행하여서는 아니 된다. 다만, 「자전거 이용 활성화에 관한 법률」 제3조 제4호에 따른 자전거 우선도로의 경우에는 그러하지 아니하다.

○ 1차량 기본과실 100%

1차량은 현저한 과실이나 중과실(10~20) 있으면 20%까지 가산된다. 2차량은 야간, 악천후 등이 시계불량(10), 차로 일부 점용(20), 부득이한 사정이 없는 주정차(20), 현저한 과실이나 중과실(10~20) 등이 있으면 70%까지 가산되고, 안전표지를 설치했으면 10% 감산된다.

136. 진로변경 중 사고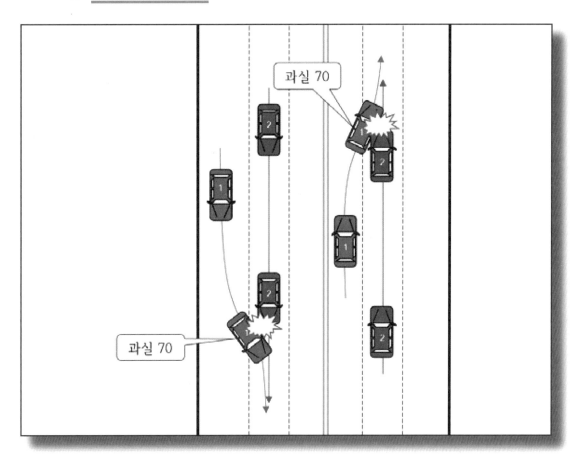

○ 1차량 가해차

1차량은 백색점선 지점에서 차로변경 중 정상 직진하는 2차량을 충돌한 경우 도로교통법 제19조 제3항 진로변경방법 위반에 따른 경과실 교통사고의 책임을 진다. 진로변경 방면 차량에게 양보를 구해야 하고, 진로변경 전에 방향지시등을 작동해야 한다. 2차량은 좌우측방주시를 명확히 해야 한다.

○ 1차량 기본과실 70%

1차량은 진로변경 신호불이행 · 지연(10), 버스 · 다인승전용차로위반(10), 진로변경금지장소(20), 현저한 과실이나 중과실(10~20) 등이 있으면 60%까지 가산된다. 2차량은 현저한 과실이나 중과실(10~20) 등이 있으면 20%까지 가산된다.

도로교통법

제19조(안전거리 확보 등)

① 모든 차의 운전자는 같은 방향으로 가고 있는 앞차의 뒤를 따르는 경우에는 앞차가 갑자기 정지하게 되는 경우 그 앞차와의 충돌을 피할 수 있는 필요한 거리를 확보하여야 한다.

② 자동차등의 운전자는 같은 방향으로 가고 있는 자전거 운전자에 주의하여야 하며, 그 옆을 지날 때에는 자전거와의 충돌을 피할 수 있는 필요한 거리를 확보하여야 한다.

③ 모든 차의 운전자는 차의 진로를 변경하려는 경우에 그 변경하려는 방향으로 오고 있는 다른 차의 정상적인 통행에 장애를 줄 우려가 있을 때에는 진로를 변경하여서는 아니 된다.

④ 모든 차의 운전자는 위험방지를 위한 경우와 그 밖의 부득이한 경우가 아니면 운전하는 차를 갑자기 정지시키거나 속도를 줄이는 등의 급제동을 하여서는 아니 된다.

교통사고처리특례법

제3조(처벌의 특례)

① 차의 운전자가 교통사고로 인하여 「형법」 제268조의 죄를 범한 경우에는 5년 이하의 금고 또는 2천만원 이하의 벌금에 처한다.

② 차의 교통으로 제1항의 죄 중 업무상과실치상죄(業務上過失致傷罪) 또는 중과실치상죄(重過失致傷罪)와 「도로교통법」 제151조의 죄를 범한 운전자에 대하여는 피해자의 명시적인 의사에 반하여 공소(公訴)를 제기할 수 없다.

제4조(보험 등에 가입된 경우의 특례)

① 교통사고를 일으킨 차가 「보험업법」 제4조,제126조, 제127조 및 제128조, 「여객자동차 운수사업법」 제60조, 제61조 또는 「화물자동차 운수사업법」 제51조에 따른 보험 또는 공제에 가입된 경우에는 제3조 제2항 본문에 규정된 죄를 범한 차의 운전자에 대하여 공소를 제기할 수 없다.

(안전거리확보 의무와 진로변경 방법)

137. 동시 차로변경 중 사고 ●●○

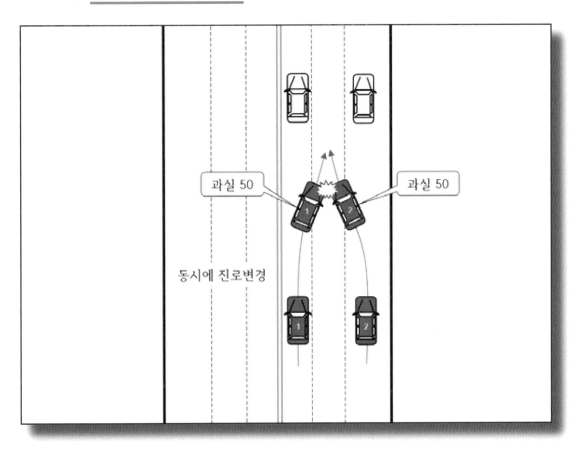

과실 50　　동시에 진로변경　　과실 50

○ 1차량 가해차

1차량이 진로변경 중 우측에서 진로변경 중인 2차량과 충돌된 경우 도로교통법 제48조 제1항 안전운전의무위반 등에 따른 경과실 교통사고의 책임을 진다. 가운데 차로를 두고 양 차량이 동시에 진로를 변경하였으므로 진로변경을 함에 있어 교통상황을 잘 살피지 않은 책임을 묻게 된다. 2차량 역시 1차량과 같이 경과실 교통사고에 대한 책임을 지게 지나 엄격히 가해자를 구분할 때 사고 전 속도, 진행 차로, 방향지시등 작동여부, 충돌 부위, 사고 이후 정지거리 등 종합하여 결정한다.

○ 1차량 기본과실 50%

138. 정체 중인 차량 급진로변경 중 사고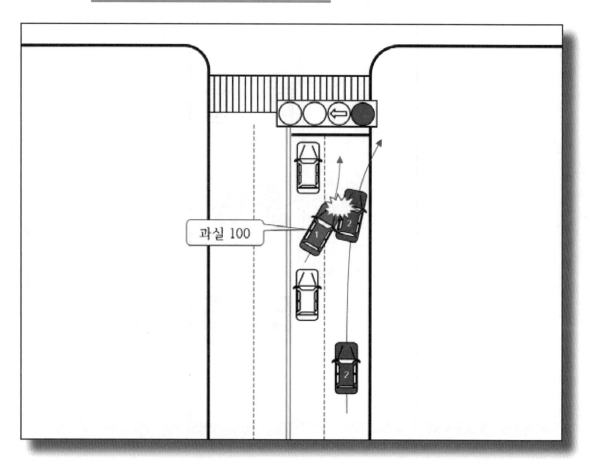

과실 100

○ 1차량 가해차

1차량은 차량 정체로 멈춰 있다가 진로변경 중 2차로에서 직진하는 차량을 충돌한 경우 도로교통법 제19조 제3항 진로변경 방법위반에 따른 경과실 교통사고의 책임을 진다. 진로변경하려는 경우에는 그 변경하려는 방향으로 오고 있는 차의 정상적인 통행에 방해를 주지 않아야 한다.

○ 1차량 기본과실 100%

1 · 2차량은 현저한 과실이나 중과실(10~20) 등이 있으면 20%까지 가산된다.

139. 신호대기 중인 차량 앞으로 진입 중 사고

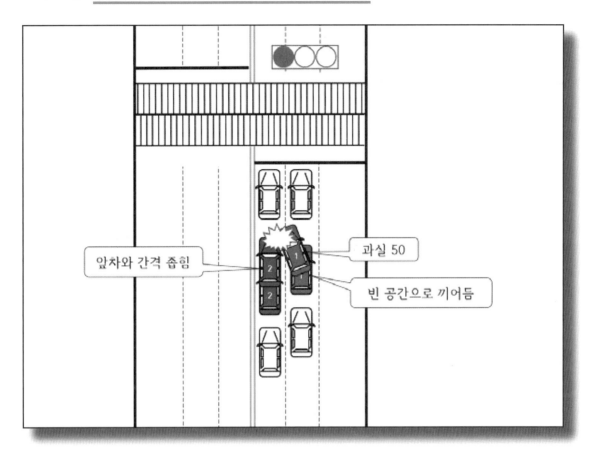

과실 50

앞차와 간격 좁힘

빈 공간으로 끼어듦

○ 1차량 가해차

1차량은 신호대기 중인 2차량 앞으로 슬그머니 진입하다가 앞차와 간격을 좁히는 2차량과 충돌된 경우 도로교통법 제19조 제3항 진로변경방법 위반에 따른 경과실 교통사고의 책임을 진다. 진로변경 차량은 직진차량에게 양보하지 득하지 않고 막연히 진로변경한 책임이 있고, 직진차량은 앞차량과 간격을 멀게 하여 옆차량의 진로변경을 용이하게 함과 동시에 출발함에 있어 전방과 측방주시의무를 명확히 하지 않은 책임이 있다.

○ 1차량 기본과실 50%

140. 과속차량과 진로변경 중 사고 ●●●

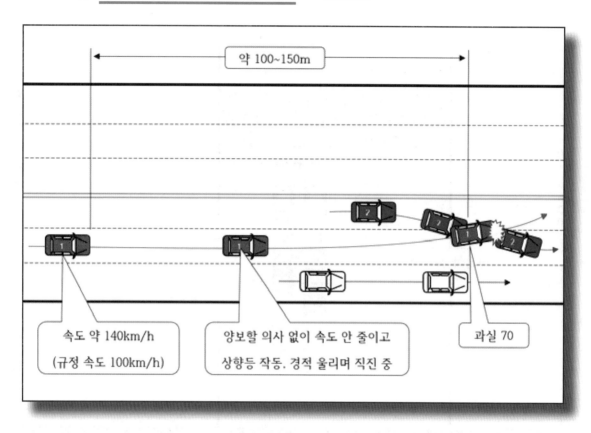

약 100~150m

속도 약 140km/h
(규정 속도 100km/h)

양보할 의사 없이 속도 안 줄이고
상향등 작동. 경적 울리며 직진 중

과실 70

○ 1차량 가해차

　1차량은 과속으로 진로변경 중 1차로에서 진로변경 중인 2차량을 충돌한 경우 도로교통법 제17조 제1항 속도위반에 따른 중과실 교통사고의 책임을 진다. 과속하지 않았으면 속도를 줄이면서 사고를 피할 수 있었을 것이므로 과속이 사고발생에 직접원인이 되었다고 보아야 하다. 만약 정상속도로 진행해 왔더라도 같은 사고 결과가 나왔다면 과속이 사고원인이 되지 않았음에 피해결과만 가중케 한 것이라면 진로변경차가 경과실 가해자가 되고 과속차는 범칙금 발부와 민사책임을 지게 된다.

○ 1차량 기본과실 70%

〔도로교통법 시행규칙〕

제19조(자동차등의 속도)

② 비 · 안개 · 눈 등으로 인한 악천후 시에는 제1항에 불구하고 다음 각 호의 기준에 의하여 감속운행하여야 한다.

1. 최고속도의 100분의 20을 줄인 속도로 운행하여야 하는 경우

　가. 비가 내려 노면이 젖어있는 경우

　나. 눈이 20밀리미터 미만 쌓인 경우

2. 최고속도의 100분의 50을 줄인 속도로 운행하여야 하는 경우

　가. 폭우 · 폭설 · 안개 등으로 가시거리가 100미터 이내인 경우

　나. 노면이 얼어 붙은 경우

　다. 눈이 20밀리미터 이상 쌓인 경우

〔속도위반 별 범칙금과 벌점〕

규정속도	차종별	범칙금	벌점	어린이보호구역 (08:00~20:00)	
				범칙금	벌점
60km/h 초과	승합차	13만원	60	16만원	120
	승용차	12만원		15만원	
	이륜차	8만원		10만원	
40~60km/h이하	승합차	10만원	30	13만원	60
	승용차	9만원		12만원	
	이륜차	6만원		8만원	
20~40km/h이하	승합차	7만원	15	10만원	30
	승용차	6만원		9만원	
	이륜차	4만원		6만원	
20km/h이하	승합차	3만원	없음	6만원	15
	승용차	3만원		6만원	
	이륜차	2만원		4만원	

141. 진로변경 중 사고 ●●○

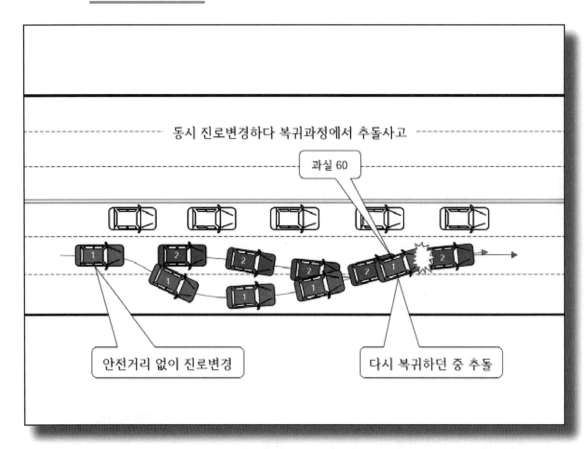

동시 진로변경하다 복귀과정에서 추돌사고

과실 60

안전거리 없이 진로변경

다시 복귀하던 중 추돌

○ 1차량 가해차

1차량은 느리게 가는 택시를 추월해 가려고 하는데 택시가 갑자기 가로막고 멈춘다. 손님 태우려다가 뒤에 블박차가 오네? 안 되겠다 싶어 되돌아가다가 사고가 난 경우 도로교통법 제19조 제1항 안전거리미확보에 따른 경과실 교통사고의 책임을 진다. 무리하게 추월하려는 후행 차량의 앞차량 운전자의 주의의무는 없다(대판 89도1959).

○ 1차량 기본과실 60%

142. 갑자기 미끄러지며 옆차 추돌 ●●●

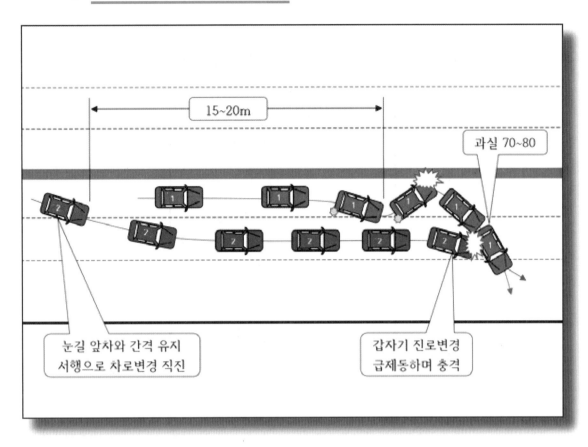

○ 1차량 가해차

1차량은 1차로를 진행하던 중 미끄러지며 중앙분리대를 충돌하였고 2차로 진로변경 중인 2차량과 충돌한 경우 도로교통법 제48조 제1항에 따른 안전운전의무위반에 따른 경과실 교통사고의 책임을 진다. 2차량은 눈길에서 1차량의 뒤를 따라 진행했으므로 안전거리를 확보하여 앞차가 갑자기 멈추게 될 때 추돌하지 않도록 안전한 거리를 유지했어야 한다.

○ 1차량 기본과실 70~80%

143. 무단횡단 보행자 과실 ●○○

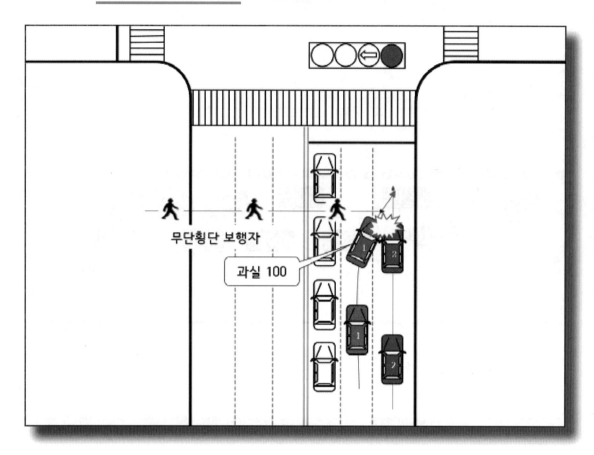

무단횡단 보행자

과실 100

○ 1차량 가해차

1차량은 보행자를 피하려고 2차로로 진로변경 중 2차로 직진차량과 충돌된 경우 도로교통법 제19조 제3항 진로변경방법 위반에 따른 경과실 교통사고의 책임을 진다.

○ 1차량 기본과실 70~80%

차량 진행신호라 하더라도 횡단보도 중간 사람 있을 수 있다. 속도 줄이고 빵하고 살피지 않은 과실 일부 아쉬움 있다. 약 20% 정도 본다. 일단 피한 차가 100% 다 보상해주고 피한 차는 무단횡단자에게 70~80% 보상을 원하는 구상권을 청구할 수 있다. 편도 3차로 중앙선에 플라스틱 봉이 박혀 있는 곳에서 사고나면 피해자 과실을 50%(단순한 무단횡단 사고는 보행자 과실을 35%) 정도 높게 인정하고 있고, 만약 중앙분리대를 넘어 무단횡단하다 사고를 당하면 피해자 과실은 50%가 기본이며, 경우에 따라서는 60%까지 인정되기도 한다.

144. 앞뒤 관계 사고 ●●●

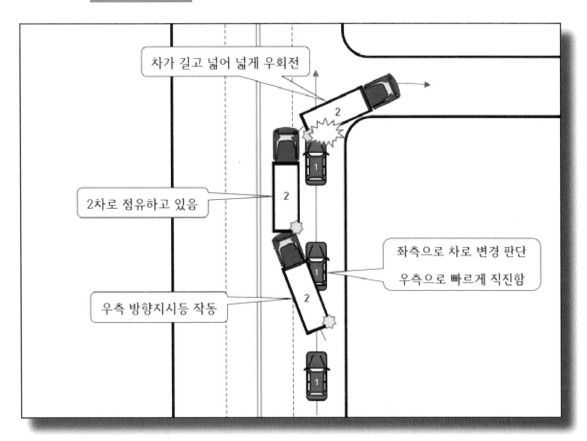

○ 1차량 가해차

    1차량은 2차량이 우측 방향지시등을 작동하고 있었고 차체가 길어 넓게 우회전할 수 있음을 예상할 수 있었음에도 안전거리를 확보하지 않고 진행하다가 충돌하게 된 경우 도로교통법 제19조 제1항 안전거리미확보나 제48조 제1항 안전운전의무위반 등에 따른 경과실 교통사고의 책임을 진다. 2차량은 우회전하려는 경우 우측 가장자리로 서행하면서 조심히 우회전 해야 하는데 이를 게을리하였고 여건이 넓게 우회전 해야 하는 경우 후행 차량들에게 그 사실을 명확히 알리는 등 조치를 취하지 않은 과실이 있다.

○ 1차량 기본과실 70~80%

145. 차로 감소 합류도로 사고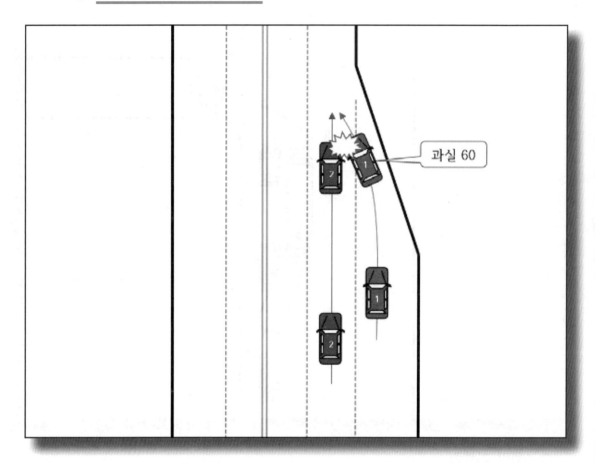

과실 60

○ 1차량 가해차

1차량은 차로가 좁아지는 곳에서 좌측차로로 합류하던 2차량과 충돌된 경우 도로교통법 제26조 제3항 진로변경 방법위반 또는 제48조 안전운전의무위반에 따른 경과실 교통사고의 책임을 진다. 차로끼리 합류하는 것은 교차로에서의 합류와 다르다. 차로가 감소하는 지점에서는 합류 차량과 본선 차량 모두 차로 감소를 예상하여 운행해야 하나 딱히 우선순위를 정한다면 합류차량은 본선차량에게 양보해야 한다.

○ 1차량 기본과실 60%

1차량은 부적절한 합류방법(10), 현저한 과실이나 중대한 과실(10~20) 등이 있으면 30%까지 가산된다. 2차량은 가속도(10), 현저한 과실이나 중과실(10~20) 등이 있으면 30%까지 가산된다.

146. 진로변경 비접촉 뺑소니 사고 ●●●

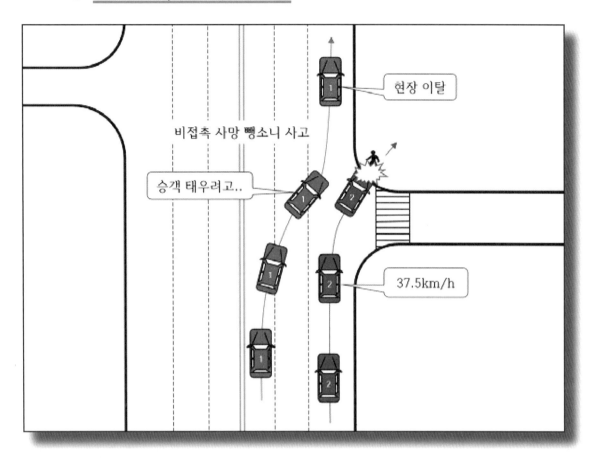

○ 1차량 가해차

　인천지방법원 2019. 1. 16. 선고 2018고단4273 판결사건이다. 1차량(택시)은 승객을 태우려고 3차로로 진로변경 중 3차로에서 직진 중인 2차량이 충돌을 피하고자 우측으로 핸들을 틀면서 정지하던 중 보행자를 치어 사망케 했다. 1차량과 2차량은 접촉이 없었다. 1차량은 사고 직후 아무런 조치를 취하지 않고 현장을 떠났다는 이유로 특정범죄 가중처벌 등에 관한 법률의 도주차량 운전죄(치사)를 적용받아 징역 2년 6월 집행유예 4년을 선고 받았다. 운전면허가 취소되고 4년간 취득자격도 상실되었다. 2차량 운전자는 도로교통법 제48조 제1항 안전운전의무 위반에 따른 사망사고에 기여한 바 있다는 이유로 벌금 1심 선고되었다가 항소심과 대법원에서 법규위반 없고 교통사고를 예상하거나 피할 수 없었다는 이유로 무죄를 선고했다.

○ 1차량 기본과실 100%

147. 백색실선 진로변경 중 사고

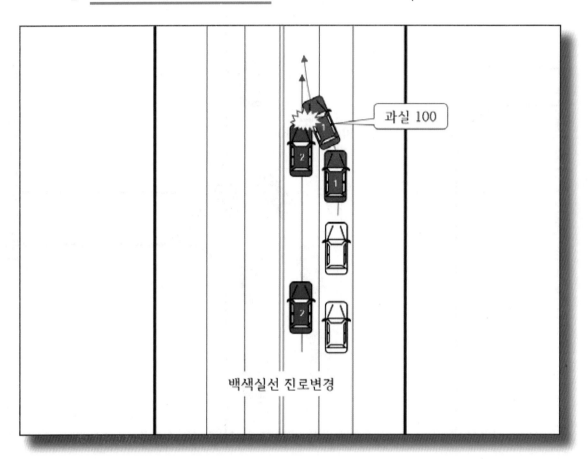

과실 100

백색실선 진로변경

○ 1차량 가해차

1차량은 백색신설 지점에서 차로변경 중 직진하는 2차량을 충돌한 경우 도로교통법 제19조 제3항에 따른 경과실 교통사고의 책임을 진다. 백색실선(일련번호 506)은 진로변경 제한선이다. 진로변경을 금지하는 뜻이 있고 진로변경을 하지 않을 것이라는 신뢰를 갖고 진행하는 차량에게 피해를 준 경우, 즉 진입금지 위반이 사고에 직접원인이 된 경우에는 도로교통법 제5조 교통안전시설 위반에 따른 중과실 교통사고의 책임을 질 수 있다(대판 2004도1196, 대판 2015도3105).

○ 1차량 기본과실 100%

1차량은 진로양보의무위반(10), 현저한 과실이나 중과실(10~20) 등이 있으면 30%까지 가산되고, 2차량은 현저한 과실이나 중과실(10~20)이 있으면 20%까지 가산된다.

148. 백색실선 앞지르기 중 사고 ⚫⚫⚫

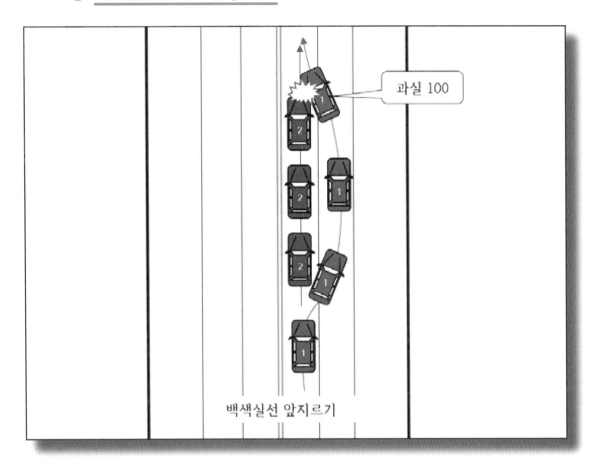

과실 100

백색실선 앞지르기

○ 1차량 가해차

1차량은 백색실선 지점에서 앞서 진행하는 차 우측으로 진로변경을 한 후 다시 되돌아오면서 2차량과 충돌된 경우 도로교통법 제22조 제1항 앞지르기방법 위반에 따른 중과실 교통사고의 책임을 진다. 앞지르기란 앞서가는 다른 차의 옆을 지나서 그 차의 앞으로 나가는 것을 말한다. 앞지르기방법위반이 아니더라도 백색실선을 침범하여 진로변경 중 직진차량과 충돌된 경우 도로교통법 제5조 지시위반에 따른 중과실 교통사고의 책임을 질 수 있다.

○ 1차량 기본과실 100%

1차량은 현저한 과실이나 중과실(10~20) 등이 있으면 20%까지 가산된다. 2차량은 진로양보의무위반(10), 앞지르기 방해금지(20), 현저한 과실이나 중고실(10~20) 등이 있으면 50%까지 가산된다.

149. 백색안전지대 비접촉 사고 ●●●

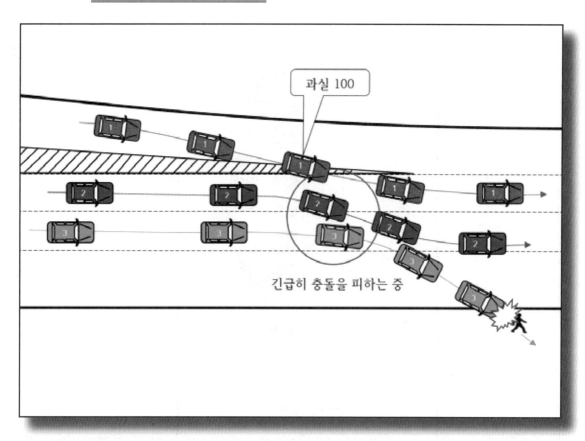

과실 100

긴급히 충돌을 피하는 중

○ 1차량 가해차

　1차량은 백색안전지대를 침범하여 진로변경하게 됨에 이를 피하려던 2, 3차량이 우측으로 방향을 틀게 되었고 3차량이 보도침범하여 보행자를 충돌한 경우 1차량은 도로교통법 제19조 제3항 진로변경방법 위반에 따른 경과실 교통사고의 책임을 진다. 백색안전지대는 노상장애물 표시를 뜻하여(일련번호 509), 도로교통법 제5조의 교통안전시설에 포함되지 않고 있으나 최근들어 백색실선이나 노면화살표위반을 도로교통법 제5조 지시위반에 해당된다는 판례가 형성되고 있음에 위 사건 역시 도로교통법 제5조 교통안전표지가 지시하는 내용을 위반했다는 취지로 중과실 교통사고의 책임을 질 수 있다.

○ 1차량 기본과실 100%

150. 고속도로 갓길 사고 ⬤⬤⬤

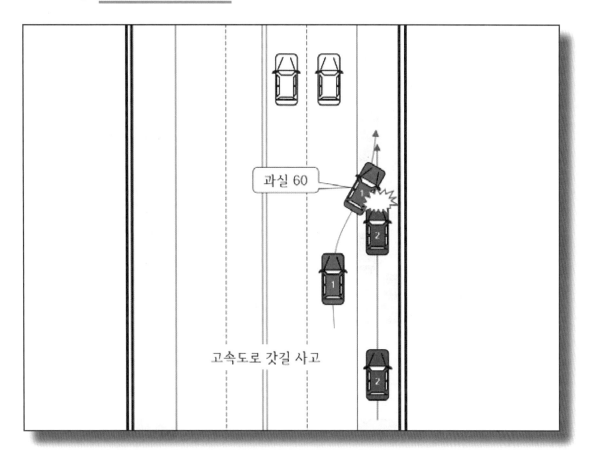

과실 60

고속도로 갓길 사고

○ 1차량 가해차

1차량은 고속도로 갓길로 진로변경 중 갓길 직진 중인 2차량을 충돌한 경우 도로교통법 제19조 제3항 진로변경 방법위반에 따른 경과실 교통사고의 책임을 진다. 갓길이란 길어깨를 말하고 길어깨란 고속도로나 자동차전용도로에서 자동차가 달리는 도로의 폭 밖의 가장자리 길을 말한다. 위급한 차량이 지나가거나 고장난 차량을 임시로 세워놓기 위한 길이다. 보도와 차도가 구분되지 아니한 도로에서 안전을 확보하기 위한 길가장자리구역과 구분된다. 선행 진입을 알고도 진로변경한 과실이 크고 진입금지된 안전지대에서는 중과실로 처리되나 갓길에서는 경과실로 처리되고 진로변경차가 가해차 된다.

○ 1차량 기본과실 60%

1차량은 진로변경 신호불이행 · 지연(10), 추월상황(10), 현저한 과실이나 중과실(10~20) 등 있으면 40%까지 가산된다. 2차량은 현저한 과실이나 중과실(10~20) 등이 있으면 20%까지 가산된다.

151. 열린 문 접촉 사고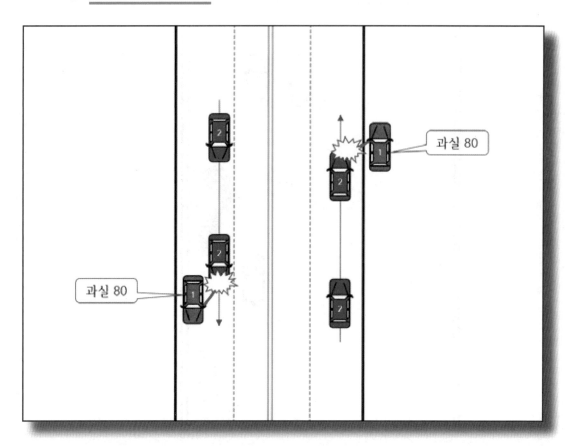

○ 1차량 가해차

1차량은 주정차 후 문을 열던 중 옆에서 진행 중인 2차량을 충돌한 경우 도로교통법 제49조 제1항 제7호 운전자 준수사항 위반에 따른 경과실 교통사고의 책임을 진다. 갑작스런 문열림은 2차량이 예상하거나 피하기 어렵다. 안전이 확인된 상태에서 문을 열어야 하고, 후행차가 알 수 있도록 차의 신호를 해야 한다. 주차시킨 후 문 열던 중 측면에서 진행하는 자전거나 보행자를 충격하여 상해를 입혔음에도 구호조치 등 필요한 조치를 취하지 않고 현장을 떠날 경우 특정범죄 가중처벌 등에 관한 법률 도주차량 운전죄에 대한 형사처벌 대상이 될 수 있다(대판 2010도1920).

○ 2차량 기본과실 80%(주행차로 문 열린차량 과실 90%)

앞차가 비상등을 켰다거나 브레이크 등이 들어왔다 나갔다 할 때에는 그 차에 사람이 타고 있으니 조심해야 한다. 1차량은 야간(10), 주행차로 쪽 문열림(10), 급박한 문열림(10), 신호불이행·지연(10) 등이 있으면 40%까지 가산되고, 버스·택시 등 대중교통 차량 승강장에서의 문열림이면 20% 감산된다.

도로교통법

제49조(모든 운전자의 준수사항 등)

① 모든 차 또는 노면전차의 운전자는 다음 각 호의 사항을 지켜야 한다.

　7. 운전자는 안전을 확인하지 아니하고 차 또는 노면전차의 문을 열거나 내려서는 아니 되며, 동승자가 교통의 위험을 일으키지 아니하도록 필요한 조치를 할 것

제48조(안전운전 및 친환경 경제운전의 의무)

① 모든 차 또는 노면전차의 운전자는 차 또는 노면전차의 조향장치와 제동장치, 그 밖의 장치를 정확하게 조작하여야 하며, 도로의 교통상황과 차 또는 노면전차의 구조 및 성능에 따라 다른 사람에게 위험과 장해를 주는 속도나 방법으로 운전하여서는 아니 된다.

152. 고속도로 낙하물 사고 ●●○

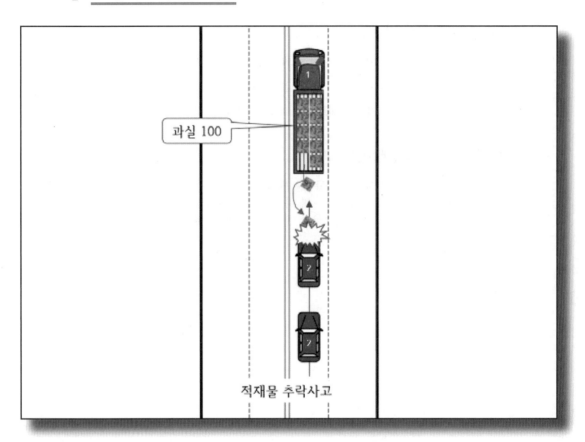

과실 100

적재물 추락사고

○ 1차량 가해차

1차량은 화물을 떨어뜨려 후행 2차량을 충격한 경우 도로교통법 제39조 제4항 위반에 따른 중과실 적재물추락방지의무 위반에 따른 중과실 교통사고의 책임을 진다. 모든 차의 운전자는 운전 중 실은 화물이 떨어지지 아니하도록 덮개를 씌우거나 묶는 등 확실하게 고정될 수 있도록 필요한 조치를 하여야 한다. 적재물이 추락하는 시점에만 책임을 물을 것인지 적재물이 추락한 이후에도 책임을 물을 것인지에 대해 판례가 구체적으로 형성된 바 없다. 적재물이 도로에 추락하는 것을 사전에 방지하려는 목적이 있음을 감안하여 적재물의 크기나 위험성 등을 감안하여 추락하는 떨어지는 찰라에 국한할 것이 아니라 도로에 추락한 적재물이 사고에 직접원인이 되었다면 추락시간과 무관하게 책임을 물어야 한다.

○ 1차량 기본과실 100%

1차량은 전용차로위반(10), 야간, 악천후 등이 시계불량(10), 추월차선(10), 현저한 과실이나 중과실(10~20) 등이 있으면 50%까지 가산된다. 2차량은 전용차로위반(10), 현저한 과실이나 중과실(10~20), 안전거리미확보(10) 등이 있으면 50%까지 가산된다.

〔적재물 추락사고〕

도로교통법

제39조(승차 또는 적재의 방법과 제한)

④ 모든 차의 운전자는 운전 중 실은 화물이 떨어지지 아니하도록 덮개를 씌우거나 묶는 등 확실하게 고정될 수 있도록 필요한 조치를 하여야 한다.

교통사고처리특례법

제3조(처벌의 특례)

① 차의 운전자가 교통사고로 인하여 「형법」 제268조의 죄를 범한 경우에는 5년 이하의 금고 또는 2천만원 이하의 벌금에 처한다.

② 차의 교통으로 제1항의 죄 중 업무상과실치상죄(業務上過失致傷罪) 또는 중과실치상죄(重過失致傷罪)와 「도로교통법」 제151조의 죄를 범한 운전자에 대하여는 피해자의 명시적인 의사에 반하여 공소(公訴)를 제기할 수 없다. 다만, 차의 운전자가 제1항의 죄 중 업무상과실치상죄 또는 중과실치상죄를 범하고도 피해자를 구호(救護)하는 등 「도로교통법」 제54조 제1항에 따른 조치를 하지 아니하고 도주하거나 피해자를 사고 장소로부터 옮겨 유기(遺棄)하고 도주한 경우, 같은 죄를 범하고 「도로교통법」제44조 제2항을 위반하여 음주측정 요구에 따르지 아니한 경우(운전자가 채혈 측정을 요청하거나 동의한 경우는 제외한다)와 다음 각 호의 어느 하나에 해당하는 행위로 인하여 같은 죄를 범한 경우에는 그러하지 아니하다

12. 「도로교통법」 제39조제4항을 위반하여 자동차의 화물이 떨어지지 아니하도록 필요한 조치를 하지 아니하고 운전한 경우

153. 주차장 출발 사고 ●●○

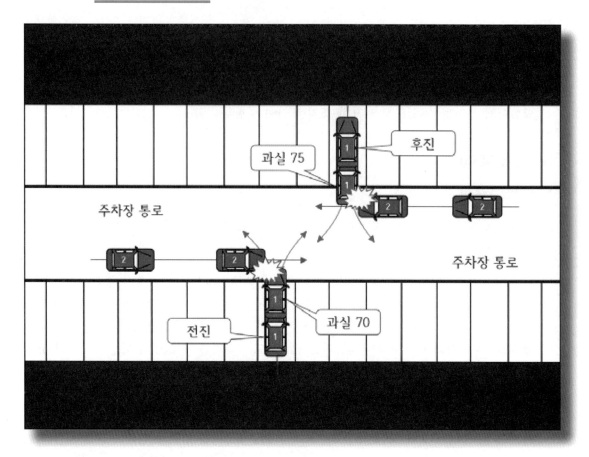

○ 1차량 가해차

1차량은 주차된 상태에서 출발하던 중 주차장 통로를 진행하는 2차량과 충돌된 경우 도로교통법 제48조 제1항 안전운전의무위반에 따른 경과실 교통사고의 책임을 진다. 차의 운전자가 업무상 필요한 주의를 게을리하거나 중대한 과실로 다른 사람의 건조물이나 그 밖의 재물을 손괴한 경우에는 도로교통법 제151조 규정에 따라 2년 이하의 금고나 500만원 이하의 벌금에 처해진다. 형법에서 과실에 의한 재물손괴죄가 없으나 도로교통법에서 특별규정을 두었다. 물적피해 교통사고는 합의가 되거나 보험에 가입되어 있으면 형사처벌이 면제된다.

○ 1차량 기본과실 70%(전진), 75%(후진)

1차량은 서행불이행(10), 현저한 과실이나 중과실(10~20) 등이 있으면 30%까지 가산되고, 앞부분 내밀고 대기하는 중이거나(10), 주행방향으로 45도 전환(10) 등이 있으면 20%까지 감산된다. 2차량은 서행불이행(10), 오른쪽 통행 불이행(10), 화살표 반대방향 역주행(10), 현저한 과실이나 중과실(10~20) 등이 있으면 50%까지 가산되고 주차구역을 통과했으면 10% 감산된다.

154. 이면도로 교행 사고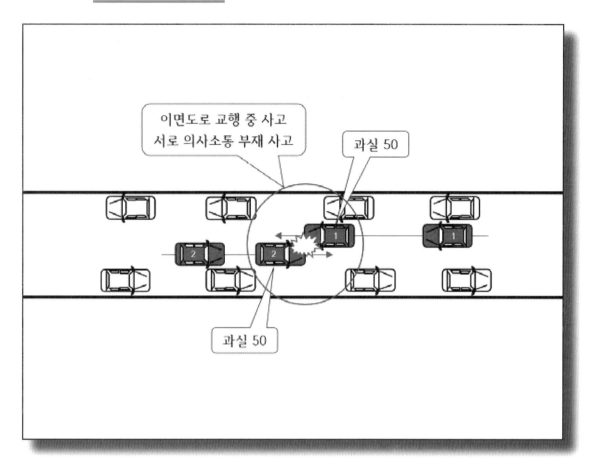

○ 1차량 가해차

1차량은 주차된 차들로 폭이 좁은 도로를 진행하던 중 맞은편에서 직진해 오는 2차량과 충돌된 경우 도로교통법 제48조 제1항 안전운전의무 위반에 따른 경과실 교통사고의 책임을 진다. 일시정지를 이유로 일방과실을 주장하는 것은 문제가 있다. 우측통행해야 하고 올라가는 자동차가 양보해야 한다. 2차량 역시 1차량과 같은 경과실 교통사고에 대한 책임을 진다.

○ 1차량 기본과실 50%

155. 경사도로 주차차량 이동 중 사고 ●●●

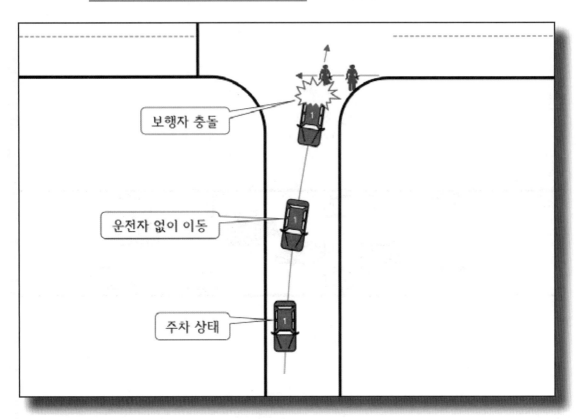

보행자 충돌

운전자 없이 이동

주차 상태

○ 1차량 가해차

1차량은 제동장치가 이동하다가 사람을 다치게 한 경우 형법 제268조 업무상과실치사상에 따른 안전사고의 책임을 진다. 안전사고는 반의사불벌죄가 아니므로 교통사고와 달리 피해자의 처벌의사와 관계 없이 처벌대상이 된다. 안전사고와 교통사고를 구분함에 있어, 교통사고는 운전과 동일하게 평가할 수 있을 정도로 밀접하게 관련된 행위를 운전자가 운전석에 앉아 있었거나, 운전석이 아니더라도 운전자가 차량에 탑승해 있었거나, 운전을 시작하거나 끝낼 때 문을 열거나 닫을 때, 운전석에서 나왔어도 차량 부근에 있으면서 즉시 운전할 수 있고 상태임이 확인된 경우로 한정하고 있다. 운전을 종료하고 주차시킨 경우, 비록 차량 옆에 서 있더라도 교통사고로 볼 수 없고, 주정차를 시켜 놓고 장시간 작업을 한다거나, 주정차 후 식당으로 식사하러 가는 도중에 발생된 사고는 비록 차에서 내린 시간과 사고시간이 근접하고, 사고차량 옆이나 부근에 있었더라도 교통사고로 보지 않는다(대판 2016도21034, 대판 2006도7272, 대판 2010도1920, 대판 2009도2390 등).

제4장

이륜차 사고

01. 상시 유턴 사고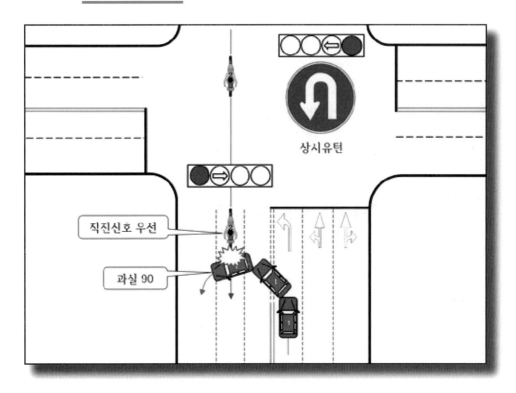

○ 1차량 가해차

1차량은 유턴지점에서 유턴 중 맞은편에서 녹색신호 직진차량과 충돌된 경우 도로교통법 제18조 제1항 유턴위반에 따른 경과실 교통사고의 책임을 진다. 유턴시기가 따로 정해지지 않았다면 교차로 신호와 관계 없이 다른 차마의 정상적인 통행을 방해할 우려가 없을 때 상시 유턴할 수 있다. 2차량은 유턴지점을 진행하고 있음에 전방주시를 명확히 하고 제동장치와 조향장치 등을 정확히 조작하는 등 안전하게 운전해야 한다.

○ 1차량 기본과실 90%

1차량은 신호불이행·지연(10), 현저한 과실이나 중과실(10~20) 등 있으면 30%까지 가산되고, 회전 종료 직후 사고가 발생되면 10% 감산된다. 2차량은 신호위반(90), 현저한 과실이나 중과실(10~20) 등 있으면 110%까지 가산된다.

O2. 상시 유턴 사고(1)

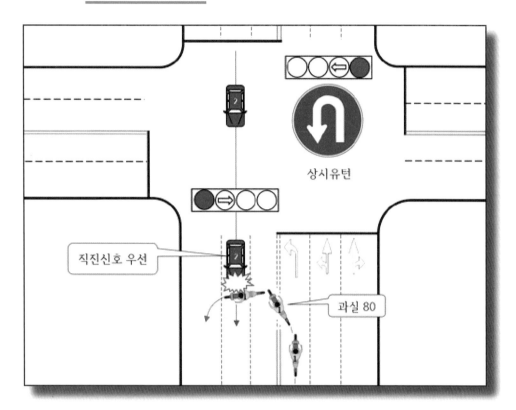

○ 1차량 가해차

1차량은 유턴지점에서 유턴 중 맞은편에서 녹색신호 직진차량과 충돌된 경우 도로교통법 제18조 제1항 유턴위반에 따른 경과실 교통사고의 책임을 진다. 유턴시기가 따로 정해지지 않았다면 교차로 신호와 관계 없이 다른 차마의 정상적인 통행을 방해할 우려가 없을 때 상시 유턴할 수 있다. 2차량은 유턴지점을 진행하고 있음에 전방주시를 명확히 하고 제동장치와 조향장치 등을 정확히 조작하는 등 안전하게 운전해야 한다.

○ 1차량 기본과실 80%

1차량은 신호불이행·지연(10), 현저한 과실이나 중과실(10~20) 등 있으면 30%까지 가산되고, 회전 종료 직후 사고가 발생되면 10% 감산된다. 2차량은 신호위반(90), 현저한 과실이나 중과실(10~20) 등 있으면 110%까지 가산된다.

03. 상시 유턴 사고(2) ●●●

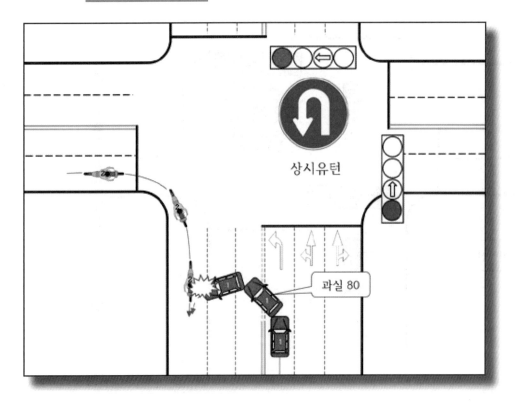

○ 1차량 가해차

1차량은 유턴지점에서 유턴 중 맞은편에서 녹색신호 우회전 하는 차량과 충돌된 경우 도로교통법 제18조 제1항 유턴위반에 따른 경과실 교통사고의 책임을 진다. 유턴시기가 따로 정해지지 않았다면 교차로 신호와 관계 없이 다른 차마의 정상적인 통행을 방해할 우려가 없을 때 상시 유턴할 수 있다. 2차량은 유턴지점을 진행하고 있음에 전방주시를 명확히 하고 제동장치와 조향장치 등을 정확히 조작하는 등 안전하게 운전해야 한다.

○ 1차량 기본과실 80%

1차량은 좌회전 신호불이행·지연(10), 현저한 과실이나 중과실(10~20) 등 있으면 30%까지 가산된다. 2차량은 우회전 신호불이행(10), 급우회전(10), 대우회전(20), 현저한 과실이나 중과실(10~20) 등이 있으면 60%까지 가산된다.

O4. 좌회전 시 유턴 사고 ●○○

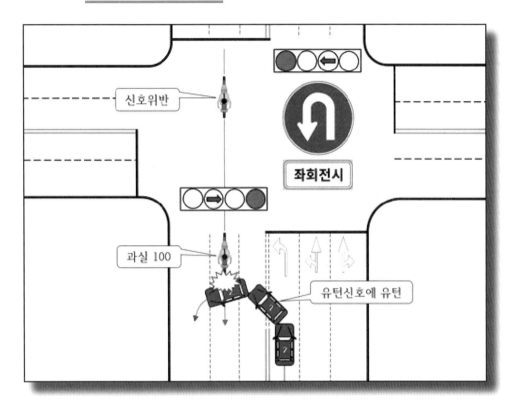

○ 1차량 가해차

1차량은 신호위반하고 직진 중 유턴차량과 충돌된 경우 도로교통법 제5조 신호위반에 따른 중과실 교통사고의 책임을 진다. 차량신호 적색에는 정지선 전에 멈춰야 한다. 2차량은 유턴신호 시기가 없으면 신호와 관계 없이 맞은편 차량이 없으면 유턴할 수 있다. 유턴시기에 유턴하더라도 교차로에서 늦게 진행해 오는 차량이 있을 수 있고 우회전하는 차량도 있을 수 있어 교통상황을 살피며 안전하게 운전해야 한다.

○ 1차량 기본과실 100%

1차량은 현저한 과실이나 중과실(10~20) 등 있으면 20%까지 가산된다. 2차량은 신호불이행·지연(10), 현저한 과실이나 중과실(10~20) 등이 있으면 30%까지 가산된다.

05. 좌회전 시 유턴 사고(1)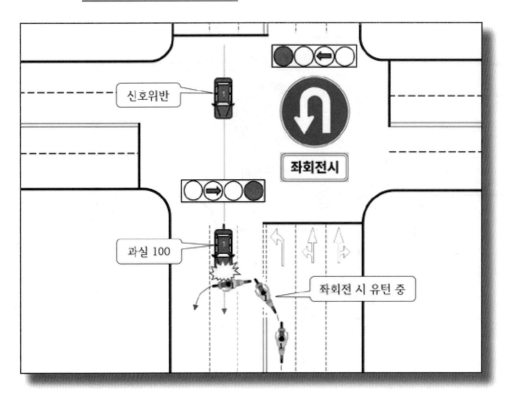

○ 1차량 가해차

1차량은 신호위반하고 직진 중 유턴차량과 충돌된 경우 도로교통법 제5조 신호위반에 따른 중과실 교통사고의 책임을 진다. 차량신호 적색에는 정지선 전에 멈춰야 한다. 2차량은 유턴신호 시기가 없으면 신호와 관계 없이 맞은편 차량이 없으면 유턴할 수 있다. 유턴시기에 유턴하더라도 교차로에서 늦게 진행해 오는 차량이 있을 수 있고 우회전하는 차량도 있을 수 있어 교통상황을 살피며 안전하게 운전해야 한다.

○ 1차량 기본과실 100%

1차량은 현저한 과실이나 중과실(10~20) 등 있으면 20%까지 가산된다. 2차량은 신호불이행·지연(10), 현저한 과실이나 중과실(10~20) 등 30%까지 가산된다.

06. 좌회전 시 유턴 사고 ●●●

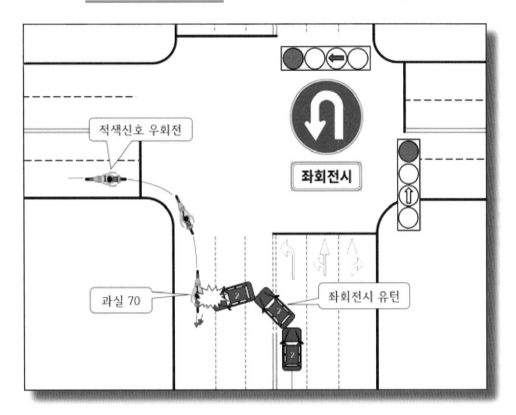

○ 1차량 가해차

1차량은 차량신호 적색에 우회전 중 맞은편 유턴지점에서 신호에 따라 유턴 중인 2차량과 충돌된 경우 도로교통법 제48조 제1항 안전운전의무위반에 따른 경과실 교통사고의 책임을 진다. 우회전 직전 전방신호가 적색일 때 우회전할 때는 신호에 따르는 유턴 차량이 있는지 살피고 양보해야 한다. 2차량은 우회전 차량이 있는지 살피며 안전하게 유턴해야 한다.

○ 1차량 기본과실 70%

1차량은 우회전 신호불이행(10), 급우회전(10), 대우회전(20), 현저한 과실이나 중과실(10~20) 등 있으면 60%까지 가산된다. 2차량은 좌회전 신호불이행·지연(10), 현저한 과실이나 중과실(10~20) 등 있으면 30%까지 가산된다.

O7. 비보호좌회전 사고

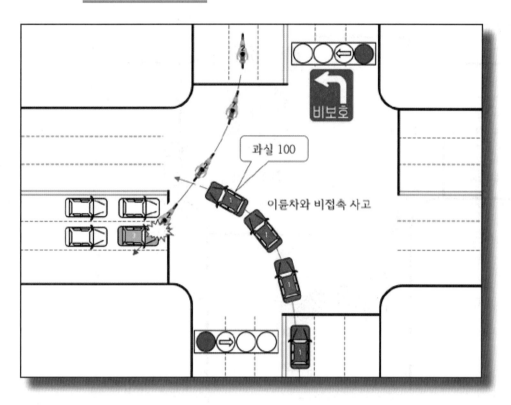

과실 100

이륜차와 비접촉 사고

비보호

○ 1차량 가해차

1차량은 녹색신호 비보호좌회전 중 맞은편 직진차량과 충돌된 경우 도로교통법 제48조 제1항 안전운전의무위반에 따른 경과실 교통사고의 책임을 진다. 교통사고 책임은 법규위반이 교통사고에 직접원인이 되었으면 족하고 법규위반 차와 직접 충돌해야 하는 것은 아니다. 2차량은 1차량이 서행으로 좌회전하다가 직진차 양보를 위해 일시정지를 했음에도 과속하여 무리하여 진입하다가 교통사고가 발생된 경우 도로교통법 제48조 제1항 안전운전의무 위반에 따른 경과실 교통사고의 책임을 질 수 있다.

○ 1차량 기본과실 100%

1·2차량은 현저한 과실이나 중과실(10~20) 등 있으면 20%까지 가산된다.

O8. 안전지대 침범 사고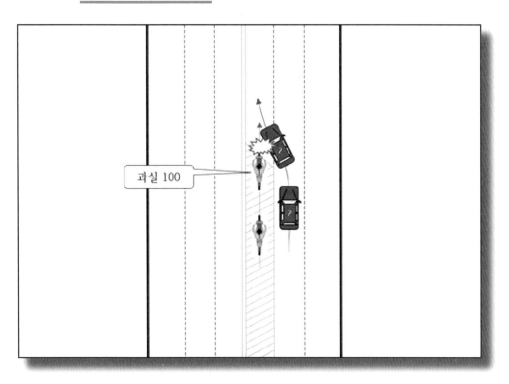

○ 1차량 가해차

1차량은 안전지대를 침범하여 직진 중 정상적으로 진로변경 중인 2차량을 충돌한 경우 도로교통법 제5조 지시위반에 따른 중과실 교통사고에 대한 책임을 진다. 안전지대 표시는 이 지대에 들어가지 못함을 표시하는 것이다. 차마의 운전자는 안전지대 등 안전표지에 의하여 진입이 금지된 장소에 들어가서는 안 된다. 안전지대의 옆을 통과하는 차량의 운전자는 그 부근을 운전하는 다른 차량이 안전지대를 횡단하여 자기 차량의 진로 앞에 달려드는 일이 없을 것이라고 신뢰하는 것은 당연하고 안전지대를 횡단하여 오는 차량이 있을 것을 미리 예상하고 운전할 업무상 주의의무를 기대할 수 없다(대판 82도1018, 대판 95다44153).

○ 1차량 기본과실 100%

1차량은 현저한 과실이나 중과실 (10~20)등 있으면 20%까지 가산된다. 2차량은 진로변경 신호불이행, 지연(10), 현저한 과실이나 중과실(10~20) 등이 있으면 30%까지 가산된다.

09. 안전지대 벗어나 사고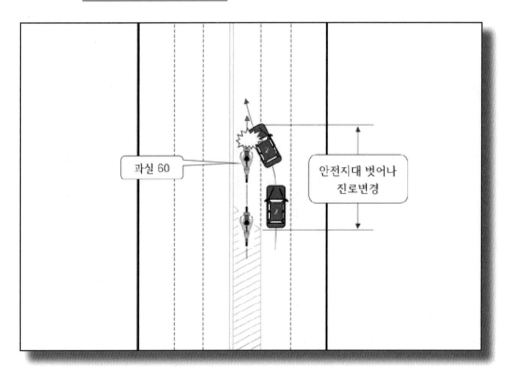

과실 60

안전지대 벗어나
진로변경

○ 1차량 가해차

　1차량은 안전지대를 침범하여 직진 중 안전지대를 벗어나 진로변경 중인 2차량을 충돌한 경우 도로교통법 제 48조 제1항 안전운전의무위반에 따른 경과실 교통사고의 책임을 진다. 안전지대 침범이 직접원인이 되었으면 도로교통법 제5조 지시위반에 따른 중과실 교통사고 책임을 질 수 있다. 진로변경 차가 안전지대와 떨어져 있는 상태에서 진로변경을 하였더라도 안전지대를 침범해서 직진해 오리라고 예상하기 어렵다. 진로변경 차는 다소 늦게 했더라도 안전지대로 차가 올 것을 알지 못했다.

○ 1차량 기본과실 60%

　1차량은 현저한 과실이나 중과실 (10~20)등이 있으면 20%까지 가산된다. 2차량은 진로변경 신호불이행, 지연(10), 현저한 과실이나 중과실(10~20)등이 있으면 30%까지 가산된다.

10. 안전지대 진입 직후 사고 ●●●

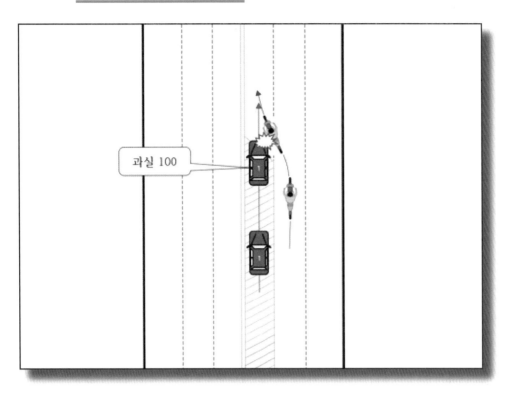

과실 100

○ 1차량 가해차

1차량은 안전지대를 침범하여 직진 중 정상적으로 진로변경 중인 2차량을 충돌한 경우 도로교통법 제5조 지시위반에 따른 중과실 교통사고의 책임을 진다. 안전지대 표시는 이 지대에 들어가지 못함을 표시하는 것이다. 차마의 운전자는 안전지대 등 안전표지에 의하여 진입이 금지된 장소에 들어가서는 안 된다. 안전지대의 옆을 통과하는 차량의 운전자는 그 부근을 운전하는 다른 차량이 안전지대를 횡단하여 자기 차량의 진로 앞에 달려드는 일이 없을 것이라고 신뢰하는 것은 당연하고 안전지대를 횡단하여 오는 차량이 있을 것을 미리 예상하고 운전할 업무상 주의의무를 기대할 수 없다(대판 95도2716, 대판 95다44153 등).

○ 1차량 기본과실 100%

1차량은 현저한 과실이나 중과실(10~20)등 있으면 20%까지 가산된다. 2차량은 진로변경 신호불이행, 지연(5), 현저한 과실이나 중과실(10~20)등 있으면 25%까지 가산된다.

11. 안전지대 벗어난 지점 사고 ●●●

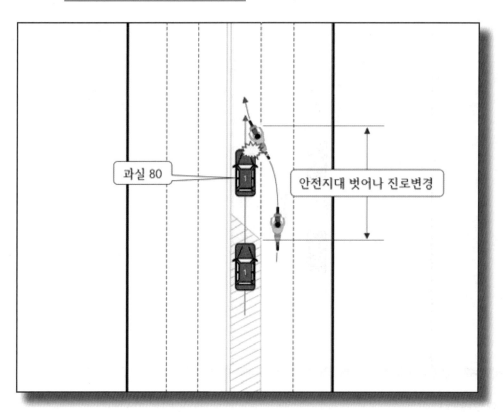

과실 80

안전지대 벗어나 진로변경

○ 1차량 가해차

1차량은 안전지대를 침범하여 직진 중 안전지대를 벗어나 진로변경 중인 2차량을 충돌한 경우 도로교통법 제48조 제1항 안전운전의무위반에 따른 경과실 교통사고의 책임을 진다. 안전지대 침범이 직접 원인이 되었으면 도로교통법 제5조 지시위반에 따른 중과실 교통사고의 책임을 질 수 있다.

○ 1차량 기본과실 80%

1차량은 현저한 과실이나 중과실(10~20)등 있으면 20%까지 가산된다. 2차량은 진로변경 신호불이행.지연(5), 현저한 과실이나 중과실(10~20)등 있으면 25%까지 가산된다.

12. 회전교차로 사고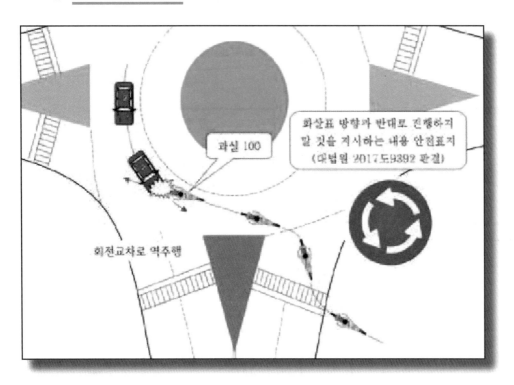

화살표 방향과 반대로 진행하지 말 것을 지시하는 내용 안전표지 (대법원 2017도9392 판결)

과실 100

회전교차로 역주행

○ 1차량 가해차

　1차량은 회전교차를 역주행하던 중 정상적으로 회전하는 2차량과 충돌된 경우 도로교통법 제 5조 지시위반에 따른 중과실 교통사고의 책임을 진다. 회전교차로 역주행은 도교법 제5조 지시 위반이다(대판 2017도9392). 회전을 표시하는 교통안전표지(일련번호 304)는 회전교차로 표 지로 화살표 방향으로 회전할 것을 지시하고, 유도표시(일련번호 526)는 교차로 회전시 통행방 법을 뜻한다.

○ 1차량 기본과실 100%

13. 일방통행로 역주행 중 사고 ●●●

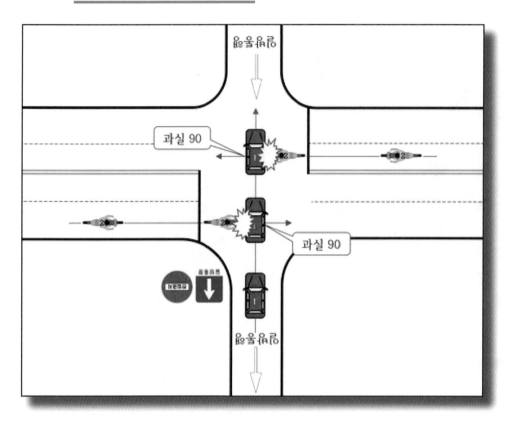

○ 1차량 가해차

1차량은 소로 일방통행로 역주행 중 교차로에 이르러 대로 직진중인 2차량 이륜차량과 충돌된 경우 도로교통법 제5조 지시위반에 따른 중과실 교통사고의 책임을 진다.

○ 1차량 기본과실 90%

1·2차량은 현저한 과실이나 중대한 과실 등이 있으면 20%까지 가산된다.

14. 일방통행로 역주행 중 사고(1)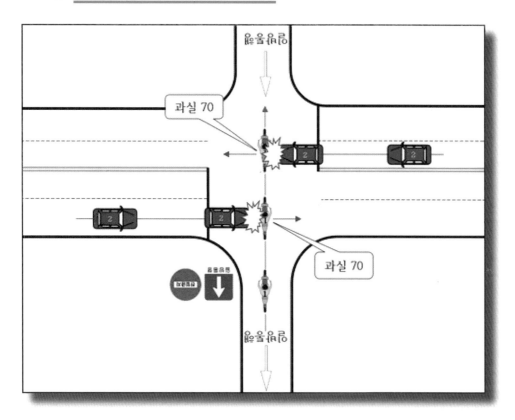

과실 70

과실 70

○ 1차량 가해차

1차량은 소로 일방통행로 역주행 중 교차로에 이르러 대로 직진중인 2차량과 충돌된 경우 도로교통법 제5조 지시위반에 따른 중과실 교통사고의 책임을 진다.

○ 1차량 기본과실 70%

1 · 2차량은 현저한 과실이나 중대한 과실 등이 있으면 20%까지 가산된다.

15. 중앙선 침범 사고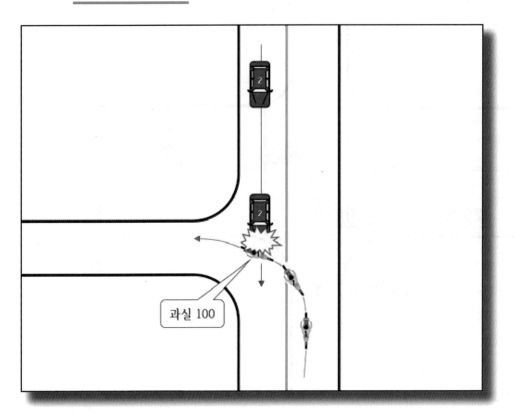

○ 1차량 가해차

1차량은 중앙선 실선 지점에서 좌회전 중 맞은편 직진 2차량과 충돌된 경우 도로교통법 제13조 제3항 중앙선침범에 따른 중과실 교통사고의 책임을 진다.

○ 1차량 기본과실 100%

1차량은 야간 기타 시야장애의 경우(5), 간선도로(5), 신호불이행 또는 지연(10), 현저한 과실이나 중과실(5~10)등이 있으면 40%까지 가산되고, 이미 좌회전 한 경우 10% 감산된다. 2차량은 현저한 과실이나 중과실(10~20) 등이 있으면 20%까지 가산된다.

16. 점선 중앙선 침범 좌회전 중 사고 ●○○

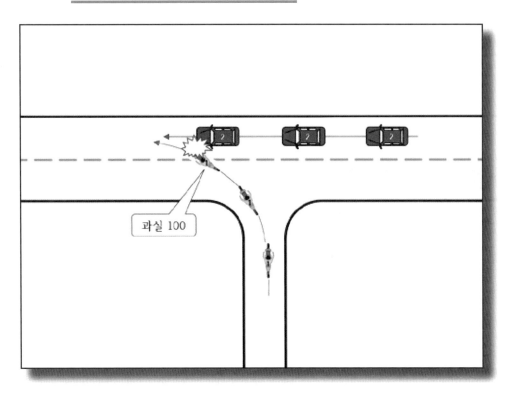

과실 100

○ 1차량 가해차

1차량은 중앙선 점선 지점에서 좌회전 중 맞은편 직진 2차량과 충돌된 경우 도로교통법 제13조 제3항 중앙선침범에 따른 중과실 교통사고의 책임을 진다.

○ 1차량 기본과실 100%

1차량은 야간 기타 시야장애의 경우(5), 간선도로(5), 서행불이행(10), 중앙선 침범하여 반대편으로 진입 시(20), 현저한 과실이나 중과실(10~20) 등이 있으면 60%까지 가산되고, 차량 앞부분 내밀고 대기(10), 이미 좌회전한 경우(10) 등이 있으면 20% 감산된다. 2차량은 현저한 과실이나 중과실(10~20) 등이 있으면 20%까지 가산된다.

17. 점선 중앙선 좌회전·우회전 중 사고 🔴⚫⚫

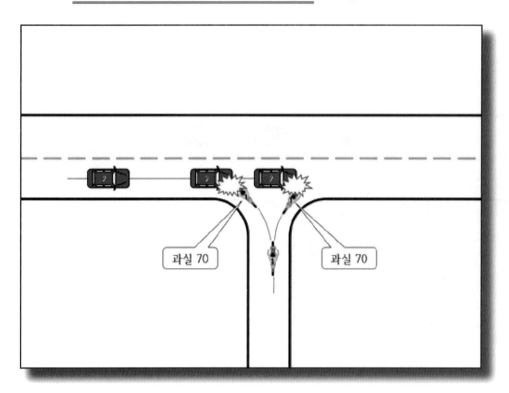

○ 1차량 가해차

1차량은 중앙선 점선 지점에서 좌회전 또는 우회전 중 좌측에서 직진하는 차량과 충돌된 경우 도로교통법 제48조 제1항 안전운전의무위반 등에 따른 경과실 교통사고의 책임을 진다.

○ 1차량 기본과실 70%

1차량은 야간 기타 시야장애의 경우(5), 간선도로(5), 서행불이행(10), 중앙선 침범하여 반대 편으로 진입 시(20), 현저한 과실이나 중과실(10~20) 등이 있으면 60%까지 가산되고, 차량 앞 부분 내밀고 대기(10), 이미 좌회전한 경우(10) 등이 있으면 20% 감산된다. 2차량은 현저한 과 실이나 중과실(10~20) 등이 있으면 20%까지 가산된다.

18. 골목에서 좌회전 중 사고(이륜차 좌측 직진) ●○○

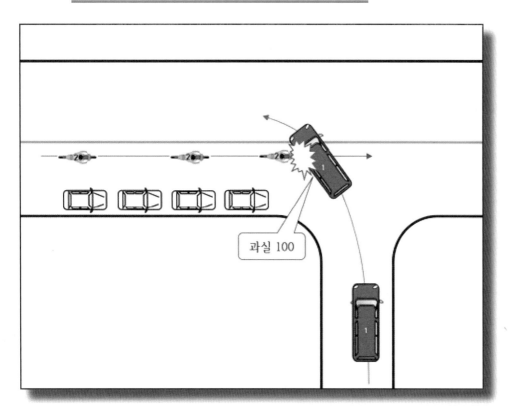

과실 100

○ 1차량 가해차

2013. 3. 25. 08:30경 피고인이 렉스턴 승용차를 운전하여 나주시 금천면 오강리 소문난 한 우곰탕 음식점 앞 도로를 삼보주택 방면에서 금천면사무소 방면으로 진행함에 있어 중앙선을 가로질러 좌회전을 하게 되었다. 마침 금천면사무소 방면에서 금천사거리 방면으로 진행하는 피해자 운전의 오토바이를 피고인 차량의 좌측 옆부분으로 충돌케 하였다. 이로 인하여 오토바이 운전자인 피해자는 전치 약 6주간의 치료를 요하는 상해를 입었다.

대법원 2014. 3. 14. 선고 2014도276 판결은 좌회전이 허용되지 않는 T자형 도로에서 피고인 차량이 우회전을 하지 아니하고 도로를 횡단하는 형태로 진입하는 과정에서 발생한 사실, 피고인의 차량이 중앙 부분을 넘은 사실이 인정되기는 하나, 피해자가 진행한 도로와 같지 않은 점, 피고인의 차량은 금천사무소 금천사거리 간 도로에 설치된 중앙선을 넘지 아니한 점 등에 비추어 교통사고처리특례법 제3조 제2항 단서 제2호의 중앙선침범 행위로 인하여 발생한 것이라고 보기 어렵고 달리 이를 인정할 만한 증거가 없다면서, 자동차 종합보험에 가입된 사실이 인정되므로 공소를 제기할 수 없다며 무죄를 선고했다.

19. 3차로에서 유턴 중 사고(이륜차 직진)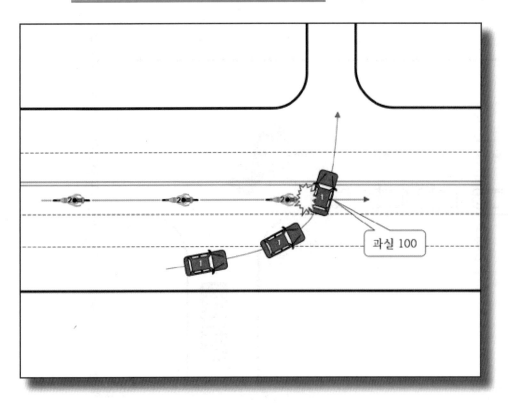

○ 1차량 가해차

2009. 9. 17. 17:00경 피고인이 봉고프런티어 차량을 운전하여 거제시 아주동에 있는 옥포카센터 반대편 14번 국도의 편도 3차로 도로의 3차로를 따라 진행하다가 반대 차선으로 유턴하기 위해 중앙선을 침범하여 급격하게 1차로로 차선을 변경한 후 핸들을 좌측으로 꺾어 중앙선의 일부를 침범하였다. 마침 피고인의 같은 방향 뒤편 1차로를 따라 진행하던 피해자 운전의 오토바이가 앞부분으로 피고인 차량의 운전석 방향 적재함 부분을 들이 받았고 이 사고로 피해자는 약 6주간의 치료를 요하는 상해를 입었다. 대법원 2011. 12. 13. 선고 2011도7943 판결은 피고인이 차로변경 방법을 위반하여 급격하게 차로를 변경함으로써 같은 진행방향 후행 차량의 진로를 막아선 과실이 직접적인 원인이 되어 발생한 것이지 중앙선 침범 행위가 그 직접적인 원인이 되었다고 보기는 어렵다며 교통사고처리특례법 제3조 제2항 단서 제2호, 형법 제268조의 중과실 중앙선침범 사고에 대해 무죄를 선고했다.

2O. 역주행 중 사고 ●●●

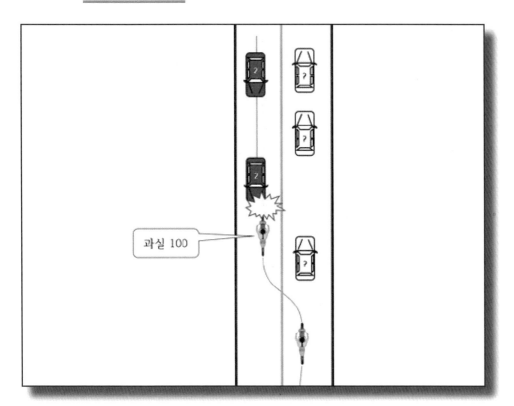

과실 100

○ 1차량 가해차

1차량은 중앙선 침범하여 역주행하다가 맞은편 직진하는 2차량과 충돌된 경우 도로교통법 제13조 제3항 중앙선 침범에 따른 중과실 교통사고의 책임을 진다.

○ 1차량 기본과실 100%

1차량은 추월금지장소에서 추월(10), 현저한 과실이나 중과실(10~20)등이 있으면 30%까지 가산된다. 2차량은 현저한 과실이나 중과실(10~20) 등이 있으면 20%까지 가산된다.

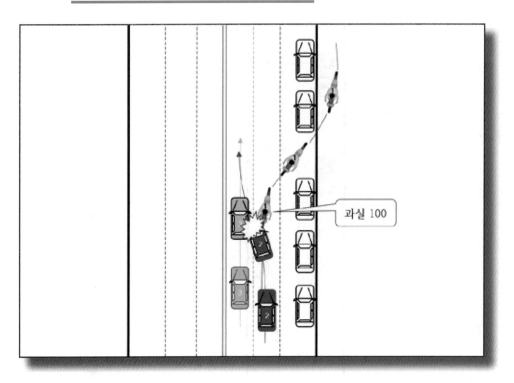

과실 100

○ 1차량 가해차

1차량은 중앙선이 설치된 곳에서 역주행하다가 정상적으로 진행하는 2차량과 충돌된 경우 도로교통법 제13조 제3항 중앙선침범 위반에 따른 중과실 교통사고의 책임을 진다.

○ 1차량 기본과실 100%

1·2차량은 현저한 과실이나 중과실(10~20) 있으면 20%까지 가산된다.

22. 앞지르기 사고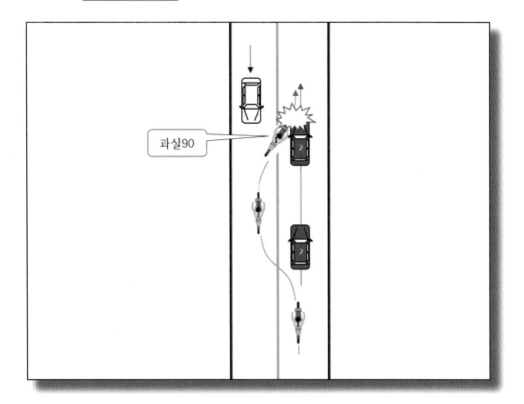

○ 1차량 가해차

1차량은 중앙선 침범하여 역주행하다가 다시 복귀하던 중 2차량과 충돌된 경우 도로교통법 제13조 제3항 중앙선 침범에 따른 중과실 교통사고의 책임을 진다.

○ 1차량 기본과실 100%

1차량은 현저한 과실이나 중과실(10~20)등이 있으면 20%까지 가산된다. 2차량은 진로양보의무 위반(10), 앞지르기 방해금지 위반(20), 현저한 과실이나 중과실(10~20) 등이 있으면 50%까지 가산된다.

23. 교차로 앞지르기 중 사고 ⬛⬤⬤⬤

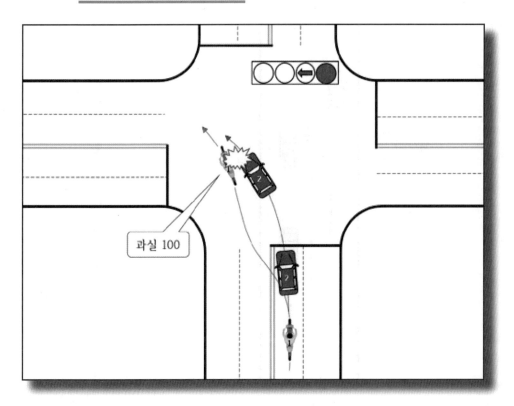

○ 1차량 가해차

1차량은 교차로에서 앞서 있는 2차량의 좌측으로 앞지르기 중 2차량과 충돌되면 도로교통법 제22조 제3항 제1호 교차로에서의 앞지르기 금지장소 위반에 따른 중과실 교통사고의 책임을 진다.

○ 1차량 기본과실 100%

1차량은 현저한 과실이나 중과실(10~20) 등이 있으면 20%까지 가산되고 추월이 허용된 장소이면 20% 감산된다. 2차량은 진로변경신호 지연(5), 진로변경신호 불이행(10), 미리 중앙선에 다가서지 않음(10), 현저한 과실이나 중과실(10~20) 등이 있으면 45%까지 가산된다.

24. 후행 이륜차가 선행차 앞지르기 중 사고 ●●●

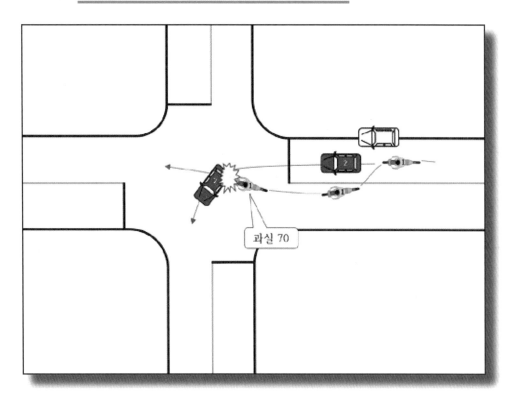

과실 70

○ 1차량 가해차

1차량은 신호등 없는 교차로에서 직진하는 2차량의 좌측을 통해 우회전 하던 중 2차량과 충돌된 경우 도로교통법 제21조 제3항 앞지르기 금지장소에서의 앞지르기 위반에 따른 중과실 교통사고의 책임을 진다.

○ 1차량 기본과실 70%

1차량은 현저한 과실이나 중과실(10~20) 등 있으면 20%까지 가산되고, 추월이 허용된 장소이면 20% 감산된다. 2차량은 미리 중앙에 다가서지 않거나(10), 진로변경 신호불이행, 지연(10), 좌회전 금지위반(20), 현저한 과실이나 중과실(10~20) 등이 있으면 60%까지 가산된다.

25. 후행 이륜차가 앞지르기 중 사고 ●●●

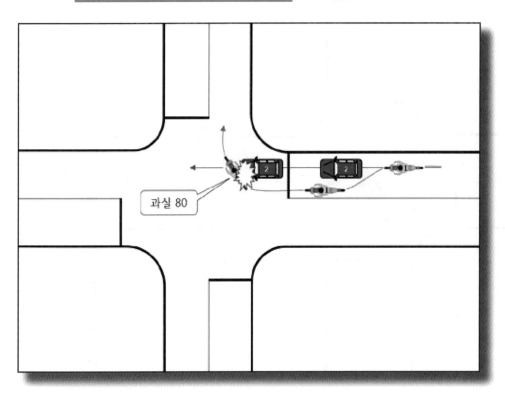

과실 80

○ 1차량 가해차

1차량은 신호등 없는 교차로에서 직진하는 2차량의 좌측을 통해 우회전 하던 중 2차량과 충돌된 경우 도로교통법 제21조 제3항 앞지르기 금지장소에서의 앞지르기 위반에 따른 중과실 교통사고의 책임을 진다.

○ 1차량 기본과실 80%

1차량은 신호불이행, 지연(10), 현저한 과실이나 중과실(10~20) 등이 있으면 30%까지 가산된다. 2차량은 현저한 과실이나 중과실(10~20) 등이 있으면 20%까지 가산된다.

26. 끝 차로 직진 사고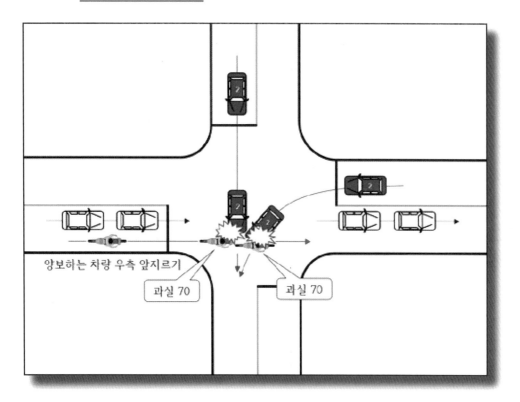

양보하는 차량 우측 앞지르기

과실 70

과실 70

○ 1차량 가해차

1차량은 신호등 없는 교차로에서 직진하던 중 차량정체로 멈춰 있는 차량의 우측을 이용하여 직진하던 중 좌회전 또는 직진하는 차량과 충돌된 경우 도로교통법 제48조 제1항 안전운전 의무위반 등에 따른 경과실 교통사고의 책임을 진다. 2차량은 교차로 우회전할 때 미리 도로 우측 가장자리를 서행하면서 우회전해야 한다.

○ 1차량 기본과실 70%

1차량은 이륜차 통과여지가 넓지 않은 경우(10), 현저한 과실이나 중과실(10~20) 등이 있으면 30%까지 가산된다. 2차량은 교차로가 아닌 경우(10), 현저한 과실이나 중과실(10~20) 등이 있으면 30%까지 가산된다.

27. 후행 이륜차 직진 중 사고 ●●●

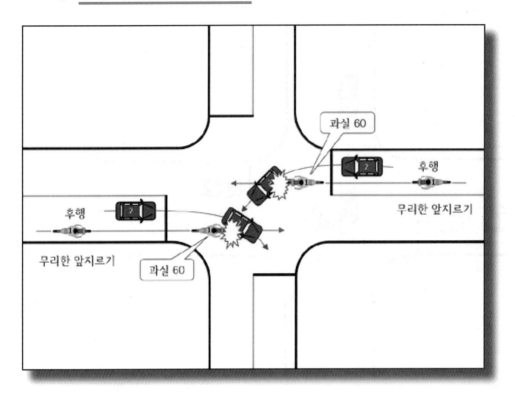

O 1차량 가해차

1차량은 신호등 없는 교차로에서 직진하던 중 우회전 하는 2차량과 충돌된 경우 도로교통법 제19조 제1항 안전거리미확보 또는 제48조 제1항 안전운전의무위반 등에 따른 경과실 교통사고의 책임을 진다. 2차량은 교차로 우회전할 때 미리 도로 우측 가장자리를 서행하면서 우회전해야 한다. 넓게 우회전할 경우 사고발생에 직접원인이 되어 가해차량이 될 수도 있다.

O 1차량 기본과실 60%

1차량은 현저한 과실이나 중대한 과실(10~20) 등이 있으면 20%까지 가산된다. 2차량은 신호불이행·지연(10), 회전방법위반(10), 서행불이행(10), 동일차로가 아닌 경우(20), 현저한 과실이나 중대한 과실(10~20) 등이 있으면 70%까지 가산된다.

28. 후행 승용차 좌우회전 중 사고 ●●●

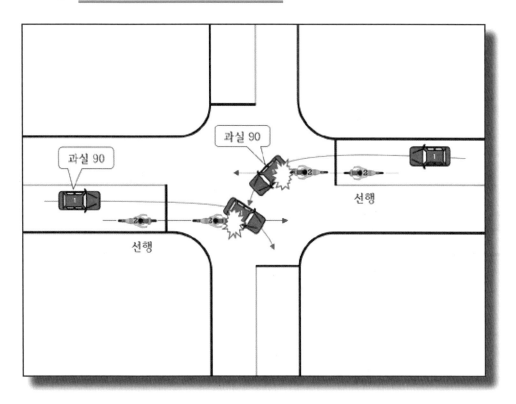

○ 1차량 가해차

1차량은 신호등 없는 교차로에서 직진하던 중 우회전하는 2차량과 충돌될 경우 도로교통법 제25조 제1항 교차로통행방법위반 또는 도로교통법 제19조 제1항 안전거리미확보 위반 등에 따른 경과실 교통사고의 책임을 진다. 우회전할 때는 미리 도로의 우측 가장자리를 서행하면서 우회전해야 한다.

○ 1차량 기본과실 90%

1차량은 신호불이행(10), 동일차로가 아닌 경우(20), 현저한 과실이나 중과실(10~20) 등이 있으면 50%까지 가산된다. 2차량은 현저한 과실이나 중과실(10~20) 등이 있으면 20%까지 가산된다.

29. 선행차 이륜차 우회전 중 사고 ⬤⬤⬤

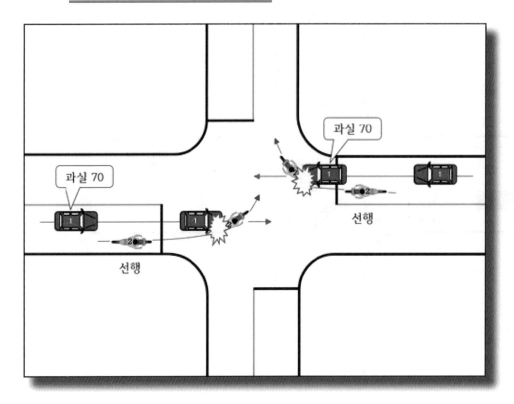

○ 1차량 가해차

1차량은 신호등 없는 교차로에서 직진하던 중 앞서 좌회전하는 2차량과 충돌될 경우 도로교통법 제19조 제1항 안전거리미확보에 따른 경과실 교통사고의 책임을 진다. 편도 1차로 도로에서 사전 앞뒤로 진행하고 있었고 이륜차가 좌측으로 진행할 수 있음에 막연히 직진한 책임을 묻는 것이다. 2차량은 미리 도로의 중앙선을 따라 서행하면서 교차로의 중심 안쪽을 이용하여 좌회전해야 한다.

○ 1차량 기본과실 70%

1차량은 서행불이행(10), 현저한 과실이나 중과실(10~20) 등이 있으면 30%까지 가산된다. 2차량은 신호 불이행·지연(10), 현저한 과실이나 중과실(10~20) 등이 있으면 30%까지 가산된다.

30. 후행 이륜차 우측으로 직진 중 사고 ●●●

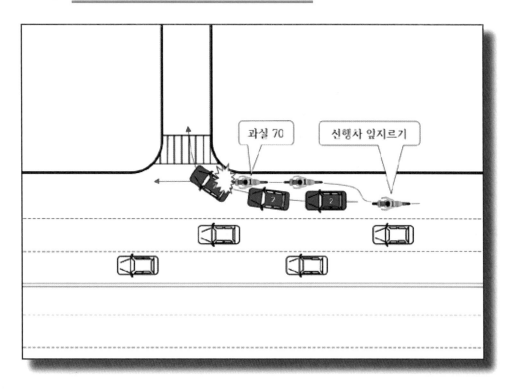

○ 1차량 가해차

1차량은 차로 우측 끝을 통해 직진하다가 우회전 중인 2차량을 충돌한 경우 도로교통법 제48조 제1항 안전운정의무위반 등에 따른 경과실 교통사고의 책임을 진다. 이륜차는 끝차로에 차량이 진행하고 있었으므로 그 차량의 뒤를 따라 진행해야 한다. 우측 공간은 우회전만 가능하고 이곳을 통해 직진할 경우 교통사고의 책임을 지게 된다. 2차량은 우회전할 때 우측 가장자리로 서행하면서 우회전해야 하고 신호에 따라 정지하거나 진행하는 보행자 또는 자전거에 주의하여야 한다.

○ 1차량 기본과실 70%

1차량은 신호불이행이나 동일차로가 아닌 경우 (20), 현저한 과실이나 중과실(10~20) 등이 있으면 50%까지 가산된다. 2차량은 현저한 과실이나 중과실 (10~20) 등이 있으면 20%까지 가산된다.

31. 안전거리미확보 사고 ●●●

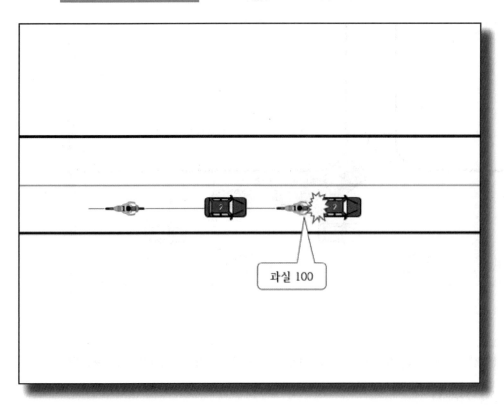

과실 100

○ 1차량 가해차

1차량은 앞서가는 2차량을 추돌한 경우 도로교통법 제19조 제1항 안전거리미확보에 따른 경과실 교통사고의 책임을 진다.

○ 1차량 기본과실 100%

1차량은 주택·상점가(10), 현저한 과실이나 중과실(10~20) 등이 있으면 30%까지 가산된다. 2차량은 제동등화의 고장(10), 이유없는 급정지(30), 현저한 과실이나 중과실(10~20) 등이 있으면 60%까지 가산된다.

32. 안전거리미확보 사고(1)

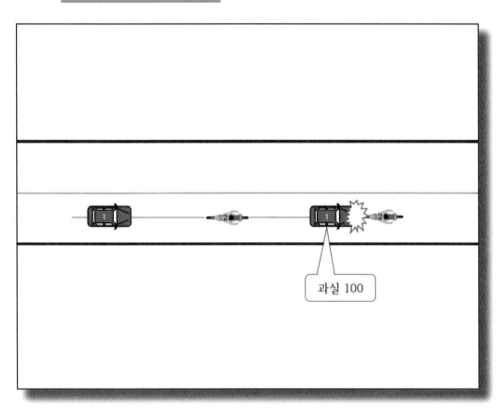

과실 100

○ **1차량 가해차**

1차량은 앞서 진행하는 2차량을 추돌한 경우 도로교통법 제19조 제1항 안전거리미확보에 따른 경과실 교통사고의 책임을 진다.

○ **1차량 기본과실 100%**

1차량은 주택·상점가(10), 현저한 과실이나 중과실(10~20) 등이 있으면 30%까지 가산된다. 2차량은 제동등화의 고장(10), 이유없는 급정지(30), 현저한 과실이나 중과실(10~20) 등이 있으면 60%까지 가산된다.

33. 진로변경 중 사고 ⚫⚫⚫

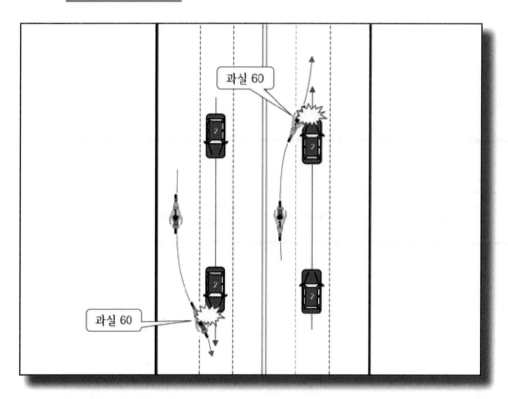

○ 1차량 가해차

1차량이 진로변경 중 직진하는 2차량을 충돌한 경우 도로교통법 제19조 제3항 진로변경 방법 위반에 따른 경과실 교통사고의 책임을 진다.

○ 1차량 기본과실 60%

1차량은 진로변경 금지장소(10), 전용차로 위반(10),신호불이행·지연(10), 현저한 과실이나 중과실(10~20) 등이 있으면 40%까지 가산된다. 2차량은 현저한 과실이나 중과실 (10~20) 등이 있으면 20%까지 가산된다.

34. 진로변경 중 사고(1) ●●●

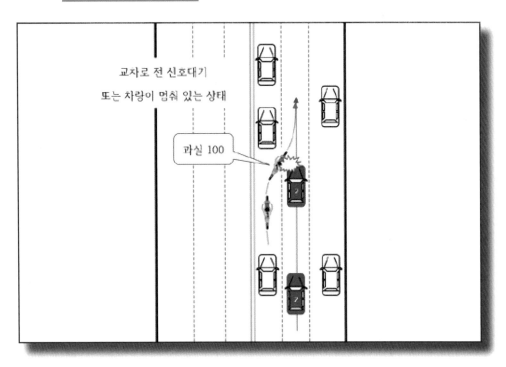

○ 1차량 가해차

1차량은 신호대기 또는 차량이 정체되어 멈춰 있는 상태에서 진로변경 중 직진하는 2차량과 충돌된 경우 도로교통법 제19조 제3항 위반에 따른 경과실 교통사고의 책임을 진다.

○ 1차량 기본과실 100%

1·2차량은 현저한 과실이나 중과실(10~20) 등이 있으면 20%까지 가산된다.

35. 개문사고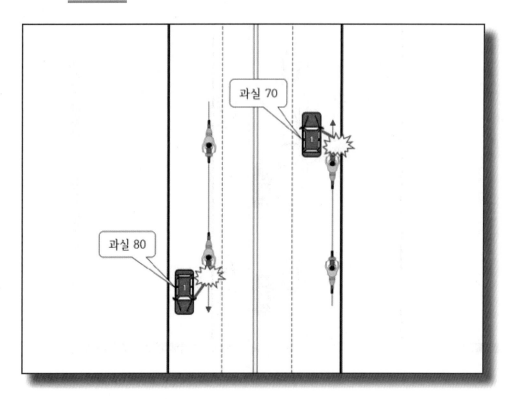

○ 1차량 가해차

1차량은 주정차 후 문을 열던 중 동일방향 후방에서 진행하는 2차량을 충돌케 한 경우 도로교통법 제 49조 제1항 제7호 운전자 준수사항 위반에 따른 경과실 교통사고의 책임을 진다. 갑작스런 문 열림은 2차량이 예상하거나 피할 수도 없다. 2차량은 주정차 차량에서 운전자나 탑승자가 내리기 위해 문 열릴 가능성이 있다면 (차량 조수석에 사람이 서 있거나 트렁크가 열려 있는 등) 전방주시를 명확히 하면서 서행할 의무가 있다.

○ 1차량 기본과실 80%(이륜차 우측통행 70%)

1차량은 야간(10), 신호불이행.지연(10), 현저한 과실이나 중과실(10~20) 등이 있으면 40%까지 가산된다. 2차량은 문 개방이 예측가능한 사정이 있을 때(10), 현저한 과실이나 중과실(10~20) 등이 있으면 30%까지 가산된다.

36. 보도침범 사고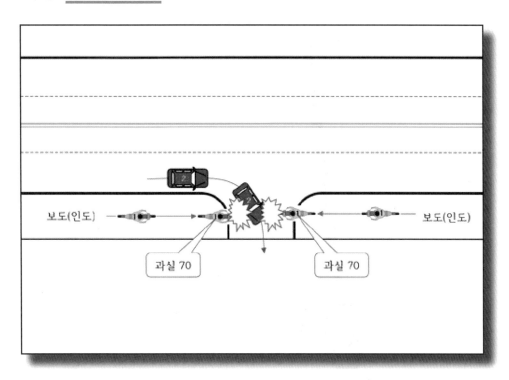

보도(인도)　과실 70　과실 70　보도(인도)

○ 1차량 가해차

1차량은 보도(인도)를 통행하다가 도로 아닌 곳으로 우회전하는 2차량을 충돌한 경우 도로교통법 제48조 제1항 안전운전의무위반에 따른 경과실 교통사고의 책임을 진다. 보도횡단 직전 일시정지하여 좌우측 부분 살펴야 한다.

○ 1차량 기본과실 70%

1차량은 서행불이행(10), 야간 기타 시야장애의 경우(10), 현저한 과실이나 중과실(5~10) 있으면 30%까지 가산된다. 2차량은 서행불이행(10), 일시정지 불이행(10), 현저한 과실이나 중과실(5~10) 등이 있으면 30%까지 가산된다.

〔전동킥보드는 원동기장치자전거〕

〔서울중앙지방법원 2020. 1. 14. 선고 2019고단8190 판결〕

　피고인은 2019. 10. 22. 01:00경 서울 강남구에 있는 학동역 부근 도로에서부터 같은 구 논현동 720 앞 도로에 이르기까지 약 360m 구간에서 원동기장치자전거 운전면허를 받지 않고 혈중알코올농도 0.112%의 술에 취한 상태로 원동기장치자전거인 '듀얼트론' 전동킥보드를 운전하였다.

　전동킥보드가 음주운전 및 무면허운전 등 금지규정의 적용을 받는 자동차 등에 해당한다는 것에 대하여는 아직 법 인식이나 구체적인 운용규정이 정착되지 아니한 부분이 있다. (벌금 1,000만 원 선고)

〔이륜차 범칙금과 벌점 등〕

법규 위반반	범칙금(원)		벌점
	이륜차	화물차(4톤 초과)	
안전모 · 안전띠 미착용	20,000	30,000(40,000)	0
운전 중 휴대폰 사용	40,000	60,000(70,000)	15
인도(보도) 통행	40,000	60,000(70,000)	10
횡단보도 통행	40,000	60,000(70,000)	10
횡단보도 정지선 위반	40,000	60,000(70,000)	10
지정차로위반 통행	20,000	30,000(40,000)	10
중앙선 있는 곳 역주행	40,000	60,000(70,000)	30
중앙선침범 유턴	40,000	60,000(70,000)	30
일방통행길 역주행	40,000	60,000(70,000)	15
신호위반(황색, 적색점멸)	40,000	60,000(70,000)	15
좌 · 우 · 직진금지 위반	40,000	60,000(70,000)	15
앞지르기 위반	40,000	60,000(70,000)	15
일반도로 전용차로 위반	30,000	40,000(50,000)	10
도로 갓길로 통행	20,000	30,000(30,000)	10
차로와 차로 사이 통행	40,000	60,000(70,000)	10
방향지시등 미작동	20,000	30,000(40,000)	0
문 열 때 주의	20,000	30,000(30,000)	0
주 · 정차 위반	30,000	40,000(50,000)	0

난폭운전	1년 이하 징역, 500만 원 이하 벌금	입건 : 40
		구속 : 취소
보복운전	특수협박, 특수상해, 특수재물손괴	입건 : 100
		구속 : 취소
음주운전	0.03% 이상 형사처벌	0.03 ~ 0.08% 100일정지
		0.08% 이상이면 면허취소
무면허운전	무면허 또는 정지기간 중 운전이면 형사처벌	

제5장

자전거 등 사고

01. 신호위반 사고 ●●●

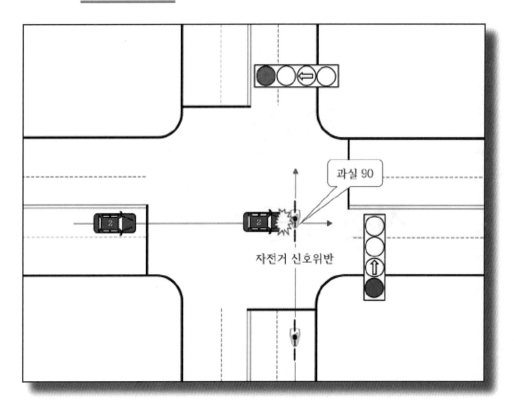

과실 90

자전거 신호위반

○ 1차량 가해차

1차량은 신호위반하고 교차로 통과 중 신호에 따라 직진하는 2차량과 충돌된 경우 도로교통법 제5조 신호위반에 따른 중과실 교통사고의 책임을 진다.

○ 1차량 기본과실 90%

1차량은 야간 · 기타 시야장애(5), 좌측통행(5), 인근에 자전거도로가 있는 경우(5), 현저한 과실이나 중과실(10~20) 등이 있으면 25%까지 가산되고 어린이 · 노인 · 장애인인 경우 10% 감산된다. 2차량은 현저한 과실이나 중과실(10~20)이 있는 경우 20%까지 가산된다.

[자전거 관련 규정]

도로교통법

제2조(정의)

이 법에서 사용하는 용어의 뜻은 다음과 같다.

17. "차마"란 다음 각 목의 차와 우마를 말한다.

가. "차"란 다음의 어느 하나에 해당하는 것을 말한다.

4) 자전거

제13조의2(자전거의 통행방법의 특례)

① 자전거의 운전자는 자전거도로(제15조 제1항에 따라 자전거만 통행할 수 있도록 설치된 전용차로를 포함한다. 이하 이 조에서 같다)가 따로 있는 곳에서는 그 자전거도로로 통행하여야 한다.

② 자전거의 운전자는 자전거도로가 설치되지 아니한 곳에서는 도로 우측 가장자리에 붙어서 통행하여야 한다.

③ 자전거의 운전자는 길가장자리구역(안전표지로 자전거의 통행을 금지한 구간은 제외한다)을 통행할 수 있다. 이 경우 자전거의 운전자는 보행자의 통행에 방해가 될 때에는 서행하거나 일시정지하여야 한다.

④ 자전거의 운전자는 제1항 및 제13조 제1항에도 불구하고 다음 각 호의 어느 하나에 해당하는 경우에는 보도를 통행할 수 있다. 이 경우 자전거의 운전자는 보도 중앙으로부터 차도 쪽 또는 안전표지로 지정된 곳으로 서행하여야 하며, 보행자의 통행에 방해가 될 때에는 일시정지하여야 한다.

1. 어린이, 노인, 그 밖에 행정안전부령으로 정하는 신체장애인이 자전거를 운전하는 경우. 다만, 「자전거 이용 활성화에 관한 법률」 제2조 제1호의2에 따른 전기자전거의 원동기를 끄지 아니하고 운전하는 경우는 제외한다.

2. 안전표지로 자전거 통행이 허용된 경우

3. 도로의 파손, 도로공사나 그 밖의 장애 등으로 도로를 통행할 수 없는 경우

⑤ 자전거의 운전자는 안전표지로 통행이 허용된 경우를 제외하고는 2대 이상이 나란히 차도를 통행하여서는 아니 된다.

⑥ 자전거의 운전자가 횡단보도를 이용하여 도로를 횡단할 때에는 자전거에서 내려서 자전

거를 끌고 보행하여야 한다.

제15조의2(자전거횡단도의 설치 등)

① 지방경찰청장은 도로를 횡단하는 자전거 운전자의 안전을 위하여 행정안전부령으로 정하는 기준에 따라 자전거횡단도를 설치할 수 있다.

② 자전거 운전자가 자전거를 타고 자전거횡단도가 따로 있는 도로를 횡단할 때에는 자전거횡단도를 이용하여야 한다.

③ 차마의 운전자는 자전거가 자전거횡단도를 통행하고 있을 때에는 자전거의 횡단을 방해하거나 위험하게 하지 아니하도록 그 자전거횡단도 앞(정지선이 설치되어 있는 곳에서는 그 정지선을 말한다)에서 일시정지하여야 한다.

제19조(안전거리 확보 등)

② 자동차등의 운전자는 같은 방향으로 가고 있는 자전거 운전자에 주의하여야 하며, 그 옆을 지날 때에는 자전거와의 충돌을 피할 수 있는 필요한 거리를 확보하여야 한다.

제21조(앞지르기 방법 등)

② 자전거의 운전자는 서행하거나 정지한 다른 차를 앞지르려면 제1항에도 불구하고 앞차의 우측으로 통행할 수 있다. 이 경우 자전거의 운전자는 정지한 차에서 승차하거나 하차하는 사람의 안전에 유의하여 서행하거나 필요한 경우 일시정지하여야 한다.

제25조(교차로 통행방법)

① 모든 차의 운전자는 교차로에서 우회전을 하려는 경우에는 미리 도로의 우측 가장자리를 서행하면서 우회전하여야 한다. 이 경우 우회전하는 차의 운전자는 신호에 따라 정지하거나 진행하는 보행자 또는 자전거에 주의하여야 한다.

② 모든 차의 운전자는 교차로에서 좌회전을 하려는 경우에는 미리 도로의 중앙선을 따라 서행하면서 교차로의 중심 안쪽을 이용하여 좌회전하여야 한다. 다만, 지방경찰청장이 교차로의 상황에 따라 특히 필요하다고 인정하여 지정한 곳에서는 교차로의 중심 바깥쪽을 통과할 수 있다.

③ 제2항에도 불구하고 자전거의 운전자는 교차로에서 좌회전하려는 경우에는 미리 도로의 우측 가장자리로 붙어 서행하면서 교차로의 가장자리 부분을 이용하여 좌회전하여야 한다.

제44조(술에 취한 상태에서의 운전 금지)

① 누구든지 술에 취한 상태에서 자동차등(「건설기계관리법」 제26조제1항 단서에 따른

건설기계 외의 건설기계를 포함한다. 이하 이 조, 제45조, 제47조, 제93조제1항제1호부터 제4호까지 및 제148조의2에서 같다), 노면전차 또는 자전거를 운전하여서는 아니 된다.

② 경찰공무원은 교통의 안전과 위험방지를 위하여 필요하다고 인정하거나 제1항을 위반하여 술에 취한 상태에서 자동차등, 노면전차 또는 자전거를 운전하였다고 인정할 만한 상당한 이유가 있는 경우에는 운전자가 술에 취하였는지를 호흡조사로 측정할 수 있다. 이 경우 운전자는 경찰공무원의 측정에 응하여야 한다.

③ 제2항에 따른 측정 결과에 불복하는 운전자에 대하여는 그 운전자의 동의를 받아 혈액 채취 등의 방법으로 다시 측정할 수 있다.

④ 제1항에 따라 운전이 금지되는 술에 취한 상태의 기준은 운전자의 혈중알코올농도가 0.03퍼센트 이상인 경우로 한다.

교통고처리특례법

제3조(처벌의 특례)

① 차의 운전자가 교통사고로 인하여 「형법」 제268조의 죄를 범한 경우에는 5년 이하의 금고 또는 2천만원 이하의 벌금에 처한다.

② 차의 교통으로 제1항의 죄 중 업무상과실치상죄(業務上過失致傷罪) 또는 중과실치상죄(重過失致傷罪)와 「도로교통법」 제151조의 죄를 범한 운전자에 대하여는 피해자의 명시적인 의사에 반하여 공소(公訴)를 제기할 수 없다.

02. 쌍방 신호위반 중 사고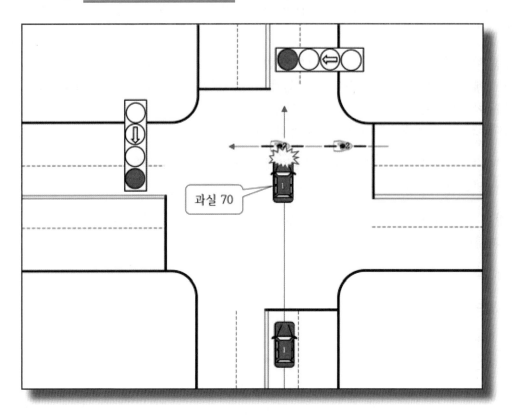

과실 70

○ 1차량 가해차

1차량은 신호위반하고 교차로 통과 중 신호위반하는 자전거를 충돌한 경우 도로교통법 제5조 신호위반에 따른 중과실 교통사고의 책임을 진다. 자전거도 1차량과 같이 신호위반에 대한 책임을 진다.

○ 1차량 기본과실 70%

1차량은 현저한 과실이나 중과실(10~20) 있는 경우 20%까지 가산된다. 2차량은 야간·기타 시야장애(5), 좌측통행(5), 인근에 자전거도로가 있는 경우(5), 현저한 과실이나 중과실(10~20) 등이 있으면 25%까지 가산되고 어린이·노인·장애인인 경우 10% 감산된다.

O3. 교차로 사고

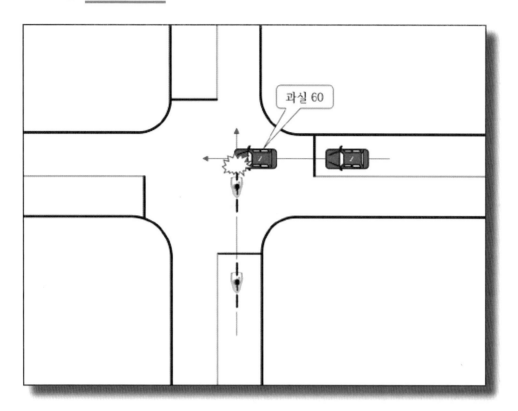

○ 1차량 가해차

1차량은 우측차에게 양보를 하지 않아 2차량과 충돌된 경우 도로교통법 제26조 제3호 우측도로 차 양보불이행에 따른 경과실 교통사고의 책임을 진다. 교통사고처리 특례법은 형법 제268조 업무상과실치사상죄의 특별법이므로 가해자 피해자를 구분하여 가해자만 처벌하는 것이 아닌, 조사결과 운전자의 업무상과실이 있으면 피해차량이라고 하더라도 처벌하게 된다. 자전거 사고에 있어 자동차 운전자가 가해자가 되어 교통사고 책임을 지는 경우가 많다.

○ 1차량 기본과실 40%

1차량은 야간·기타 시야장애(5), 좌측통행(5), 인근에 자전거도로가 있는 경우(5), 현저한 과실이나 중과실(10~20) 등이 있으면 25%까지 가산되고 어린이·노인·장애인인 경우 10%, 명확한 선진입(10) 등이 있으면 20%까지 감산된다. 1차량이 우측에서 진입했으면 기본과실은 20%이다. 2차량은 현저한 과실이나 중과실(10~20) 있는 경우 20%까지 가산된다. 자전거가 우측에서 진입했으면 자전거 기본과실은 20%이다.

04. 우회전 중 사고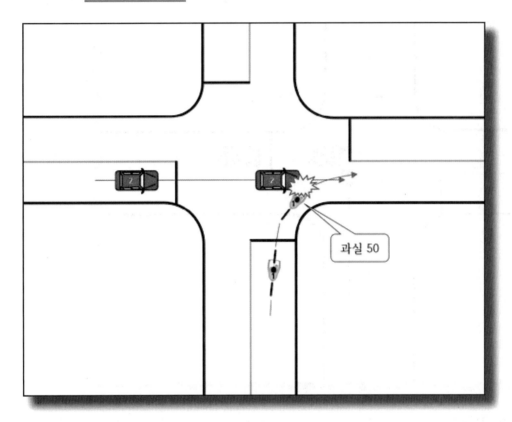

○ 1차량 가해차

1차량은 우회전 중 좌측에서 직진하는 2차량과 충돌된 경우 도로교통법 제25조 제26조 교차로 통행방법위반 등에 따른 경과실 교통사고의 책임을 진다. 교통사고처리 특례법은 형법 제268조 업무상과실치사상죄의 특별법이므로 가해자 피해자를 구분하여 가해자만 처벌하는 것이 아닌, 조사결과 운전자의 업무상과실이 있으면 피해차량이라고 하더라도 처벌하게 된다. 자전거 사고에 있어 자동차 운전자가 가해자가 되어 교통사고 책임을 지는 경우가 많다.

○ 1차량 기본과실 50%

1차량은 야간 · 기타 시야장애(5), 좌측통행(5), 인근에 자전거도로가 있는 경우(5), 현저한 과실이나 중과실(10~20) 등이 있으면 25%까지 가산되고 어린이 · 노인 · 장애인인 경우 10%, 명확한 선진입(10) 등이 있으면 20%까지 감산된다. 1차량이 우측에서 진입했으면 기본과실은 20%이다. 2차량은 현저한 과실이나 중과실(10~20)이 있는 경우 20%까지 가산된다. 자전거가 우측에서 진입했으면 자전거 기본과실은 20%이다.

05. 진로변경 사고

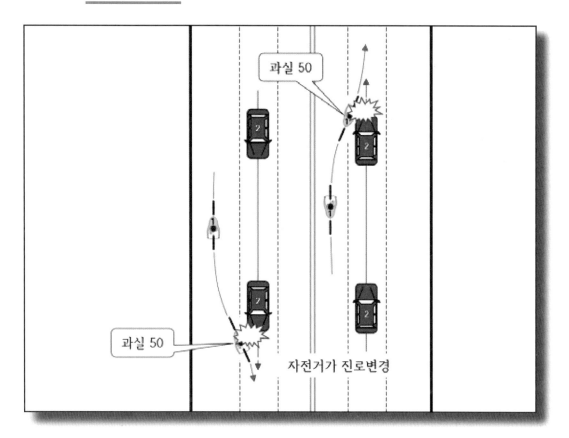

과실 50

과실 50

자전거가 진로변경

○ 1차량 가해차

1차량은 진로변경 중 직진하는 2차량과 충돌된 경우 도로교통법 제19조 제3항 진로변경 방법 위반에 따른 경과실 교통사고의 책임을 진다. 교통사고처리 특례법은 형법 제268조 업무상 과실치사상죄의 특별법이므로 가해자 피해자를 구분하여 가해자만 처벌하는 것이 아닌, 조사결과 운전자의 업무상과실이 있으면 피해차량이라고 하더라도 처벌하게 된다. 자전거 사고에 있어 자동차 운전자가 가해자가 되어 교통사고 책임을 지는 경우가 많다.

○ 1차량 기본과실 50%

1차량은 간선도로(5), 야간·기타 시야장애(5), 인근에 자전거도로가 있는 경우(5), 급 진로변경(10), 현저한 과실이나 중과실(10~20) 등이 있으면 35%까지 가산되고, 어린이·노인·장애인(10), 전방에 장해물이 있는 경우(10) 등이 있으면 20%까지 감경된다. 2차량은 현저한 과실이나 중과실(10~20) 등이 있으면 20%까지 가산된다.

06. 승용차 진로변경 중 사고(자전거 직진)

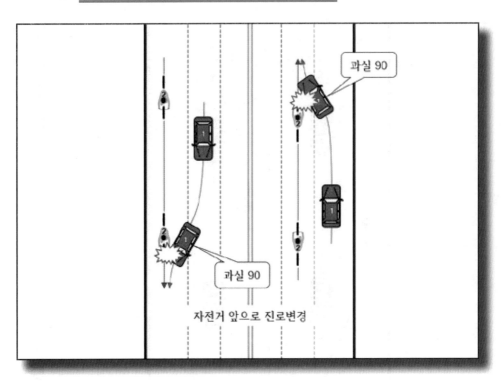

과실 90

과실 90

자전거 앞으로 진로변경

O 1차량 가해차

1차량은 진로변경 중 직진하는 2차량과 충돌된 경우 도로교통법 제19조 제3항 진로변경 방법 위반에 따른 경과실 교통사고의 책임을 진다.

O 1차량 기본과실 90%

1차량은 급진로변경(10), 진로변경 신호불이행(10), 현저한 과실이나 중과실(10~20) 등이 있으면 40%까지 가산된다. 2차량은 간선도로(5), 야간·기타 시야장애(5), 인근에 자전거도로가 있는 경우(5), 현저한 과실이나 중과실(5~10) 등이 있으면 25%까지 가산되고, 어린이·노인·장애인(10), 전방에 장해물이 있는 경우(10) 등이 있으면 20%까지 감경된다.

07. 자전거전용도로 사고

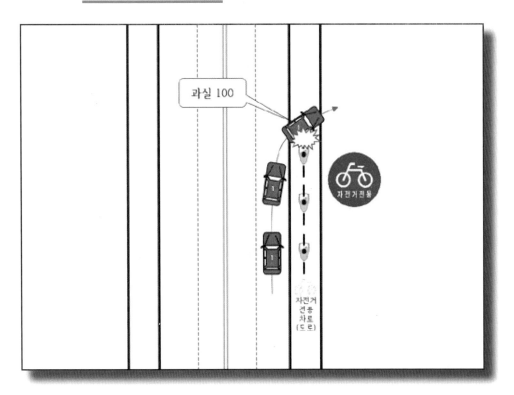

○ 1차량 가해차

1차량은 자전거전용도로로 진입하다가 자전거를 충돌한 경우 도로교통법 제15조 제3항 전용차로 침범에 따른 교통사고의 책임을 진다.

○ 1차량 기본과실 100%

1차량은 진로변경 신호불이행·지연(10), 급진로변경(10), 현저한 과실이나 중과실(10~20) 등이 있으면 40%까지 가산된다. 2차량은 진로변경 예측이 가능한 특별한 사정이 있을 때(10), 인명보호장구 미착용(10), 현저한 과실이나 중과실(10~20), 차로와 자전거전용도로/차로 사이에 점선 표지가 있는 경우(10) 등이 있으면 50%까지 가산된다.

O8. 자전거 우선도로 사고 ●●●

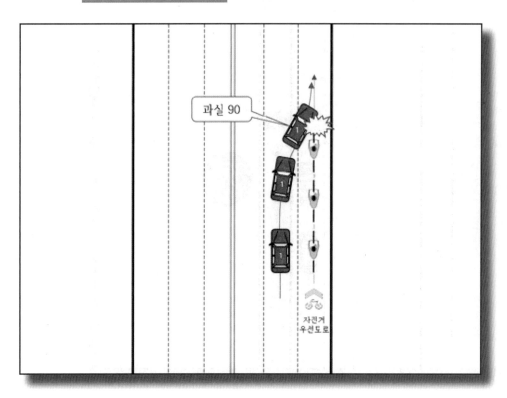

○ 1차량 가해차

1차량은 자전거전용도로로 진입하다가 자전거를 충돌한 경우 도로교통법 제15조 제3항 전용차로 침범에 따른 경과실 교통사고의 책임을 진다.

○ 1차량 기본과실 90%

1차량은 진로변경 신호불이행·지연(10), 급진로변경(10), 현저한 과실이나 중과실(10~20) 등이 있으면 40%까지 가산된다. 2차량은 진로변경 예측이 가능한 특별한 사정이 있을 때(10), 인명보호장구 미착용(10), 현저한 과실이나 중과실(10~20), 차로와 자전거전용도로/차로 사이에 점선 표지가 있는 경우(10) 등이 있으면 50%까지 가산된다.

09. 자전거 도로 사망사고 ●○○

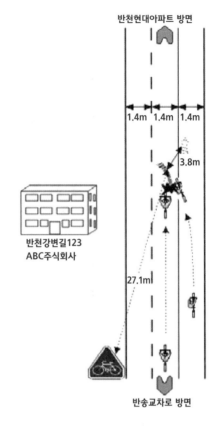

반천현대아파트 방면

1.4m 1.4m 1.4m

3.8m

반천강변길123
ABC주식회사

27.1m

반송교차로 방면

○ 1차량 가해차

2018. 8. 10. 14:50경 울산 울주군 언양읍의 한 자전거전용도로에서 자전거끼리 충돌한 교통사고가 발생되었다. 자전거 운전자 A씨(53세, 남)는 동료 B씨(52세, 여)의 자전거와 속도를 맞춰 나란히 운행하다가 B씨가 한 순간 운전미숙으로 중심을 잃고 우측 갓길로 이동했다가 다시 A씨 방향으로 진로 변경하게 됨에 A씨가 미처 제동하지 못하고 그대로 들이받았다. 이 사고로 B씨가 도로에 넘어지며 사망했다.

A씨는 법원에서 사고장소는 도로가 아니므로 도교법 적용이 되지 않아 병렬 통행이 허용되고 B가 갑자기 진행 방향에 진입하여 발생한 것이므로 형법 제268조의 업무상과실이 없다고 주장했다. 그러나 법원은 자전거도로는 도교법 제2조 제1호에서 정의한 '도로'의 개념에 포함되므로 도교법에 규정된 차로·차도·차선의 개념 모두 자전거도로에도 적용되고, 사고 과정으로 보아 형법 제268조 위반의 점이 충분히 인정된다면서 A씨에 대해 교특법 위반(치사) 책임을 물어 벌금 1,000만 원을 선고하고 확정했다(울산지방법원 2019. 8. 14. 선고 2019고단 1124 판결).

10. 자전거횡단도 사고

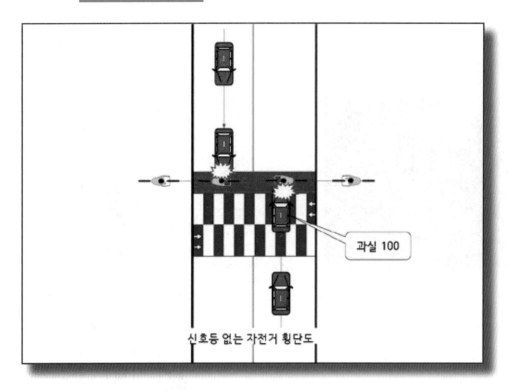

과실 100

신호등 없는 자전거 횡단도

○ 1차량 가해차

1차량은 자전거 횡단도에서 자전거(운전 중)를 충돌한 경우 도로교통법 제48조 제1항 안전운전의무위반에 따른 경과실 교통사고의 책임을 진다.

○ 1차량 기본과실 80%

1차량은 현저한 과실이나 중과실(10~20) 등이 있으면 20%까지 가산된다. 2차량은 야간·기타 시야장애(5), 현저한 과실이나 중과실(5~10) 등이 있으면 15% 가산되고 어린이·노인·장애인이면 10% 감산된다.

11. 횡단보도 통과 중 사고

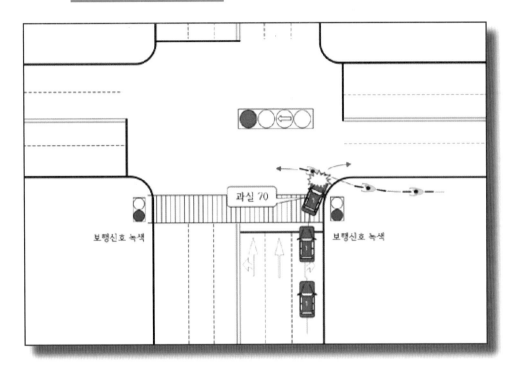

과실 70

보행신호 녹색

보행신호 녹색

○ 1차량 가해차

1차량은 차량신호 적색에 우회전 중 우측에서 좌측으로 횡단보도 부근으로 통행하는 자전거를 충돌한 경우 도로교통법 제5조 신호위반에 따른 중과실 교통사고의 책임을 진다.

○ 1차량 기본과실 80%

1·2차량은 현저한 과실이나 중과실(10~20) 등이 있으면 20%까지 가산된다.

12. 횡단보도 벗어나 사고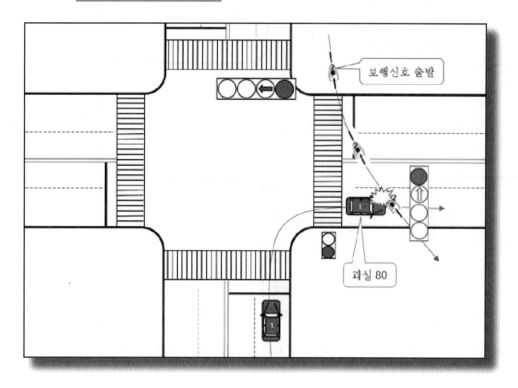

○ **1차량 가해차**

1차량은 차량신호 적색에 우회전 중 두 번째 횡단보도를 통과하는 직후에 2차량을 충돌한 경우 도로교통법 제48조 제1항 안전운전의무위반에 따른 경과실 교통사고의 책임을 진다.

○ **1차량 기본과실 80%**

1·2차량은 현저한 과실이나 중과실(10~20) 등이 있으면 20%까지 가산된다.

13. 자전거 횡단 사고 ●●●

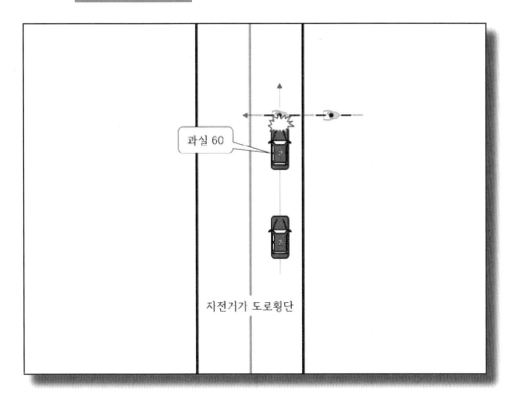

○ 1차량 가해차

1차량은 도로를 횡단하던 중 좌측에서 직진하는 2차량을 충돌한 경우 도로교통법 제18조 제1항 횡단위반에 따른 경과실 교통사고의 책임을 진다. 교통사고처리 특례법은 형법 제268조 업무상과실치사상죄의 특별법이므로 가해자 피해자를 구분하여 가해자만 처벌하는 것이 아닌, 조사결과 운전자의 업무상과실이 있으면 피해차량이라고 하더라도 처벌하게 된다. 자전거 사고에 있어 자동차 운전자가 가해자가 되어 교통사고 책임을 지는 경우가 많다.

○ 1차량 기본과실 40%

1차량은 현저한 과실이나 중과실(10~20) 등이 있으면 20%까지 가산된다. 2차량은 야간·기타 시야장애(5), 현저한 과실이나 중과실(5~10) 등이 있으면 15% 가산되고 어린이·노인·장애인이면 10% 감산된다.

14. 역주행 사고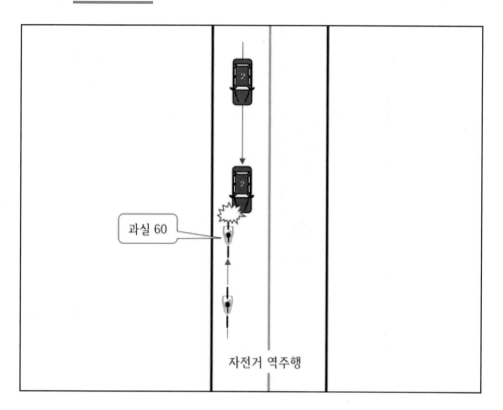

○ 1차량 가해차

1차량은 도로를 횡단하던 중 좌측에서 직진하는 2차량을 충돌한 경우 도로교통법 제13조 제3항 중앙선침범에 따른 중과실 교통사고의 책임을 진다. 교통사고처리 특례법은 형법 제268조 업무상과실치사상죄의 특별법이므로 가해자 피해자를 구분하여 가해자만 처벌하는 것이 아닌, 조사결과 운전자의 업무상과실이 있으면 피해차량이라고 하더라도 처벌하게 된다. 자전거 사고에 있어 자동차 운전자가 가해자가 되어 교통사고 책임을 지는 경우가 많다.

○ 1차량 기본과실 60%

1차량은 간선도로(5), 인근에 자전거도로가 있는 경우(10), 도로 가장자리로 통행하지 않은 경우(10), 현저한 과실이나 중과실(10~20) 등이 있으면 45%까지 가산된다. 2차량은 현저한 과실이나 중과실(5~10) 등이 있으면 20% 가산된다.

〔전기자전거는 자전거〕

○ 1차량 가해차

도로교통법 제2조 제20호에서 자전거란 자전거 이용 활성화에 관한 법률 제2조 제1호 및 제1호의2에 따른 자전거 및 전기자전거를 말한다. 전기자전거가 자전거가 되기 위해서는 일정한 조건이 있어야 한다. 사람의 힘을 보충하기 위하여 전동기를 장착한 상태에서 **① 페달과 전동기의 동시 동력으로 움직이며 전동기로만 움직이지 아니하고, ② 시속 25킬로미터 이상으로 움직일 경우 전동기가 작동하지 않고, ③ 부착된 장치의 무게를 포함한 자전거의 전체 중량이 30킬로그램 미만 등 3가지 조건을 모두 갖춰야 한다**(자전거는 자전거 이용 활성화에 관한 법률 제2조 제1호 및 제1호의2). 전기자전거는 PAS(Pedal Assist System) 모드만 사용할 수 있는 경우와 PAS 모드와 스로틀(Throttle) 모드를 동시에 사용할 수 있는 경우로 나눈다. PAS 모드란 페달 어시스트 시스템 약자로 주행자가 페달을 굴리는 힘에 따라 모터를 구동시켜 주는 방식이다. '인력+모터'의 힘으로 페달을 굴려야 하기 때문에 자전거의 특성에 특화된 방식으로 법에서는 이 경우만을 자전거로 본다.

〔자전거 보험의 성격〕

2010. 8. 26. 09:10경 서울 송파구 풍납동 한강시민공원 자전거도로를 진행하던 자전거 운전자가 부주의로 63세 여성을 들이받아 3주간의 치료를 요하는 상해를 입게 하였다. 자전거 운전자는 보험회사에 자전거 운전 중 일상생활 중 우연한 사고로 타인의 신체에 장해를 입히거나 타인의 재물을 손괴하고 부담하는 법률상 배상 책임액을 1억 원의 한도 내에서 전액 배상하는 내용의 무배당 종합보험 계약을 체결한 사실이 있고, 이 보험회사에서 피해자가 입은 손해 350만원을 지급하고 원만하게 합의서를 작성했다.

1심 법원은 자전거 운전자가 피해자로부터 합의서를 받지 못했으므로 유죄가 인정된다며 벌금 150만원을 선고했으나, 2심 법원은 교특법 제4조 제1항 및 제2항 소정의 종합보험에 가입되어 있으므로 공소를 제기할 수 없는 사건이라며 무죄를 선고했다.

대법원은 유죄가 맞다고 판결했다. '일상생활 중 우연한 사고로 타인의 신체장애 및 재물 손해에 대해 부담하는 법률상 배상책임액을 1억 원 한도 내에서 전액 배상'하는 내용의 종합보험에 가입하였고, 피고인이 가입한 보험은 보상한도금액이 1억 원에 불과하여 1억 원을 초과하는 손해가 발생한 경우 피해자는 위 보험에 의하여 보상을 받을 수 없으므로, 이러한 형태의 보험은 피보험자의 교통사고로 인한 손해배상금의 전액보상을 요건으로 하는 교특법 제4조 제1항, 제2항에서 의미하는 보험 등에 해당한다고 볼 수 없으므로 교특법 제4조 제1항, 제2항의 '보험' 등에 관한 법리를 오해한 잘못이 있다고 판시했다(대법원 2012. 10. 25. 선고 2011도6273 판결).

15. 경운기 탑승자 사망 사고

2017. 6. 17. 08:10경 운행 중인 경운기 적재함에 타고 있던 60대 여성이 도로에 떨어져 뇌출혈로 사망했다. 운전자는 사망한 여성의 남편이다. 농사일을 끝내고 귀가 중이었다. 경운기 운전자는 교통사고처리특례법 제3조 제1항, 형법 제268조 재판에 회부되었다.

1심 법원(대구지방법원 2018. 5. 1. 선고 2017고단4082 판결)은 피해자에 대한 부검이 이뤄지지 않아 피해자가 앓고 있던 기왕의 지병으로 인하여 정신을 잃고 경운기 적재함에서 추락하였을 가능성을 배제할 수 없다면서 경운기 운전자에게 무죄를 선고했다. 2심법원(대구지방법원 2018. 10. 19. 선고 2018노1592 판결)도 같은 취지로 무죄를 선고했다. 운전자와 피해자는 몇십 년에 걸쳐 일상적으로 남편이 경운기를 운전하고 피해자인 부인이 경운기의 적재함에 타서 이동해 왔고, 당일에도 경운기 운전에 평소와 다른 특이사항이 없었던 점, 피해자가 뇌출혈과 협심증, 고혈압에 의한 심부전 증상으로 치료와 투약을 계속해 왔고, 추락으로 인하여 의식이 소실된 것이라면 두부 손상이 심해야 하나 두부의 손상이 뚜렷하지 않은 점, 운행이 저속이었고, 방향전환도 없었던 점 등을 무죄 이유로 들었다.

16. 관광용 트랙터 마차 ●●●

2019. 1. 22. 17:10경 경기도 양평군 단월면 마을체험장 내에서 운행 준비 중인 트랙터 마차가 갑자기 움직이며 골짜기로 이동하다가 전도되었다. 트랙터에 타고 있던 어린이 8명 등 13명이 중경상을 입었다. 트랙터 운전자는 가해자로서 교통사고에 대한 책임을 진다. 교통사고처리 특례법위반(치상)을 적용하고 형사입건 후 합의될 경우 불기소, 공소권 없는 사건으로 처리한다. 운전면허 벌점은 부과하지 않는다.

2017. 9. 5. 경기도 안성시 서운면 방화동길 포도박물관 축제 관련 트랙터 마차를 운행하는 운전자에 대해 자동차관리법위반으로 기소했다. 수원지방법원은 2018. 10. 18. 선고 2018고정133 판결에서 관광용 트랙터 마차는 자동차관리법상 자동차가 아니므로 불법 튜닝에 대한 형사처벌 대상이 되지 않는다며 무죄를 선고했다. 경찰실무상 관광용 트랙터 마차는 좌석안전띠 착용의무, 무면허운전금지, 음주운전금지, 승차인원 준수 등 도로교통법 규정도 적용되지 않는다. 양평경찰서는 도로교통법상 차마에 해당됨을 착안하여 같은 법 제6조 제2항을 적용하여 경찰서장 고시를 통해 도로 통행을 금지하고 있다.

〔농기계 위반별 벌칙〕

연번	위반내용	범칙금 등
1	신호위반	3만 원
2	중앙선침범	3만 원
3	횡단위반	3만 원
4	보행자보호위반	3만 원
5	적재함탑승행위	2만 원
6	지정차로위반	1만 원
7	진로변경	1만 원
8	방향지시등작동	1만 원
9	속도위반	처벌불가
10	안전띠미착용	처벌불가
11	안전모미착용	처벌불가
12	속도위반	처벌불가
13	운전 중 휴대폰사용	처벌불가
14	음주운전죄	처벌불가
15	무면허운전죄	처벌불가
16	난폭운전죄	처벌불가
17	책임보험미가입	처벌불가
18	번호판미부착	처벌불가
19	자동차전용도로통행	형사입건
20	물피사고	형사입건
21	인피사고	형사입건
22	물피뺑소니	형사입건
23	인피뺑소니	형사입건

제6장

자동차
보상 기준

01. 과실 100%, 종합보험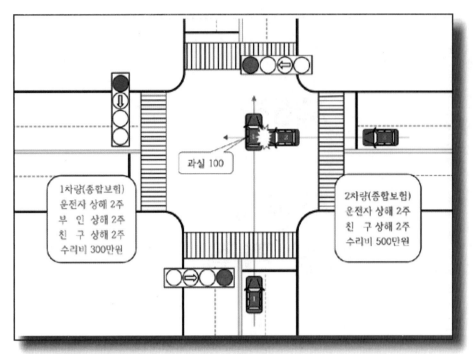

○ 1차량은 신호위반으로 2차량을 충돌하였다.
○ 1차량은 A보험사, 2차량은 B회사에 종합보험 가입되어 있다.
○ 1차량 과실 100% 확정되었다.
○ 1차량 : 운전자 상해, 운전자 부인 상해, 친구 상해, 차량수리비 등
○ 2차량 : 운전자 상해, 친구 상해, 차량수리비 등

A 보험사(1차량 종합보험)						
	구분	대인 I	대인 II	대물	자손	자차
1차량	운전자 상해				○	
	운전자 부인 상해	○			○	
	운전자 친구 상해	○	○			
	차량 수리비					○
2차량	운전자 상해	○	○			
	탑승자 상해	○	○			
	차량 수리비			○		
※ 부모, 배우자, 자녀는 대인배상 II 에서 면책규정이 적용되고 과실비율도 운전자와 같다.						

O2. 과실 70%, 종합보험

○ 1차량은 진로변경방법 위반으로 직진중인 2차량을 충돌하였다.
○ 1차량은 A보험사, 2차량은 B회사에 각 종합보험 가입되어 있다.
○ 1차량 과실 70%, 2차량 과실 30%로 확정되었다.
○ 1차량 : 운전자 상해, 운전자 부인 상해, 친구 상해, 차량수리비 등
○ 2차량 : 운전자 상해, 친구 상해, 차량수리비 등

구분		A 보험사(1차량 종합보험)					B 보험사(2차량 종합보험)				
		대인 I	대인 II	대물	자손	자차	대인 I	대인 II	대물	자손	자차
1차량	운전자 상해				70%		30%				
	부 인 상해	70%			70%		30%				
	친 구 상해										
	차량 수리비					70%				30%	
2차량	운전자 상해	70%								30%	
	탑승자 상해										
	차량 수리비			70%							30%

※ 부모, 배우자, 자녀에 해당하는 사람은 대인배상II 면책규정이 적용된다.
※ 운전자와 같은 과실로 대인 I 에서 한도내 보상 후 자손에서 나머지 보상된다.
※ 20~50만 원까지 자기부담금을 내야 한다.

03. 과실 100%, 책임보험

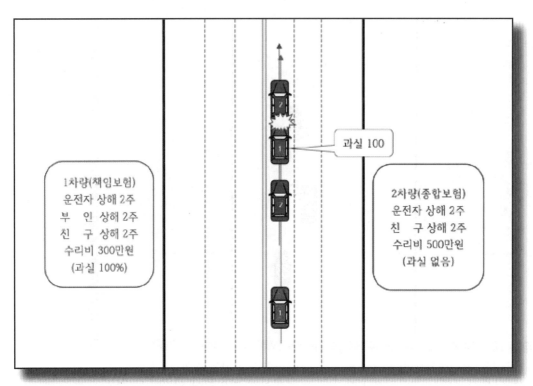

○ 1차량은 안전거리미확보로 2차량을 추돌하였다.

○ 1차량은 A회사 책임보험, 2차량은 B회사에 종합보험 가입되어 있다.

○ 1차량 과실 100%로 확정되었다.

○ 1차량 : 운전자 상해, 운전자 부인 상해, 친구 상해, 차량수리비 등

○ 2차량 : 운전자 상해, 친구 상해, 차량수리비 등

구분		A 보험사(1차량, 책임보험)					B 보험사(2차량 종합보험)				
		대인 I	대인 II	대물	자손	자차	대인 I	대인 II	대물	자손	자차
1차량	운전자 상해										
	부 인 상해	○									
	친 구 상해	○									
	차량 수리비										
2차량	운전자 상해	○								○	
	탑승자 상해	○					○	○			
	차량 수리비			○							○

※ 2차량 운전자는 B보험사 대인 II나 무보험자동차상해보험 등으로 보상 받고, B보험사는 1에게 구상권 청구할 수 있다.

04. 음주 · 무면허 · 뺑소니 · 자기부담금 ●●●

대인 · 대물 임의보험 음주운전 · 뺑소니 사고 면책				
구분	대인 I	대인 II	대물(의무)	대물(임의)
음주	보상*		보상*	
무면허	보상*	면책	보상*	면책
뺑소니	보상*		보상*	

⇓

구분	대인 I	대인 II	대물(의무)	대물(임의)
음주	보상*	면책	보상*	면책
무면허				
뺑소니				
* 사고부담금을 제외한 금액 * 사고부담금 : 대인1은 1천만원, 대물의무는 5백만원 대인 II, 대물임의는 손해액 최대 1억원, 대물 손해액 최대 5천만원				

[출처] 금융감독원(2020.3)

○ 사고부담금 인상하도록 자배법시행규칙 및 표준약관 개정 시행(2020.6.)

○ 대인 I, 대물의무보험을 사고부담금 대인 1천만 원, 대물 5백만 원 상향

○ 대인 II와 대물임의보험을 면책금액을 1억 원과 5천만 원까지 상한선 둠

○ 음주운전 대인사고를 냈고 총 손해액이 4억 원이라면, 현재는 음주운전자가 사고부담금 3 백만 원만 부담하고 보험사가 3억 9,700만 원을 부담했으나 음주운전자가 사고부담금(1천 만 원)에 면책금(1억 원)을 합하여 1억 1천만 원을 내고, 보험사가 나머지 2억 9천만 원을 지급하게 된다.

O5. 자동차보험 종류별 보상 내용 ●●●

보상종목별		보상내용
대인배상 I (책임보험)		피보험자가 피보험자동차의 대인사고로 인하여 제3자에게 법률상 손해배상 책임을 짐으로써 입은 손해 중 책임보험 한도 내 보상
대인배상 II (임의보험)		피보험자가 피보험자동차의 대인사고로 인하여 제3자에게 법률상 손해배상책임을 짐으로써 입은 책임보험을 초과한 손해를 보상(피해자 1인당 보험 가입금액 : 5천만 원/1억/2억/3억/무한 등. 단 교통사고처리 특례법상 면책은 무한의 경우만 해당)
대물 배상	의무	대물사고시 사고 1건 당 1천만 원까지 의무보험
	임의	피보험자가 피보험자동차의 대물사고로 인하여 제3자에게 법률상 손해배상책임을 짐으로써 입은 손해보상(1사고 당 보험가입금액 : 1천만 원/2천만 원/3천만 원/5천만 원/1억 원/무한 등)
자기신체사고 (자동차상해)		피보험자가 피보험자동차의 사고로 인하여 입은 상해 보상(1인당 사망기준 보험가입금액 : 1천 500만 원/ 3천만 원/ 5천만 원/ 1억 원/2억 원/무한등
자기차량손해		피보험자동차의 차체 손상이나 도난 등에 의한 손해보상(자기차량손해의 보험 가입금액은 별도로 정한 차량가액임)
무보험차상해		피보험자가 무보험자동차에 의하여 입은 손해를 보상하고 무보험자동차에 의한 상해를 가입한 경우에는 다른 자동차 운전담보 특약 약관이 자동적으로 적용된다(피보험자 1인당 책임보험을 초과하여 2~5억 원을 한도로 보상).

06. 자동차보험 할인·할증 요인

사고내용별 사고점수			
구분	사고내용		점수
	사망사고		건당 4점
대인사고	부상사고	1급	
		2급~7급	건당 3점
		8급~12급	건당 2점
		13급~14급	건당 1점
자기신체사고, 자동차상해			건당 1점
대물사고	할증기준금액 초과사고		건당 1점
	할증기준금액 이하사고		건당 0.5점
	가해자불명 1점 사고		1점

○ 평가대상시간(직전1년)과 과거 3년간의 사고유무 및 사고크기를 기준으로 사고점수를 계산하여 할인할증 등급결정(기본등급 : 11등급, 숫자가 클수록 할인 등급)
○ 할인할증 등급별 적용요율은 각 회사별 30%~200% 범위에서 자율적용
○ 처음에는 11등급을 적용, 무사고시 매년 1개 등급씩 증가
 - 사고가 없는 경우 : 전계약 등급 + 1등급
 - 사고가 있는 경우 : 전계약 등급 - (사고점수 × 1등급)

교통법규위반 보험료 차등

○ 할증대상 : 뺑소니, 음주, 무면허, 중앙선침범, 속도위반, 신호위반
○ 할증방법
 - 중앙선, 속도, 신호 : 2~3건 위반 : 5% 할증
 - 음주 : 1건 10% 할증, 2건 이상 20% 할증
 - 무면허, 뺑소니 : 1건 20%
○ 할인대상
 - 법규위반 기록이 없는 자 : -10~0%
 - 일반법규위반자 등 벌점기록이 없는 안전벨트 미착용, 주정차위반 등도 할인대상
○ 대상차종 : 개인소유 자동차, 법인소유 자동차의 운전자가 법규위반을 한 경우, 위반운전자에게 적용
○ 실적평가기간은 위반항목에 관계없이 2년 적용

제6장 자동차 보상 기준

제7장

중요
교통사고

01. 일명 윤창호법

　'18. 9. 25. 02:25경 부산 해운대구 중동 미포오거리 앞 횡단보도에서 승용차가 보도를 침범하여 횡단보도를 건너기 위하여 보도에 서 있던 윤창호(22세) 씨 등 2명을 차량 앞 부분으로 들이받아 윤 씨를 사망케 하였다. 운전자는 혈중알코올농도 0.181%(혈액감정결과수치)의 만취 상태였고 이 사고로 구속, 수감되었다. 당시 차량에는 동승자 3명이 탑승해 있어 음주운전 방조혐의를 수사했으나 동승자들이 술에 많이 취한 상태에서 교사나 방조를 했다고 볼만한 증거가 없어 입건하지 않았다. 이 사건을 계기로 음주운전은 도로위의 살인행위라며 처벌을 강화해 달라는 글이 청와대 국민청원 게시판에 올려졌고 많은 국민들이 동의했다. 국회는 음주운전 처벌수치를 0.05에서 0.03%으로 강화하는 도로로교통법 일부개정안(2019. 6. 25.부터 시행)과 음주운전 사망사고를 낼 경우 무기 또는 3년 이상의 징역에 처하도록 하는 특정범죄가중처벌 등에 관한 법률 일부 개정안(2018. 12. 18.부터 시행)을 신속히 통과시켰다. 이 법안이 일명 윤창호법이다.

「도로교통법」 일부 개정 내용('19.6.25.시행)

구분		개정 전	개정 후
술 취한 상태의 기준		0.05%	0.03%
형사 처벌 (제148조 의2)	0.03~0.05%	〈신설〉	(0.03~0.08%)
	0.05~0.1%	6개월↓, 300만원↓	1년↓, 500만 원↓
	0.1~0.2%	6개월~1년, 300만 원~500만 원	(0.08~0.2%) 1년~2년, 500만 원~1천만 원
	0.2% 이상	1년~3년, 500만 원~1천만 원	2년~5년, 1천만원~2천만원
	2회	〈신설〉	(2회 이상) 2년~5년, 1천만 원~2천만 원
	3회 이상	1년~3년, 500만 원~1천만 원	
	측정 불응		1년~5년, 500만 원~2천만 원
운전면허 정지취소 (제93조 제1항)	정지수치 중 취소대상 횟수	3회 이상	2회 이상
	면허 취소기준	0.1%↑	0.08%↑
	위험운전치사상	0.05↑ 인적 피해	0.03%↑ 인적 사고
	음주운전 사고 후 미조치	5년	5년
운전면허 취득결격 (제82조 제2항)	음주운전 교통사고	사망	〈신설〉	5년
		3회 이상	3년	2회 이상, 3년
		2회	1년	
		1회	1년	2년
	음주운전 단순위반	3회 이상	2년	2회 이상, 2년
		2회	1년	
		1회	1년	1년

「특정범죄 가중처벌 등에 관한 법률」 일부 개정 내용('18.12.18.시행)

조항	행위	개정 전	개정 후
제5조의 11 (위험 운전 치사상)	음주 또는 약물의 영향으로 정상적인 운전이 곤란한 상태에서 자동차(원동기장치자전거를 포함한다)를 운전	(상해) 10년 이하의 징역 또는 500만 원 이상 3천만 원 이하 벌금 (사망) 1년 이상 유기징역	(상해) 1년 이상 15년 이하의 징역 또는 1천만 원 이상 3천만 원 이하 벌금 (사망) 무기 또는 3년 이상 유기징역

O2. 일명 민식이법

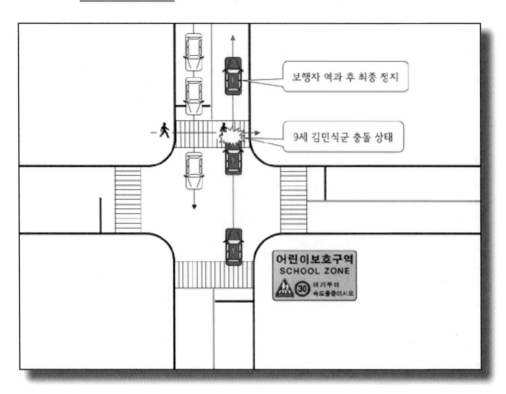

보행자 역과 후 최종 정지

9세 김민식군 충돌 상태

어린이보호구역
SCHOOL ZONE
30 여기부터
속도줄이시오

2019. 9. 11. 19:25경 충남 아산시 용화동 658 앞 어린이보호구역 내에서 신호등 없는 횡단보도를 건너던 김민식(만8세, 남)군이 1톤 화물차에 치어 사망했다. 화물차 운전자 사고 전 속도는 약 23.6km/h였다. 운전자는 정체된 차량으로 인해 횡단보도를 뛰어 나오는 민식 군을 늦게 발견했고 피할 수 없어 사고로 이어졌다고 진술했고 사고장면은 주변을 지나던 차량의 블랙박스에 녹화되었다. 이 사건을 계기로 민식 군 부모는 어린이보호구역 내 시설을 보강하고 처벌을 강화하는 내용의 법안 마련을 요구하는 청와대 국민청원 게시판을 올렸고 많은 국민들이 참여했다. 국회에서는 어린이보호구역에서 어린이를 사망케 한 경우 무기 또는 3년 이상의 징역에 처하도록 하는 특정범죄 가중처벌 등에 관한 법률 일부개정안과 어린이보호구역 내 과속카메라 설치를 의무화하는 도로교통법 일부개정안을 통과시켜 2020. 3. 27부터 시행하고 있다.

03. 일명 하준이법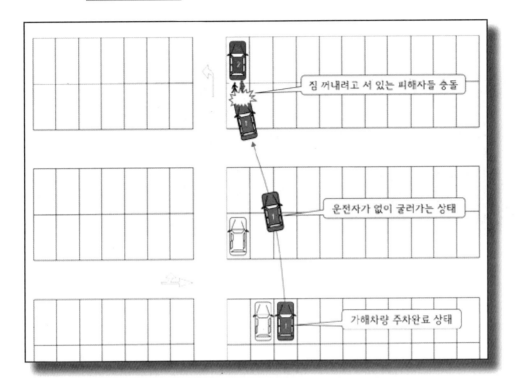

집 꺼내려고 서 있는 피해자들 충돌

운전자가 없이 굴러가는 상태

가해차량 주차완료 상태

    2017년 10월 과천의 한 놀이공원 주차장에서 육안으로 구분하기 힘든 경사진 도로를 굴러 내려온 차량에 치어 최하준 군(당시 4세)이 사망했다. 당시 가해 차량의 변속 레버는 D에 놓여 있었으며 보조 제동장치는 사용되지 않았다. 이 사건을 계기로 하준이 부모는 국민청원을 통해 주차장 안전 제도 개선을 제안했고 도로교통법과 주차장법이 개정되었다. 2018년 9월 27일부터 시행 중인 개정 도교교통법에서는 경사진 곳에 주·정차하는 운전자는 반드시 주차 제동장치 작동 여부를 확인하고 ①바퀴에 고임목 설치, ②도로 가장자리로 핸들 돌려놓기, ③자동변속기는 p, 수동은 1단(오르막 주차 시) 또는 후진(내리막 주차 시)에 넣어 두는 등 안전사고 예방을 위한 조치를 해야 하며, 이를 위반하면 범칙금 4만원(승용차 기준)이 부과된다. 2020년 6월 25일부터 시행되는 주차장법은 경사진 주차장에 주차장 설치·관리자가 미끄럼 방지시설 및 미끄럼 주의 안내표지를 의무적으로 설치하고 이를 어기면 6개월 이내의 영업정지 또는 300만원 이하 과징금이 부과된다.

04. 백색안전지대 침범 4명 사망사고 ●●●●

　2016. 11. 6. 09:32경 대전 대덕구 신대동 경부고속도로 부산 방향 회덕분기점 인근에서 승용차가 백색 안전지대를 침범하므로 2차로를 주행하던 관광버스가 충돌을 피하면서 갓길로 넘어졌다. 이 사고로 관광버스에 타고 있던 승객 4명이 사망하고 22명이 중경상을 입었다. 경찰은 백색 안전지대를 도로교통법 제5조에서 정한 안전표지로 보지 않았다. 백색 안전지대를 침범하여 비접촉 사망사고를 유발한 승용차 운전자에게 경과실 진로변경 방법 위반에 따른 사망사고의 결과 책임을 물어 교특법 제3조 제1항, 형법 제268조를 적용하여 기소사건으로 처리했다. 법원은 차선 변경이 허용되지 않는 곳에서 방향지시등을 켜지 않고 진입한 점을 볼 때 사고와 인과관계가 인정된다며 금고 1년 6월의 실형을 선고했다. 관광버스 운전기사도 전방주시를 제대로 하지 않은 사고의 책임이 있다며 금고 1년 10월에 집행유예 3년을 선고했다.

O5. 해운대 뇌전증 환자 뺑소니 사망사고 ●●●

 2016년 7월 31일 오후 5시 16분 경 부산 해운대에서 7중 추돌 교통사고가 발생되었다. 이 사고로 일가족 모녀 등 3명이 숨지고 21명이 중경상을 입었다. A씨는 뇌전증(일명 '간질')을 앓고 있는데 사고발생 경위를 기억하지 못한다고 진술했다. 뇌전증 환자가 대낮에 도로를 질주하면서 대형사고를 야기했다는 점에서 국민들의 큰 관심이 있었고 질병환자에 대한 운전면허 관리적인 문제가 도마에 올랐고 운전면허 수시적성검사를 강화하는 계기도 되었다. 1심 법원은 전증 진단을 받은 운전자가 처방약을 먹지 않으면 의식을 잃을 수 있었으나 잘 복용하지 않았고, 운전면허 갱신 때도 뇌전증을 알리지 않아 법적인 책임이 있다며 유죄 이유를 밝혔다. 도주죄는 무혐의였다. 2심법원 교특법 제3조 제1항 제2항 단서 제1호, 제3호, 제6호, 형법 제268조에 대해 유죄를 인정받았고, 1년 감경된 금고 4년형을 선고했다.

06. 술 취한 택시 승객 유기치사 사건 ●●●

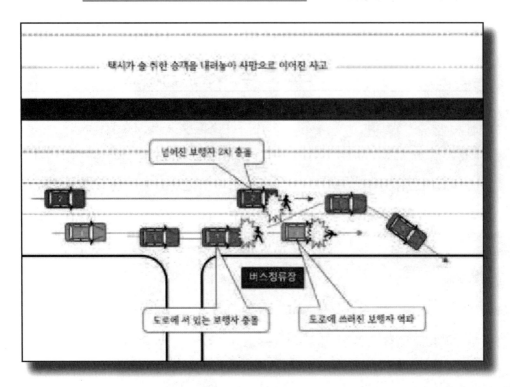

2017. 1. 21. 05:01경 경기 안산시 단원구 고잔동에서 택시에서 내린 술 취한 승객이 도로를 거닐다가 다른 차에 치어 사망하였다. 택시운전자는 만취한 승객이 택시비도 없는 상태에서 운전에 방해를 줄 정도로 소란을 피우므로 화가 나서 승객을 택시 밖으로 끌어 내리게 한 후 폭행을 한 것은 인정하지만 승객을 도로에 두고 간 것이 사망으로 연결되리라고 예상치 못하였으므로 유기치사죄에 대한 혐의는 강하게 부인하였다. 경찰은 택시운전자가 승객이 휴대전화도 빼앗기고 당시 승객의 혈중알코올농도가 0.216%로 만취상태였던 점, 집으로 돌아갈 방법이 없던 승객이 택시를 잡기 위해 사고 위험이 큰 도로에 서 있다가 교통사고로 사망한 점 등을 고려하여 취객을 하차시켜 대로변에 버리고 간 유기행위가 사망과 직접 인과관계가 있다고 판단하였다. 수원지방법원 안산지원은 택시운전자에 대해 폭행 및 유기치사죄를 인정하여 징역 3년에 집행유예 5년을 선고했다.

07. 고속도로 보복운전 사망사고 ●●●

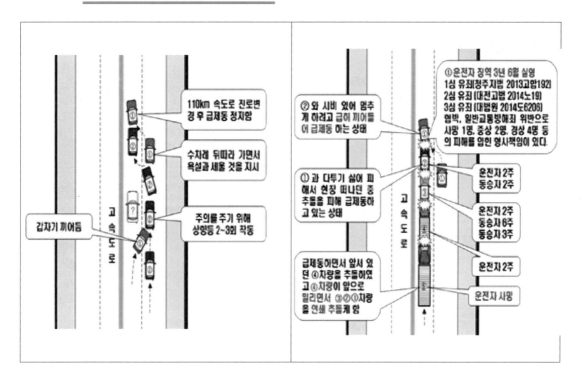

2013년 8월 7일 10:30분 충북 청원군 중부고속도로 하행선 오창나들목 부근에서 보복운전으로 1명이 사망하고 6명이 중경상을 입었다. 1차량 운전자는 진로변경 과정에서 2차량과 시비가 되었고 2차량에게 보복할 목적으로 2차량 앞으로 이동한 후 급제동하였다. 2차량을 비롯하여 뒤따라오던 3, 4차량이 멈췄으나 5톤 카고트럭인 5차량이 4차량을 추돌하면서 그대로 밀고 가게 되면서 5중 추돌사고가 발생되었고, 결국 카고트럭 운전자가 사망하고 6명이 중경상을 입었다. 1차량 운전자 화가 나서 2차량을 정지하게 한 과실은 있으나 5차량이 안전거리를 확보하지 않아 발생된 사고라면서 교통사고 결과에 대한 책임이 없다고 주장했다.

대법원 2014. 7. 24. 2014도6206 판결에서 이와 같은 행위로 뒤따르는 차량들에 의하여 추돌 등의 사고가 야기되어 사상자가 발생할 수 있을 것이라는 점은 누구나 쉽게 예상할 수 있다고 할 것이고, 설령 정차 당시 사상의 결과 발생을 구체적으로 예견하지는 못하였다고 하더라도, 그와 같은 교통방해 행위로 인하여 실제 그 결과가 발생한 이상 교통방해치사상죄의 성립에는 아무런 지장이 없다며 1심 판결을 그대로 유지하며 형이 확정되었다.

서울중앙지방법원 항소심(2014나50875)은 1차량의 과실을 90%, 5차량의 과실을 10%라고 보아 원심(2014가단5002559) 1차량 과실 75%, 5차량 과실 25%보다 더 높게 보았다.

08. 고장 차 운전하다가 14명 사망케 한 인천대교 사고 ●●●

인천대교 버스추락사고 상황

2010년 7월 3일 오후 1시 10분경 인천광역시 중구 운서동 제2경인고속도로에서 인천대교 요금소를 약 300미터 지난 영종나들목에서 인천 방면으로 달리던 시외버스가 고장 나 멈춰 있는 마티즈를 들이받은 후 다리 난간을 뚫고 추락하여 버스 승객 14명이 사망하고 10명이 중경상을 입었다.

마티즈를 운전자는 차량이 고장났다는 이유로 아무런 조치 없이 도로에 10여분 동안 세워 둬 이를 피하려던 시외버스 추락원인을 제공한 혐의로 형법 제268조 업무상과실치사상의 죄와 정비불량차 운전과 안전조치 미흡에 따른 도로교통법위반으로 형사입건 되었다. 버스 추락 사고 전에 마티즈 차량 내 경고등이 켜지고 마티즈 차량이 3차례나 멈춰 서는 등 이상 징후를 충분히 발견했음에도 차량 운행을 강행하여 시내버스를 추락케 한 혐의다. 인천지방법원은 마티즈 운전자에게 금고 1년의 실형이 선고되었다.

시외버스 운전자는 교통사고처리 특례법 제3조 제1항, 형법 제268조를 적용받아 형사입건 되었다. 앞서가던 화물차와의 안전거리를 확보하지 않았고 앞을 교통상황을 명확히 확인하지 않은 채 막연히 운전하다가 고장 나 멈춰 있는 마티즈를 뒤늦게 발견하고 급제동하였으나 미치지 못하여 시외버스 앞부분으로 마티즈를 추돌하면서 다리 아래로 추락, 승객 14명을 사망케 하고 10명에게 중경상을 입힌 혐의이다. 인천지방법원은 시외버스 운전자에게 금고 3년의 실형을 선고되었다.

〔참고 문헌〕

경찰청 ｜ 「교통사고조사 매뉴얼Ⅰ,Ⅱ」 ｜ 2018.

권기병 등 ｜ 『경찰교통론』 ｜ 경찰대학 ｜ 2019.

백주민 ｜ 『손에 잡히는 보상이야기』 ｜ 크라운출판사 ｜ 2017.

손해사정사협회 ｜ 「자동차사고 과실비율 인정기준」 ｜ 2019.

손해보험협회 ｜ 「경찰관 대상 보장사업 교육자료」 ｜ 2017.

양형위원회 ｜ 「양형기준」 ｜ 2017.

이상두 ｜ 『교통사고조사처리요령』 ｜ 2019.

이장선 ｜ 『교통사고 가해자 구분하기』 ｜ 좋은땅 ｜ 2017.

이장선 ｜ 『13번째 교통경찰』 ｜ 좋은땅 ｜ 2016.

이장선 ｜ 『교통사고처리 진상규명』 ｜ 기한재 ｜ 2011.

한문철 ｜ 『교통사고 100% 보상받기』 ｜ 허브미디어 ｜ 2013.

대법원(http://www.scourt.go.kr)

법제처(http://www.moleg.go.kr)

사이버경찰청(http://www.police.go.kr)

손해보험협회(https://www.knia.or.kr)

저자 이장선

현) 경찰공무원(경감, 현장강사)

전) 중앙경찰학교 교통학과 교수요원

전) 경찰인재개발원 교통학과 교수요원

현) 경찰청 교통분야 지식전문가(1호 종결자)

현) 경찰청 교통실무 사이버 강사

현) TBN 한국교통방송 라디오 고정 출연(2017년~현재)

현) 수사연구 '이장선의 교통경찰 지침' 칼럼리스트(2017년~현재)

현) 국회 교통안전포럼 자문위원(2019년~현재)

현) 운전면허 · 기능검정원 · 기능강사 출제위원

현) 도로교통사고감정사 보수교육 강사

현) 한국도로교통사고감정사협회 자문위원

현) 한국교통 명강사협회 수석연구위원

현) 우정공무원교육원 외래강사

공인) 도로교통사고감정사(1회)

     연세대학교 대학원 행정학 석사

저서 : 《교통사고 가해자 구분하기》, 《13번째 교통경찰》, 《교통사고처리 300선》, 《교통
     사고처리 진상규명》, 《도로교통사고감정사(기본서)》, 《교통사고 이럴 땐 이렇게》 등
     6권

☎ : 041-336-2333, 010-6275-4242

인터넷 검색창	이장선의 교통사고 Q&A

E-mail : ljsau123@hanmail.net

교통사고 피해 보상, 아는 만큼 보인다!

발 행 일	2021년 2월 5일 초판 2쇄 인쇄 2021년 2월 10일 초판 2쇄 발행
저 자	이장선
발 행 처	크라운출판사 http://www.crownbook.com
발 행 인	이상원
신고번호	제 300-2007-143호
주 소	서울시 종로구 율곡로13길 21
공 급 처	02) 765-4787, 1566-5937, 080) 850~5937
전 화	02) 745-0311~3
팩 스	02) 743-2688
홈페이지	www.crownbook.co.kr
I S B N	978-89-406-4275-7 / 13360

특별판매정가 20,000원